JN223107

地方創生の政策効果とデータ分析

Excelで初歩から学ぶ

編著

土居英二
地域経営プラチナ研究所

日本評論社

はじめに

本書は、例えば地方創生の業務に従事されている全国の行政職員の方々のような読者のみなさんに地方創生の政策効果をデータで分析する方法を解説して、EBPM（Evidence Based Policy Making：エビデンスに基づく政策立案）の一助としていただくことを第1の目的としています。

人口減少の流れに巻き込まれている多くの地域で、地域の産業を元気にして仕事の場と暮らしを守り、人口減少を緩和することを願って地方創生事業が取り組まれています。ただ、その効果をデータで検証する作業はほとんど行われていないと言っても過言ではありません。本書では、地方創生の政策効果として生産、雇用、税収、定住人口への効果を取り上げてデータで「見える化」する方法を解説しています。政策の実施主体である自治体は、「いいことだから」という漠然とした理由だけではなく、普段から地方創生事業に限らず、政策効果を自ら厳しく検証しながら進め、説明責任を果たす必要があります。

これらの効果をデータで分析するためには、経済波及効果を分析する産業連関分析という経済分析の考え方と分析手法の知識が求められます。本書では経済波及効果分析に初めて接する方々を念頭に、第I部でその解説をしています。前著[1]とともに、1人でも多くの人に地域産業連関分析の知識と分析のスキルを身につけていただくことが、本書を執筆した第2の目的です。

第5章以降の10の具体的事例のうち、第5章（ふるさと納税）、第6章（プレミアム商品券）と第13章（観光と観光施設）の効果は、編著者の1人である土居が静岡県南伊豆町で行った5年にわたるEBPM職員研修の中で、研修に参加した若手役場職員が分析した内容を基礎にしています。本著への収録にあたり、幹部職員の前で研修職員が発表した内容に土居が筆を加えています。研修には約

1）土居英二・浅利一郎・中野親徳編著『はじめよう地域産業連関分析［改訂版］基礎編——Excel で初歩から実践まで』日本評論社、2019年。同『はじめよう地域産業連関分析［改訂版］事例解説編——Excel で初歩から実践まで』日本評論社、2020年。

100名の全職員の1割にあたる20代と30代の職員11名が参加して、南伊豆町の産業連関表も職員が共同で作成しました。第1章はその時の研修教材をもとにしています。

また、本書には長野県の市町村を対象にした分析事例を7つ収録していますが、この多くは、北アルプス連携自立圏広域観光専門部会・（一社）長野県観光機構が2023年度に実施した「北アルプス連携自立圏地域産業連関分析研修会」で扱った分析事例です。この研修は長野県北アルプス地方の5つの市町村（大町市、池田町、松川村、白馬村、小谷村）を会場に持ち回りで1カ月に1回、5カ月にわたって実施された行政職員研修事業ですが、開催地の参加予定の職員から事前に取り上げてもらいたいテーマを募り、それを講師陣の土居と平尾が分析して研修会場で教材としたものです。準備は大変でしたが、地域産業連関分析の意義と役割を、行政職員のみなさんの身近な事例を通じて知っていただくための工夫です。

地方創生の政策効果を実際に分析していくと、その光の面だけでなく影の面も見えてきます。事例分析の各章には「まとめと今後の課題」の節を立てて光と影の両面を書いています。

本書を道案内として、多くの読者のみなさんが地元で実施されている地方創生の政策効果を「見える化」して、地域の自立のための政策を立案し、住民に自信をもってその効果を説明しながら、前に進んでいただくことを願っています。

2024年7月

編著者　土居　英二（静岡大学名誉教授）
　　　　平尾　　勇（地域経営プラチナ研究所代表）

目 次

第Ⅲ部　地方創生の政策効果のデータ分析

第Ⅰ部

地方創生の政策効果とデータ分析の手法

第1章

基礎データを作成する
市町村産業連関表

1.1 はじめに

本書では、地方創生のさまざまな政策を取り上げてその効果を分析しています
が、分析には産業連関論という経済分析の理論と、その実証分析のために作成さ
れている産業連関表のデータを用います。ここでは初めて産業連関分析に接する
人を想定して、その概要を分かりやすく説明します[1]。

1.2 産業連関表のしくみと産業連関分析の理論

1.2.1 産業連関表とは

産業連関表は、ある範囲の地域（国、都道府県など）で一定の期間（通常1
年）に生産されたすべての財貨サービスについて、どのような財貨サービスが生
産に投入されたか（投入構造）、生産された財貨サービスがどのような使途に用
いられたか（産出構造）という姿を、碁盤のマス目のような1枚の表で記録した
統計表です。

産業連関表は、5年ごとに作成される国内の最も包括的・体系的な経済統計と
して、①産業経済の構造の分析、②経済波及効果の分析、③各種経済指標の基準

1）市町村産業連関表の作成方法は、前著でも説明していますので本書とあわせて参照し
てください。土居英二・浅利一郎・中野親徳編著『はじめよう地域産業連関分析［改定
版］基礎編——Excelで初歩から実践まで』日本評論社、2019年。

表1.1　平成27（2015）年産業連関表（全国表）の作成主体・作業分担・主要基礎資料

担当府省庁	主な作業分担	主な資料
総務省	○立案、連絡、調整及び公表の総括 ○電子計算機による製表及び分析計算 ○郵便・信書便、情報通信（他府省庁が担当する部門を除く） ○最終需要部門のうち輸出入	国勢統計 住宅・土地統計 労働力統計 家計統計 就業構造基本統計 科学技術研究統計 地方財政統計年報 地方公営企業年鑑
内閣府	○下水道、公務、その他の非営利団体サービス、対個人サービス（他省庁が担当する部門を除く） ○最終需要部門（輸出入を除く） ○粗付加価値部門（雇用者所得を除く）	国民経済計算 民間非営利団体実態調査
金融庁	○金融・保険	
財務省	○塩、酒類、たばこ、法務・財務・会計サービス	法人企業統計 歳入決算明細書 各省各庁歳出決算報告書 貿易統計 税務統計からみた法人企業の実態 国税庁統計年報書
文部科学省	○教育・研究	学校基本統計 社会教育統計 学校給食実施状況等調査 子供の学習費調査 地方教育費調査
厚生労働省	○医薬品、上水道・簡易水道、医療・福祉、労働者派遣サービス、建物サービス、生活衛生関係サービス ○粗付加価値部門のうち雇用者所得	毎月勤労統計 薬事工業生産動態統計 賃金構造基本統計 医療経済実態調査（医療機関 等調査）介護事業実態調査（介護事業 経営概況調査）介護保険事業状況報告 国民医療費 就労条件総合調査 水道統計 労働者派遣事業報告書の集計 結果
農林水産省	○農林漁業、飲食料品製造業（酒類及びたばこ部門を除く）、木材、飲食サービス	作物統計 牛乳乳製品統計 木材統計 農業物価統計調査 生産農業所得統計 生産林業所得統計 漁業産出額 畜産物流通調査 水産物流通調査 農産物生産費統計 畜産物生産費統計 林業経営統計調査 漁業経営調査 食料需給表
経済産業省	○鉱工業（他府省庁が担当する部門を除く）、再生資源回収・加工処理、電力・ガス・熱供給、工業用水、商業、情報サービス、新聞、出版、対事業所サービス（他府省庁が担当する部門を除く）	生産動態統計 商業動態統計 特定サービス産業実態統計 特定業種石油等消費統計調査 採石業者の業務の状況に関する報告書 砕石等動態統計調査 貴金属流通統計調査 鉄鋼需給動態統計調査 非鉄金属等需給動態統計調査 生コンクリート流通統計調査 総合エネルギー統計 エネルギー消費統計調査
国土交通省	○事務用品 ○建設、不動産、土木建築サービス ○運輸、船舶・同修理、鉄道車両・同修理	造船造機統計 鉄道車両等生産動態統計 鉄道統計年報 鉄道輸送統計調査 自動車輸送統計 内航船舶輸送統計 航空輸送統計調査 訪日外国人消費動向調査 旅行・観光消費動向調査 建築着工統計 建設工事統計 建設総合統計 法人土地・建物基本統計
環境省	○廃棄物処理	

（出典）総務省統計局「産業連関表の概要（産業連関表の作成方法）」より筆者が編集

改定の基礎資料の提供、という目的で作成されています。

　日本ではいろいろな種類の産業連関表が作成されています。総務省統計局を中心に10府省庁が5年おきに作成している全国を対象とした産業連関表（全国表と略）が基本的なものですが、総務省統計局は同時に、3時点の表を時系列で表した**接続産業連関表**も作成しています。また、経済産業省は、毎年全国を対象にした**延長産業連関表**を、農林水産省は、**農林漁業及び関連産業を中心とした産業連関表**（飲食費のフォローを含む）を、国土交通省は、**建設部門分析用産業連関表**を作成しています。

　地理的な範囲でみると、経済産業省やアジア経済研究所が、国際間の取引を対象にした**国際産業連関表**を作成しています。国内の特定の地域を対象にした産業連関表として、都道府県と政令市がそれぞれの地域を対象にした産業連関表を作成しています。そのほか、本著に収録している各地の産業連関表もそうですが、民間の研究所や大学による市町村や広域経済圏を対象にした産業連関表も作成されています。

　産業連関表は、**表1.1**にみるように、全産業の生産活動をとらえるために農業や工業など個別産業を対象としたたくさんの統計や、「産業連関構造調査」と呼ばれる特別調査をもとに、大変な労力で4〜5年をかけて作成される**加工統計**です。

　筆者が産業連関表の勉強を始めたころ参加していた経済統計研究会（現経済統計学会）には政府統計職員が何名も参加されていて、霞が関の近くに借り切った体育館に各省庁から集められた職員約500名が、紙と鉛筆とそろばんで約4年間連日計算をして作り上げたという日本の初期の産業連関表の作成の様子を聞いたことがあります。

　産業連関表は、財貨サービスのフローを網羅した**マクロ経済統計**として、国民所得の流れを把握する国民所得統計、お金の流れを把握する資金循環統計、国際取引を把握する国際収支統計、ストックを把握する国民貸借対照表とともに、国民経済全体の姿を総合的にとらえる**国民経済計算**（System of National Accounts：SNA）の一環を構成しています。SNAは国の比較ができるように国連基準が公表され、日本でもこれに準拠して作成されています。

表1.2 産業連関表のしくみ

投入＼産出		中間需要						国内最終需要	輸出	輸入	生産額
		産業1	産業2	:	産業j	:	産業n				
中間投入	産業1	x_{11}	x_{12}	:	x_{1j}	:	x_{1n}	Fd_1	E_1	M_1	X_1
	産業2	x_{21}	x_{22}	:	x_{2j}	:	x_{2n}	Fd_2	E_2	M_2	X_2
	:	:	:	:	:	:	:	:	:	:	:
	産業i	x_{i1}	x_{i2}	:	x_{ij}	:	x_{in}	Fd_i	E_i	M_i	X_i
	:	:	:	:	:	:	:	:	:	:	:
	産業n	x_{n1}	x_{n2}	:	x_{nj}	:	x_{nn}	Fd_n	E_n	M_n	X_n
粗付加価値		V_1	V_2	:	V_j	:	V_n				
生産額		X_1	X_2	:	X_j	:	X_n				

1.2.2 産業連関表のしくみ

産業連関表は、**表1.2**の形をしています。全国表を念頭に解説します。

表をヨコに読むと、生産された財貨サービスの使途（**販路構成**）が分かります。**中間需要**は、生産のために用いられる中間財（原材料や燃料など）の需要を表していて、たくさんの産業が並んでいます。**最終需要**は、家計の消費や企業の設備投資、政府の行政サービス（政府消費）など最終財の需要を表す項目です。輸出と輸入も含めて最終需要部門を構成しています。

表をタテに読むと、財貨サービスの生産に投入された中間財（中間投入）と雇用者所得や営業余剰、固定資本減耗（減価償却）などから成る粗付加価値が産業別に分かります（**費用構成**）。「粗」は減価償却を含むという意味です。

この産業連関表では、次のバランス式が成り立っています。

- 産出計（ヨコ行の生産額）＝ 投入計（タテ列の生産額）…産業別
- 中間需要 ＋ 国内最終需要 ＋ 輸出 － 輸入 ＝ 産出計（生産額）…産業別
- 中間投入 ＋ 粗付加価値 ＝ 投入計（生産額）…産業別
- 中間需要部門計 ＝ 中間投入部門計…産業を合計
- 粗付加価値部門計 ＝ 最終需要部門計（国内最終需要 ＋ 輸出 － 輸入）…産業を合計
- 総需要（中間需要 ＋ 国内最終需要 ＋ 輸出）＝ 総供給（生産額 ＋ 輸入）…産業別

図1.1　投入係数の計算の数値例（産業2部門）

産出／投入		中間需要		→		財A	財B
		財A	財B		財A	10÷50	30÷100
中間投入	財A	⑩	㉚		財B	20÷50	30÷100
	財B	⑳	㉚				
	計	30	60		投入係数	財A	財B
付加価値		20	40		財A	0.2	0.3
投入合計		㊿	⑩⓪		財B	0.4	0.3

　読者が作成に挑戦されることを念頭に、あとで市町村産業連関表の作成方法を説明しますが、作成した産業連関表が正確に作られているかどうかを、これらのバランス式に基づいて検証することが必要となります。

1.2.3　産業連関分析の理論

　経済波及効果を分析する産業連関分析の理論は、前述の2番目のバランス式から導かれます。表1.2の中の記号を用いると、2番目のバランス式は

$$x_{ij}+Fd_i+E_i-M_i = X_i \qquad (1.1)$$

となります。

　原材料や燃料など生産へ投入される中間財は、生産活動に依存しています。ある財貨サービスの生産額とその生産に投入されるいろいろな中間財の額との比率を考えたとき、生産技術が一定で変わらなければこの比率は一定となります。この比率を中間財の生産への投入の比率という意味で、産業連関分析では**投入係数**と呼んでいます。投入係数を a_{ij} として記号で表すと次のようになります（**図1.1**参照）。

$$a_{ij} = \frac{x_{ij}}{X_j} > 0 \qquad x_{ij} = a_{ij}X_j \qquad (1.2)$$

(1.2)式を(1.1)式に代入すると

$$a_{ij}X_j+Fd_i+E_i-M_i = X_i$$

となります。前頁のバランス式の1番目は、産業別のヨコ行の合計の生産額

(X_i) とタテ列の合計の生産額 (X_j) は同じ値であることを意味しているので、(1.2)式の後半の式は次のように書き換えることができます。

$$x_{ij} = a_{ij}X_j = a_{ij}X_i$$

これを(1.1)式に代入すると、(1.1)式は次のようになります。

$$a_{ij}X_i + Fd_i + E_i - M_i = X_i$$

さらに、輸入 M_i は、国内の需要（中間需要 $a_{ij}X_i +$ 国内最終需要 Fd_i）に依存し、その大きさは、国内需要に対して一定の比率で決まるものとします。国内需要に対するこの輸入の比率を**輸入係数** m_i として次の式で表します。1からこの輸入率を引いた比率が、国内で供給できる割合の**自給率**です。

$$m_i = \frac{M_i}{a_{ij}X_i + Fd_i} \qquad M_i = m_i(a_{ij}X_i + Fd_i) \qquad (1.3)$$

(1.3)式を上の式に代入すると、

$$a_{ij}X_i + Fd_i + E_i - m_i(a_{ij}X_i + Fd_i) = X_i$$

これを整理すると次の式となります。

$$[1 - (1 - m_i)a_{ij}]X_i = (1 - m_i)Fd_i + E_i$$

行列式で表すと、

$$\left[I - \left(I - \widehat{M}\right)A\right]X = \left(I - \widehat{M}\right)Fd + E$$
$$X - \left[I - \left(I - \widehat{M}\right)A\right]^{-1}\left[\left(I - \widehat{M}\right)Fd + E\right] \qquad (1.4)$$

この(1.4)式が、**均衡産出高モデル**と呼ばれる経済波及効果を求める計算式です。国内最終需要 Fd に自給率 $\left(I - \widehat{M}\right)$ を乗じた**直接効果**と輸出の大きさが与えられたとき、その需要と均衡する産出高（生産額）を求める式です。右辺の第1項は、行列 $\left[I - \left(I - \widehat{M}\right)A\right]$ の逆数という意味と産業連関分析の創始者の Wassily Leontief の名を冠して**レオンチェフ逆行列**と呼ばれています。

国や都道府県などが産業連関表を公表する際には、投入係数表やこの逆行列係

数表もあわせて公表され、利用者の便がはかられています。均衡産出高モデル
は、波及の起点となる国内最終需要 Fd や輸出 E を一定とすれば、経済波及効
果（生産誘発効果）の大きさは、波及倍率を意味するレオンチェフ逆行列の中の
投入係数 A と自給率 $(I-\widehat{M})$ によって決まることを教えています。

　この均衡産出高モデルの「産出高」という言葉は、数字の単位が金額ではなく
数量単位であることを意味しています。産業連関表は100万円などの円を単位と
して表されていますが、実はこれも「円で表された数量」を意味します。下の米
と卵の例では、1円はそれぞれ米2g、卵0.04個という数量を意味します。

　　米　10kg＝5,000円　→　10,000g＝5,000円　→　2g＝1円
　　卵　10個＝250円　　　→　0.04個＝1円

産業連関表は、いろいろな種類の財貨サービスを網羅していますが、単位の異
なる財貨サービスの数量を統一的に表示するために円が用いられています。産業
連関表の単位の意味を数量として理解する必要性は、理論を支える投入係数の安
定性をデータで担保することからきています。投入係数は一定の生産技術を反映
した原材料の数量の投入割合、例えば、自動車を1台生産するために必要なボデ
ィの鉄板○kg、エアコンガス○cc などのそれぞれ一定量を意味していて、それ
を統一的な単位で表現するために1円を単位とした数量が用いられているので
す。この考え方を**円価値単位**といいます。

　親子丼のレシピでは、例えば次のように材料と分量が書いてあります。

　　鶏肉（1/2枚）、卵（2個）、玉ねぎ（1/4個）、しょうゆ（大さじ1）、
　　みりん（大さじ1）、酒（大さじ1/2）、砂糖（大さじ1/2）、顆粒和風だし
　　（小さじ1/3）、水（80cc）

　これが料理＝生産をするための材料のリストで、分量（数量）を大きく変え
ると美味しい親子丼は作れなくなります。投入係数の安定性とは、このレシピの
ように、一定の生産技術を前提としたある財の生産に必要な原材料の一定量の数
量が安定していることで、短い期間で大きく変化するものではありません。そし
て、親子丼の材料費が合計でいくらかかるかは、購入した材料費をもとに計算す
れば分かるのと同じように、それを円で統一的に表したものが産業連関表なので
す。

このことから「産業連関表は何年も前の年を対象に作成されているが、物価水準も変わっている現在の分析に、はたして使えるのか」という誰もが抱く疑問の答も出てきます。それは、「産業連関表の数字は価格で表示されているとはいえ、値段の変動を反映するのではなく、生産技術を反映した原材料の数量を表しているため、時間の経過で気にすべきことは、この間に産業（商品）の生産技術や、中間財の投入構造に大きな変化がなかったか」ということです。ガソリン車から電気自動車への転換などは、車を作る上で、原材料の投入構造が異なってくるので、2015年産業連関表と2020年産業連関表の自動車部門の投入係数の違いが気になるところです。

付言しておきますが、乗用車が市場で売られて街を走る段階で、利用するエネルギーがガソリンか電気かという違いは、製造過程の投入係数とは関係がなく別の問題となります。産業連関論は生産過程に焦点をあてていますが、新しい製品が世に出て広がり、自動車の普及が、ガソリンスタンド、駐車場、自動車保険、教習所など、たくさんの新しいビジネスや産業を生み出したように、経済社会構造を変えてゆく姿も、産業連関論の興味深いテーマです。

生産の流れに沿って、製品になって市場へ出たあと産業や経済に影響を与えて、その構造を変えてゆくケースの波及効果を**前方連関効果**といいます。他方、製品になるまでの原材料の流れをさかのぼる波及効果のことを**後方連関効果**といいます。通常の産業連関分析（経済波及効果分析）の多くは、この後方連関効果を分析するケースです。

1.2.4　市町村産業連関分析の理論モデル

一国経済の中の都道府県や市町村など小地域を対象とした分析を行う場合、国内の他地域との経済取引を均衡産出高モデルに組み込む必要が出てきます。いま、国内他地域への移出を E_c、国内他地域からの移入を N、地域内需要 $AX + Fd$ に対する移入 N の割合である移入係数を輸入の場合と同様に、$\widehat{N}$ とします。次の(1.5)式が都道府県や市町村の経済を対象にした均衡産出高モデルとなります。

$$X = \left[I - (I - \widehat{M} - \widehat{N})A \right]^{-1} \left[(I - \widehat{M} - \widehat{N})Fd + E + E_c \right] \tag{1.5}$$

1 から輸入係数や移入係数を引いた $(I - \widehat{M} - \widehat{N})$ は、ある需要に対して地域

内で供給できる自給率を表しています。自給率は、このモデルの中では2カ所で使われています[2]。1つは、投入係数 A にかかる自給率で、原材料の自給率を意味しています。経済の波及過程で、押し寄せる原材料ルートの生産波及の波に対して、地域内で供給できるかどうか、どの程度生産できるか、地域内の生産の誘発を「仕分け」する役割を果たします。

あと1つは、地域内の最終需要 Fd にかかる自給率です。こちらの自給率は最終需要があった場合、地域内でどの程度供給できるかを判断する役割を果たしています。移輸出 E に自給率がかからないのは、移輸出される財貨サービスはすべて国内や地域内で生産されたもの、という仮定があるためです。輸入したり移入したものを加工しないで、そのまま輸出したり移出したりすることはないという想定です。

ただ、気をつけなければならないのは、外国からの観光客が地域内で買うお土産（輸出になります）の中には、地域外で生産されたものがあることです。この場合には、自給率を乗じて地域内の供給分を仕分ける作業が必要になります。分析にあたっては、産業連関表から導かれる自給率をもとに、例えばお菓子などの食料品のお土産なら地元産の割合を0.8とか0.6とか実態に合わせて、自給率を任意で設定します。国内からの観光客の消費支出（移出になります）も、同様に調整した自給率を用いて分析します。詳しくは第2章で説明しています。また、観光に関する第10・11・12・13章も参照してください。

---

2) かつて清水市（現静岡市清水区）で石炭火力発電所の建設をめぐり、電力会社と清水市がその経済波及効果を発表し、地元の三保地区の自治会からこの計算は信じていい数字かどうか質問を受けたことがあります。報告書に書いてあるモデルには2つの自給率が抜け落ちていて、発電所建設のためのすべての資材や燃料が清水市で生産されることを前提とした理論による計算でした。相当な過大評価となっている可能性があることを指摘した筆者は激しい批判にさらされましたが、最終的に、当時の斎藤静岡県知事が、喘息被害の恐れとともに「経済波及効果の計算の疑義」を理由にあげて資源エネルギー庁へ申請をしなかったため、発電所の建設は中止となりました（土居英二編『観光地づくりの政策評価と統計分析』第1章、日本評論社、2009年を参照）。モデルから意図的に自給率を落として経済波及効果を大きく見せ、世論を誘導しようとする大胆な人も世の中にはいるのですね。

1.3 市町村産業連関表の作り方

　均衡産出高モデルによる経済波及効果の分析に用いる基礎データが産業連関表です。ここからは、市町村産業連関表の作成方法を解説していきましょう。

　経済波及効果の計算のために作成する必要のある市町村産業連関表は、次の計数表です。まず、**取引基本表**（生産者価格表示）は、市町村の全産業の取引額を生産者価格で表示した基本となる表です。

　生産者価格表示とは、取引されるたくさんの財貨サービスの実際に取引される価格（**購入者価格表示**）から、**商業マージンと運輸マージン**（国内貨物運賃）の2つの**流通マージン**を抜いて商業部門や鉄道輸送や道路輸送など運輸関連部門に集め、個々の商品の価格を工場の出荷額（蔵出し価格）で表記した価格の表示の仕方をいいます。その理由は、財貨の価格を、変動の大きい流通マージンを除いて生産現場に近い場面で評価し、投入係数の安定性を確保するためです。生産額の合計値は、生産者価格表示も購入者価格表示も同じで、内訳の表示の仕方に違いがあるだけです。

　なお、産業連関表の「**産業**」という概念ですが、これは経済センサスなど多くの経済統計で行われている事業所ベースで主な製品の種類を産業分類表で格付けした産業ではありません。事業所を単位とした産業分類より、もっと詳しい「**商品分類**」として計上されていることを理解する必要があります。

　例えば、旅館やホテルなどの宿泊業の産業連関表の数字は、売店部門の売上を販売されている財貨サービスの種類ごとに商業を含む産業部門に配分し、レストラン部門の売上は飲食サービス部門に振り分けて、宿泊部門だけの売上額だけが計上されています。全国表の作成が4年も5年もかかるのは、こうした理論に厳格な詳細なデータの作成作業が積み重ねられているからです。

　さらに、電力という「商品」をみた場合、その生産技術は、水力、火力、原子力、太陽光や風力などと違うことから、生産技術を反映する投入係数も違ってきます。産業連関表では、同じ商品でもこうした生産技術の違いによる産業分類として、**アクティビティ・ベース**（生産活動単位）を基本に分類されています。

　経済波及効果の分析のために、均衡産出高モデルに代入する変数のデータとして、取引基本表から次の係数表を導いて作成しておく必要があります。その作成方法は、第2章で説明します。

図1.2　市町村産業連関表（取引基本表）の作成手順

産出＼投入	中間需要	市町村内最終需要	輸出	(−)輸入	移出	(−)移入	市町村内生産額
中間投入	②	③	④	④	⑤	⑥	①
粗付加価値	②						
市町村内生産額	①						

- 投入係数表 A
- 自給率係数表 $\left(I - \widehat{M} - \widehat{N}\right)$
- 逆行列係数表 $\left[I - (I - \widehat{M} - \widehat{N})A\right]^{-1}$

　以上の産業連関分析の理論と産業連関表の知識を前提に、本章のテーマである市町村産業連関表の作り方について、**図1.2**をもとに説明していきましょう。作成する市町村産業連関表（取引基本表）は、統合中分類と呼ばれる2015年表の107部門を対象とします。本章執筆中の2024年6月に総務省統計局から2020年表が公表されましたが、市町村産業連関表の作成の基礎データとなる都道府県の2020年表の公表が少し遅れますので、本章では2015年表をベースにした作成方法を解説します（2020年都道府県表は多くが2026年3月に公表予定）。2020年表では「獣医業」部門が加わって、産業部門が107から108に増えていますが、本章で解説する市町村産業連関表の作成方法は、2020年表をベースにする場合でも基本的に変わりはありません。

1.3.1　市町村内生産額（図1.2の①）

　最初は、表の大枠であるタテ列とヨコ行の合計値＝市町村内生産額（＝ **コントロール・トータルズ**と呼ばれます。CTと略）を求めます。

　この市町村内生産額の求め方は、所属する都道府県の2015年産業連関表（以下、都道府県表と略）の各産業の生産額を、総務省統計局「平成26年経済センサス基礎調査」の都道府県と市町村の対応する各産業の就業者数で按分して推計し

ます。経済センサスの産業別就業者数は産業小分類の表を用います。

$$市町村内生産額 = 都道府県内生産額 \times \frac{市町村就業者数}{都道府県就業者数} \qquad (1.6)$$

　経済センサスは、民間事業所だけでなく「国、地方公共団体」の就業者も含めて、農家など事業所を持たない就業者を除く全就業者をカバーしている「基礎調査」の就業者数を用います。医療部門などでは、「活動調査」は民間の病院などの就業者だけですので、公立の医療機関の就業者は調査されていないため、基礎調査の方を用います。

　経済センサスは、産業中分類が産業連関表の産業部門と対応している場合が多いのですが、中には産業小分類による対応が必要な部門もあります。

　産業連関表と経済センサスを対応させる場合、必要になるのが産業連関表の産業部門がどのような中身になっているかの情報です。この情報については総務省統計局の産業連関表のサイトに「**部門分類コード表**」が掲載されていますので参考にしてください。2015年表の場合、産業大分類（37部門）、産業中分類（107部門）、産業小分類（187部門）、基本分類（行509部門 × 列391部門）の対応表を入手できます。産業部門数が少し変わっていますが、2020年表も同じ部門分類コード表を入手できます（政府の統計サイト「e-Stat」参照）。

　産業連関表の産業部門と経済センサスの産業部門の対応で、前述の(1.6)式では求めることができない産業部門について、**表1.3**に生産額の推計方法を掲げておきましたので参考にしてください。

1.3.2　中間投入・中間需要、粗付加価値（図1.2の②）

　図1.2の「①」で求めた産業別の市町村内生産額に、2015年の都道府県表の対応する産業別生産額を1とするタテ列の構成比を乗じ、タテ列方向の市町村の産業別中間投入額および粗付加価値額を求めます。

$$市町村の中間投入額と粗付加価値額（産業別）= 市町村内生産額 \\ \times 対応する産業の都道府県生産額を1としたタテ列の構成比 \qquad (1.7)$$

表1.3　市町村内生産額の推計において経済センサスの就業者数比を使わない産業部門など

分類	産業連関表の部門 （107部門）	推計方法（2015年表のケースを想定）
経済センサス以外の統計を使う部門	耕種農業	農林水産省「市町村別農業産出額（推計）」の都道府県内市町村の「農業産出額」を利用
	畜産	同上
	建築	国土交通省「建築着工統計（年次：平成27年分）」表7.2「市区町村別、用途別（大分類）／建築物の数、床面積、工事費予定額」の「工事費予定額（全建築物計）」の金額を生産額とする（単位が万円なので100万円にする）
	公共事業	総務省 地方財政状況調査関係資料「平成27年度市町村決算カード」の都道府県と市町村の「土木費」＋「災害復旧費」の合計で按分
	住宅賃貸料（帰属家賃）	帰属家賃は、自家保有住宅の効用を民間から賃借りしたとして推計された擬制評価であり、実際にはお金が動くことはない 2015年表の場合、総務省統計局「平成27年国勢調査」から得られる「持ち家」の都道府県世帯数と市町村世帯数の比率で按分。2020年表の場合は「令和2年国勢調査」のデータを用いる
経済センサスを使うが、注意が必要な部門	建設補修	総務省統計局「平成26年経済センサス（基礎調査）」の市町村と都道府県の「064 建設工事業＋065 木造建築工事業＋066 建築リフォーム工事業＋07 職別工事業（設備工事業を除く）」の就業者数の合計の比率で都道府県の生産額を按分
	その他の土木建設	総務省統計局「平成26年経済センサス（基礎調査）」の市町村と都道府県の土木関連就業者数（061 一般土木建築工事業＋062 土木工事業＋063 舗装工事業）の就業者数の合計の比率で都道府県の生産額を按分
	再生資源回収・加工処理	総務省統計局「平成26年経済センサス（基礎調査）」の市町村と都道府県の「536 再生資源卸売業」の比率で都道府県の生産額を按分
	貨物利用輸送	産業連関表の「貨物利用輸送」部門は、複数の輸送手段を用いた輸送サービスであるが、総務省統計局「平成26年経済センサス（基礎調査）」の産業小分類「444 集配利用運送業」と「482 貨物運送取扱業」を合計した就業者数比で按分
	自家輸送	この部門と「住宅家賃（帰属家賃）」の部門を除く都道府県と市町村の「域内生産額合計」の比を按分比率として用いる
	研究	①国や地方公共団体、大学の研究所、民間の試験研究機関の生産額＋②企業内研究開発部門の活動の生産額の合計である 元になる都道府県表で、産業小分類（187部門）の取引基本表が公表されている場合は、内訳の①「学術研究機関」と②「企業内研究開発」の生産額が分かるため、以下の方法で推計する ①の「学術研究機関」については、他部門と同様に経済センサスの「71 学術・開発研究機関」の都道府県と市町村の就業者数の比率を利用する。②の「企業内研究開発」は、この「研究」と「住宅家賃（帰属家賃）」を除く都道府県の生産額合計と、市町村の同じ産業部門の範囲の生産額合計との比率を、都道府県産業連関表（産業小分類表）の「企業内研究開発」の生産額に乗じて推計する 産業小分類の都道府県表が公表されていない場合は、①による方法で、市町村の「研究」部門の生産額を推計する
	事務用品	この部門を除く都道府県と市町村の全産業の域内生産額の比率を、都道府県表の按分比率として用いて推計する
	分類不明	都道府県表の値を無視して0とする

1.3.3 市町村内最終需要（図1.2の③）

地域内最終需要は次のような項目を含んでいます。

家計外消費支出（列）、民間消費支出、一般政府消費支出、一般政府消費支出（社会資本等減耗分）、市町村内総固定資本形成（公的）、市町村内総固定資本形成（民間）、在庫純増、市町村内最終需要計

項目の合計値をまず各種の統計から求め、それに都道府県の各地域内最終需要の項目のタテ列の構成比を乗じて推計します。順に推計方法を説明します。

1．家計外消費支出

家計外消費支出のタテ列の合計は、1.3.2項で算出した粗付加価値の中の「家計外消費支出」（ヨコ行）の合計と一致しなければならないので、その合計額を家計外消費支出のタテ列の合計欄に置き、それに都道府県表の最終需要の家計外消費支出（タテ列）の構成比をかけてタテ1列の数値を求めます。

2．民間消費支出

民間消費支出には、家計消費支出と民間非営利団体（労働組合や政党、宗教団体など）の支出が含まれています。本章では民間非営利団体の消費支出を無視して合計額を次の算式で推計します。

$$民間消費支出 = 都道府県表の民間消費支出合計 \\ \times(市町村人口÷都道府県人口)×家計消費格差指数 \tag{1.8}$$

家計消費格差指数は、都市部と農村部の家計消費額に格差がある実態を反映させるためです。この指数は、総務省統計局「家計調査年報」家計収支編・二人以上世帯「表1-1　都市階級・地方・都道府県庁所在市別表」で作表対象の人口規模に対応したデータをもとに作成します（**表1.4**）。

表では、静岡県内の市町村の民間消費支出を推計するケースで、指数のベースとなる静岡県全域を集計したデータがないため、東海地方のデータを1とした指数の例を挙げています。総務省統計局「全国家計構造調査」には都道府県と人口15万人以上の市の家計消費額のデータが公表されていますので、この場合には格

表1.4　市町村の人口規模による家計消費の格差指数（2020年）

都市階級	1カ月あたり消費支出額（円/月）	格差指数（東海地方=1とした場合）	都市階級の定義
大都市	292,241	1.038	政令指定都市及び東京都区部
中都市	279,546	0.993	大都市を除く人口15万以上の市
小都市A	268,992	0.955	人口5万以上15万未満の市
小都市B・町村	262,527	0.932	人口5万未満の市及び町村
全国	277,926	0.987	
東海地方	281,535	1.000	静岡県を含む東海4県

（出典）総務省統計局「2020年家計調査年報」

差指数を作成できます。人口がそれ未満の市町村では、家計調査データを用いるとよいと思います。両統計の併用はベースが異なるため用いない方がよいでしょう。

　次に(1.8)式で求めた合計額に都道府県表の民間消費支出のタテ列の構成比を乗じて、市町村産業連関表の民間消費支出額のタテ列を算出します。

3．一般政府消費支出・一般政府消費支出（社会資本減耗分）

　市町村内最終需要の公的なこの2部門には、市町村だけでなく、市町村内の国や都道府県の機関の行政サービスが含まれます。

　市町村の一般政府消費支出と一般政府消費支出（社会資本減耗分）については、総務省「決算カード」（都道府県、市町村）から得られる都道府県の一般会計歳出合計額に対する市町村の同歳出合計額の比率で都道府県表の一般政府消費支出額を按分する方法を採用します。

$$
\begin{aligned}
&\text{一般政府消費支出合計} = \text{都道府県表の一般政府消費支出} \\
&\qquad\qquad\qquad \times (\text{市町村歳出合計} \div \text{都道府県歳出合計})
\end{aligned} \tag{1.9}
$$

$$
\begin{aligned}
&\text{一般政府消費支出合計(社会資本減耗分)} = \text{都道府県表の一般政府消費支出} \\
&\qquad (\text{社会資本減耗分}) \times (\text{市町村歳出合計} \div \text{都道府県歳出合計})
\end{aligned}
$$

　ただ、この方法では都道府県や国の機関が市町村に存在しない場合や小さい場合には無視してもかまいませんが、国や都道府県の庁舎で働く就業者数が多いと

表1.5 平成27年度の決算カードの投資的経費と産業連関表（長野県の例）

長野県の「総固定資本形成（公的）」に関わる資料		金額（100万円）	比率 対 c
長野県決算カード「投資的経費」(平成27年度)	a	134,507	0.338
「行政投資実績」(長野県)(平成27年度)	b	446,703	1.121
長野県表(2015年) 総固定資本形成（公的）	c	398,327	1.000
長野県表(平成27暦年) 公共投資部門生産額	d	191,459	0.481

思われる場合には、按分比率を総務省統計局「国勢調査」の産業大分類の「公務」就業者数（従業地・通学地集計の従業地の就業者数）を用いて算定します。こうして求めた一般政府消費支出合計、一般政府消費支出合計（社会資本減耗分）の値に、都道府県表のタテ列の比率を乗じて最終需要欄を算出します。

４．市町村内総固定資本形成（公的）

この項目は2015年表の場合、2015暦年に行われた市町村内の官公庁が行った公共投資を含む設備投資を意味しています。

総固定資本形成（公的）の市町村の合計額は、都道府県と市町村の「決算カード」の「投資的経費」データを用いて（1.10）の算式で求めます。

市町村内総固定資本形成(公的)合計 ＝ 都道府県表の総固定資本形成
（公的)合計×(市町村「決算カード」の投資的経費合計÷都道府県
「決算カード」の投資的経費合計)　　　　　　　　　　　　　　（1.10）

決算カードの投資的経費に含まれない設備投資も多くあり、**表1.5**でみる長野県の例のように、「長野県表の総固定資本形成（公的）」 c に対して決算カードの「投資的経費」は33.8％となっています。総固定資本形成（公的）には、公共事業だけでなく、長野県内の官公庁が調達する家具類、電算機やソフトウェア、情報化への投資から庁舎の建築・補修まで、幅広い概念となっているためです。

５．市町村内総固定資本形成（民間）と在庫純増

総固定資本形成（民間）は、民間企業の設備投資（建設を含む）と民間住宅の建設を含みます。民間企業の設備投資は、全産業の生産額の大きさに比例すると仮定し、次の算式でまず市町村の総額を計算します。この総額に都道府県表の総固定資本形成（民間）のタテ列の構成比を乗じます。民間住宅建設は、市町村で

も推計が可能ですが、もとになる都道府県表の総固定資本形成（民間）に明示されていないため、推計が困難なため、無視するしかありません。

$$\text{都道府の県固定資本形成（民間）合計} \times \frac{\text{市町村内生産額合計}}{\text{都道府県内生産額合計}} \qquad (1.11)$$

また、在庫純増は、物財としての性質上、農林水産業から製造業までの都道府県と市町村の物財を生産する生産額の合計額で都道府県表の在庫純増の値を按分する方法で産業別に推計します。

$$\text{市町村在庫純増合計} = \frac{\text{市町村内の物財産業の生産額合計}}{\text{都道府県の物財産業の生産額合計}} \qquad (1.12)$$

いずれも市町村の合計額に対して、都道府県表のタテ列の構成比を乗じて、市町村のタテ列のデータを算出します。

6．市町村内最終需要計・市町村内需要合計

最終需要の家計外消費支出（列）から在庫純増までの産業別の合計が、市町村内最終需要（Final demand：Fd）となります。また、中間需要の合計 AX とこの市町村内最終需要 Fd を合計した額が、市町村内需要（$AX+Fd$）となります。

1.3.4　輸出・移出（図1.2の④⑤）

1．輸出・都道府県外への移出

市町村産業連関表にとって、他地域との経済取引は、表の精度を左右する最も大切な項目です。なぜなら、次の市町村産業連関表の均衡産出高モデルをみても生産誘発効果（経済波及効果）の算出結果は、投入係数 A と他地域からの輸入率 $\widehat{M}$ と移入率 N を１から引いた自給率（$I-\widehat{M}-\widehat{N}$）の２つに左右されるからです。

$$X = \left[I-(I-\widehat{M}-\widehat{N})A\right]^{-1}\left[(I-\widehat{M}-\widehat{N})Fd+E\right] \qquad (1.4)$$

輸出と都道府県外への移出は、次の計算式で産業別に推計します。輸出も都道

府県外への移出も、それぞれ都道府県と市町村の生産額に比例するとする考え方です。

$$\text{輸出} = \text{都道府県表の輸出} \times \frac{\text{市町村内生産額}}{\text{都道府県内生産額}} \qquad (1.13)$$

$$\text{都道府県外への移出} = \text{都道府県表の移出} \times \frac{\text{市町村内生産額}}{\text{都道府県内生産額}} \qquad (1.14)$$

2．都道府県内への移出

市町村産業連関表の作成にとって、この項目が一番のポイントとなります。次の手順を踏んで推計します。この項目の推計結果を入力する項目（タテ1列）を最初に作っておきます。

（Step 1）都道府県産の財貨サービスの取引表の作成

都道府県表の中間需要と最終需要項目には、都道府県内で生産された財貨サービスの他に、輸入品と都道府県外から移入した財貨サービスが含まれています。ここから、輸入品と都道府県外から移入した財貨サービスを取り除いて、都道府県産の財貨サービスの取引だけを計上した表（中間需要と都道府県内最終需要欄）を作成します。前著（土居・浅利・中野編著 [2019]）第11章では、この手順の説明を記述していませんでしたので、お詫びして訂正します。

計算は、都道府県表のエクセルシートを複写し、中間需要と都道府県内最終需要欄だけを枠組みとするシートを用意します。中間需要欄の産業部門名や内生部門計、都道府県内最終需要項目名は、複写の便のため残しておきます。

次に、作成した空白のシートの一番左上の「耕種農業」と「耕種農業」が交差するセルで、次の計算式を作ります。数値はすべて都道府県表の値です。

$$\begin{array}{l}\text{耕種農業と耕種農業が交差するセルの値} \times [1 - \text{耕種農業の移輸入合計}(+\text{値}) \\ \times (\text{中間需要の耕種農業の値} \div \text{都道府県内需要合計の耕種農業の値})]\end{array} \quad (1.15)$$

(1.15)式の作成で、最後の「都道府県内需要合計の耕種農業の値」をクリックしたあと「Enter」キーを押す前に、そのまま「F4」キーを3回押して、算式を複写した時にタテ列が固定される相対番地にしておきます（例えばF5セルの場合は「$F5」とタテ列の「F」の前に＄マークが付きます）。

このセル内の計算式をタテ列（耕種農業から分類不明まで）とヨコ行（耕種農業から在庫純増まで）複写します。

こうして計算された表は、都道府県表の中間需要と都道府県内最終需要に含まれている「輸入（品）」と「都道府県外からの移入」を除いた、都道府県内で生産された財貨サービスだけの取引を表した「都道府県産品」の表になります。

(Step 2) 都道府県内への移出と移入の推計1

Step 1で算出した中間需要と都道府県内最終需要のどの数字も、都道府県内の財貨サービスどうしの投入と産出を表しています。その1つひとつの数字の中をより詳しくみた概念図が**図1.3**です。一例として、都道府県表の耕種農業と耕種農業の交差したマス目を例に挙げています。

1つの数字ごとに、その数字は都道府県内の作表対象の市町村とそれ以外の市町村との4つの取引を内包しています。図1.3のB欄とC欄を合計した数字がこのマス目の中の当該市町村の産出（生産した財貨サービスの出荷先）で、B欄とD欄を合計した数字が投入（財貨サービスの仕入れ元の需要）を意味します。図1.3の上段の右の表は、産出（B+C）と投入（B+D）の計算方法です。

> 産出（B+C）＝都道府県表の耕種農業部門が交差しているセルの
> 額×市町村と都道府県との生産額比率（市町村の耕種農業の生産　　(1.16)
> 額÷都道府県表の耕種農業の生産額）

> 投入（B+D）＝都道府県表の耕種農業部門が交差しているセル
> の額×市町村と都道府県との域内需要比率（市町村の耕種農業　　(1.17)
> の市町村内需要÷都道府県表の耕種農業の都道府県内需要）

計算の結果、産出（B+C）の方が投入（B+D）より大きければ（C≧D）、Dの

図1.3　市町村の都道府県内への移出と都道府県内からの移入の概念図

投入＼産出		都道府県内「耕種農業」A		「耕種農業」内の当該市町村と他の市町村との投入と産出の関係
		当該市町村	市町村外	
都道府県内「耕種農業」A	当該市町村	市町村内取引 B	都道府県内への移出 C	当該市町村の産出（供給）B＋C＝A×（当該市町村の生産額÷都道府県内生産額）
	市町村外	都道府県内からの移入 D	市町村外取引 E	当該市町村の投入（需要）B＋D＝A×（当該市町村の需要額÷都道府県内需要額）

> 産出（B＋C）と投入（B＋D）との差額 F
> F（C－D）≧0のとき→差額をC（移出）とする
> F（C－D）＜0のとき→差額をD（移入）とする

額をCから相殺した差額を「**都道府県内への移出**」とします。

　逆に、産出（B＋C）の方が投入（B＋D）より小さければ（C＜D）、Dの額からCを相殺した差額（C－D：マイナス値）を「**都道府県内からの移入**」とします。これを中間需要（2015年表は107×107、2020年表は108×108）と県内最終需要の7項目（2015年表は7×107、2020年表は7×108）をすべてのマス目について計算していきます。

（Step 3）都道府県内への移出と移入の推計2

　最後に、産業部門ごとに上記の計算結果の「＋」の値のセル（都道府県内への移出）と「－」の値のセル（都道府県内からの移入）とをそれぞれ合計します。「＋」を合計した結果が市町村表の都道府県内への移出で、「－」を合計した結果が都道府県内からの移入となり、市町村産業連関表のそれぞれタテ1列の値となります。

　Step 2とStep 3の実際の計算は、**表1.6**のようなエクセルのシートを作成して計算すると便利です。A欄は、市町村と都道府県との生産額の比率（(1.16)式）、B欄は、市町村と都道府県との地域内需要合計額との比率（(1.17)式）です。

　E欄は、Step 1で作成した都道府県表（財貨サービスの移輸入額を除いた都道府県産品表）の値（表1.6の例では、タテ列は林業までしか表示していませんが、在庫純増欄の列まで）に、産業部門ごとに1行ずつA欄の比率からB欄の比率を引いた値を乗じたものです。

表1.6 都道府県内への移出、都道府県内からの移入の計算シート（静岡県川根本町の例）

記号	生産額比率 A	需要額比率 B	川根本町の県内への移出 C	川根本町の県内からの移入 D	011 耕種農業	012 畜産	013 農業サービス	015 林業
							E	
011 耕種農業	0.004	0.004	68	0	1	1	0	0
012 畜産	0.000	0.001	0	-13	-0	-1	-0	0
013 農業サービス	0.000	0.003	0	-38	-12	-4	0	-0
015 林業	0.045	0.006	597	0	1	0	0	41
017 漁業	0.000	0.001	0	-10	0	0	0	0
061 石炭・原油・天然ガス	0.000	0.000	0	0	0	0	0	0
062 その他の鉱業	0.073	0.001	590	-7	0	0	0	0
111 食料品	0.000	0.002	0	-625	0	0	0	-0
112 飲料	0.016	0.005	745	-5	0	0	0	0
113 飼料・有機質肥料	0.000	0.001	0	-6	-0	-3	-0	0
114 たばこ	0.000	0.002	0	-76	0	0	0	0
151 繊維工業製品	0.005	0.002	27	0	-0	-0	-0	-0
152 衣服・その他の繊維既製品	0.000	0.002	0	-34	-0	-0	-0	-0
161 木材・木製品	0.003	0.004	0	-5	-0	-0	-0	-0
162 家具・装備品	0.001	0.003	0	-23	0	0	0	0
163 パルプ・紙・板紙・加工紙	0.000	0.000	0	-13	-0	0	-0	0
164 紙加工品	0.000	0.004	0	-392	-15	-1	-2	-0
191 印刷・製版・製本	0.000	0.002	0	-111	-0	-0	-0	-0
201 化学肥料	0.000	0.003	0	-2	-1	0	-0	-0
202 無機化学工業製品	0.000	0.001	0	-6	-0	-0	-0	-0

（注）林業より右に、残りの産業部門と市町村内最終需要が続く。

　C欄は、E欄の＋の結果だけを合計したもので、エクセルの「SUMIF」関数を用いると便利です（＝SUMIF（H8:DP8,">0"））。D欄はE欄の－の結果だけを合計しています（＝SUMIF（H8:DP8,"<0"））。途中の内生部門計の値は外して合計してください。

　以上で、市町村の輸出と移出（都道府県外、都道府県内）の推計は終わりですが、最後にこの方法で推計した市町村から都道府県内への移出の算出結果には、必ず修正しなければならない点が出てきます。それは次の2点です。

（1）生産額が「0」で生産がない産業部門にも移輸出が計上される。

（2）自給率が「1」で他地域への移輸出や移輸入がないとされる産業部門にも

移輸出額や移輸入額が計上される。

　(1)は、移出の計算結果と、既に推計が終わっている市町村内生産額を比べて産業別にチェックし、生産がないにもかかわらず移出額が＋で出ている場合にはこの移出額を「0」に修正します。

　(2)の産業部門は次の7つの産業部門です。

　建設4部門（建築・建設補修・公共事業・その他の土木建設）、住宅賃貸料（帰属家賃）、自家輸送、公務

　先に、産業連関表は投入係数の安定性を確保するために、できる限り生産過程に近い場面でデータをとらえる工夫がされていると述べましたが、建設部門については、市町村外の事業者が工事を請け負って建設したとしても、工事費はすべて市町村内での生産額と考えます。この考え方を、経済取引を生産や消費が発生した場面でとらえる**発生主義**といいます。これに対してお金の流れでとらえる考え方を**現金主義**といいます。建設部門はこの発生主義で把握されるために他地域への移出はないと考えられています。修正の方法は後述します。

1.3.5　輸入・移入（図1.2の④⑥）

1．移輸入合計

　前著までの筆者の説明とは異なりますが、最初に移輸入の合計欄を作成します。これは市町村表のヨコ行のバランス（恒等式）を優先した方法です。(1.18)式でまず移輸入の合計欄を引き算で計算します。市町村内生産額は、既に推計しているヨコ1行の値を、産業連関表の一番右の生産額の合計欄（タテ1列）に値複写しておきます。移輸入合計の値は(1.18)式ではマイナス値となります。

$$
\begin{aligned}
移輸入合計 =\ &市町村内生産額－（市町村内需要合計（中間需要\\
&合計＋市町村内最終需要）＋移輸出合計）
\end{aligned} \tag{1.18}
$$

2．輸入・都道府県外からの移入

　輸入と都道府県外からの移入は次の式で産業別に推計します。輸入も、都道府県外からの移入も、都道府県内需要と市町村内需要の大きさに比例する、という

考え方に基づいています。

$$市町村表の輸入 = 都道府県表の輸入 \times \frac{市町村内需要額}{都道府県内需要額} \qquad (1.19)$$

$$都道府県外からの移入 = 都道府県表の移入 \times \frac{市町村内需要額}{都道府県内需要額} \quad (1.20)$$

３．都道府県内からの移入

　最後の項目です。都道府県内からの移入は、都道府県内への移出を説明した際に既に算出されていますが、それを保留しておいて次の計算式で算出された額を優先して用います。最後のバランス調整項としての位置付けを優先するわけです。

$$都道府県内からの移入 = 移輸入合計 - (輸入 + 都道府県外からの移入)$$
$$(1.21)$$

　作表は以上ですが、最後に作成した表のチェックを行います。

1.3.6　作表のチェック

１．チェックすべきポイント

　地域産業連関表の作成方法についてのどの文献も、筆者の前著を含めて最後は「バランス調整」という作業が説明されています。本章では、上述したように「移輸入合計」や「都道府県内からの移入」の項目で、既にバランス調整を終えていますので、作表のチェックという項目にしています。

　チェックすべき点は以下のとおりです。なお、中間需要と最終需要部門のいくつかの「合計」欄はすべて計算式で求めてあることを前提に説明します。

　(1) 市町村内生産額…表の外枠の産出合計と投入合計が一致しているか。

(2) 粗付加価値合計が、最終需要部門計の総額と一致しているかどうか。

(3) 移輸出…生産がない（$X = 0$）にもかかわらず輸出や移出の値に＋の数値
が入っていないかどうか。

移輸出の合計額が生産額と同じか小さいかどうか（$E \leq X$）

(4) 移輸入…移輸入額合計（＋値でみた場合）が市町村内需要と同じか小さい
かどうか（$M \leq AX + F_d$）

(5) 自給率が1であるはずの7つの産業部門の移輸出や移輸入の欄に0以外の
数字が入っていないかどうか。

エクセル上では「0」と表示されていても実際は小数以下の数字が入って
いる可能性があるので、手で入力した0から該当欄の「0」と見えている
値を引いた結果に数値が入っていないかどうかを調べるなど慎重にチェッ
クしてください。

(6) 自給率…自給率を計算して、$0 \leq$ 自給率 ≤ 1 となっているかどうか、マ
イナス値や1以上の値となっていないかどうか。

自給率は、産業別に次の式で計算します。

$$自給率 = 1 - （移輸入合計（＋値）÷市町村内需要合計） \qquad (1.22)$$

2．修正作業

作表した結果をチェックしてみると、どこかに問題点が出てきて1回で完了と
はならないのが筆者の経験です。修正作業には、経済の実態を反映している表へ
の理解が求められます。

「(3)移輸出…生産がない（$X = 0$）にもかかわらず輸出や移出の値に＋の数値
が入っていないか」では、数値が入るとすれば「都道府県内への移出」の項目で
す。もし数値があれば、これを削除して0に入れ替えます。

「(3)移輸出…移輸出の合計額が生産額と同じか小さいか（$E \leq X$）」について
は、移輸出の合計額が生産額を上回っている場合、その差額を、移輸出の中の
「都道府県内への移出」額から引いて移輸出の額を小さくし、移輸出合計額を生
産額と一致させます。

「(4)移輸入…移輸入額合計（＋値でみた場合）が市町村内需要と同じか小さ

いかどうか（$M \leq AX + Fd$）」は、市町村内需要を上回って移輸入がされていないかをチェックしますが、このようなケースはまずありません。もしあれば、市町村内需要が小さすぎると考え、移輸入が市町村内需要を上回っている差額だけ、市町村内需要の方を大きくします。大きくする方法は市町村内最終需要の7つの項目の中で数値がある項目の大きさに比例させて按分させるか、在庫純増の欄の数字を調整します。

「(5) 自給率が1であるはずの7つの産業部門の移輸出や移輸入の欄に0以外の数字が入っていないか」については、以下のとおり修正します。まず移輸出ですが、数字が入っている場合には、この数値を削除し0に入れ替えます。都道府県表では「輸出」も「移出」も自給率が1のこれらの産業部門の移輸出欄は0になっていますので、数字が入ってくるのは「都道府県内への移出」欄です。

自給率が1のこれらの産業部門で、数字が0であるはずの移輸入欄に数字が入るのも「都道府県内からの移入」欄です。実際に筆者が長野県の松本市の産業連関表の作成で経験した修正作業を紹介します。数字は100万円単位です。

（修正前）
住宅賃貸料（帰属家賃）…**民間消費支出 106832**、市内最終需要合計及び市内需要合計106832、市内生産額93169、**県内からの移入 −13663**

（修正後）
住宅賃貸料（帰属家賃）…**民間消費支出 93169**、市内最終需要合計及び市内需要合計93169、市内生産額93169、**県内からの移入 0**

移入されるはずのない欄に数字が入っているというのは、市内の需要が大きすぎるので、これを都道府県内からの移入の額（＋値）だけ民間消費支出欄で小さくした訳です。すると都道府県内からの移入額は、計算式で数字が出てきていますので、自動的に0となるのです。都道府県内からの移入欄は、バランス式の要ですので、これを手作業で0にしてはいけません。

「(6) 自給率…自給率を計算して、0≦ 自給率 ≦1となっているかどうか、マイナス値や1以上の値となっていないかどうか」についての修正は、1以上の数値が出てきている場合は、(1.22)式で、1から引く（移輸入合計（＋値）÷市町

村内需要合計）がマイナス値をとっている ＝ 実際の表では移輸入合計が ＋ 値で出ているということを意味しています。

　移輸入合計が ＋ 値で出るのは、マイナス値であるはずの「生産額 － 需要合計」が ＋ 値で出ているので、需要が不足しています。したがって、需要を大きくするために「生産額 － 需要合計」の値 ＝ 差額を、市町村内最終需要の数字がある項目の値で按分して加算するか、在庫純増の欄に加えて修正します。

　以上が修正作業です。

　本著のタイトルは『地方創生の政策効果とデータ分析』ですが、そのための基礎データである市町村産業連関分析の考え方や理論、市町村産業連関表の作成方法についての解説は、以上となります。次章では、以上で作成した市町村産業連関表（取引基本表）から導出される係数表、地方創生の政策効果である生産や雇用、税収、定住人口への政策効果の求め方を解説します。

●コラム●　経済波及効果とは

　一定の地理的範囲と期間を設定し、需要の中に在庫を含めて考えると、その地域の経済活動は全体として次のバランス式から成り立っています。

　　　　需要量 ＝ 供給量　　　　　　　　　　　　　　　　　　　　　　　　　　(1)

　この左辺の需要量は、生産活動に視点を置いてみると、生産に用いられる原材料や燃料などの中間財の需要量（中間需要）と、家計の消費や企業の設備投資などの最終財の需要量（最終需要）に大別することができます。

　　　　中間需要量 ＋ 最終需要量 ＝ 供給量　　　　　　　　　　　　　　　　(2)

　この中間需要量は生産（供給）に用いられるため、生産が増えれば増加し、生産が減少すれば減少します。中間需要量の大きさは供給量のそれに依存して動いています。

　いま、中間需要量が供給量に対して一定の比率（中間需要率 a とします）で変動するとすれば、中間需要は $a \times$ 供給量となり(2)式は、次のように表すことができます。

　　　　$a \times$ 供給量 ＋ 最終需要量 ＝ 供給量　　　　　　　　　　　　　　(3)

　需要量と供給量がそれぞれ100で、中間需要率が0.6とすると、中間需要量の大きさは100×0.6で60、最終需要量は$100 - 60 = 40$となり、(3)式は

　　　　$0.6 \times 100 + 40 = 100$

となります。(3)式の左辺の $a \times$ 供給量を右辺に移項して整理すると、

　　　　最終需要量 ＝ 供給量 $- a \times$ 供給量

そうして、右辺と左辺を入れ替えると、

　　　　$(1 - a) \times$ 供給量 ＝ 最終需要量

　　∴　供給量 ＝ 最終需要量 $\div (1 - a)$

　　　　　＝ $(1 - a)^{-1} \times$ 最終需要量　　　　　　　　　　　　　　　　(4)

と表すことができます。この(4)式は、供給量は、最終需要量40に1から中間需要率を引いた比率（$1 - 0.6 = 0.4$）の逆数（$1 \div 0.4 = 2.5$）を乗じた大きさ100に等しくなるという恒等関係を表しています。

　いま、この(4)式を、最終需要量が供給量に影響を与える関係を表していると解釈します。需要量のうち中間需要量は供給量に左右される従属変数ですが、最終需要の方は供給量に依存しない独立変数として理解します。

この関係を前提に、最終需要量の変化分に対する供給量の変化分を、それぞれ Δf と Δx という記号で表すと(4)式は次の(5)式のようになります。Δ はデルタと呼び、変化分を意味します。変化分の意味である2つの値の差 difference の頭文字「d」をギリシャ語の大文字で表した記号が Δ ＝ デルタです。

$$\Delta x = (1-a)^{-1}\Delta f \tag{5}$$

　この(5)式が産業連関論の理論モデルの考え方の基礎となっていて、独立変数としての最終需要量の変化が、供給量にどのような変化を与えるのかを表す理論式です。供給量の変化分 Δx は、最終需要量の変化分 Δf の大きさと中間需要率 a に依存していることが分かります。この場合、供給量は、最終需要量の変化分 Δf によって決定される一方的な受け身の役割を担っているだけではありません。

　図1のように、起点となるのは最終需要量の変化分①ですが、これによって誘発される供給量の変化分②は、③を経由して、中間需要量の変化分④を誘発します。供給が需要サイドに影響を与えるのです。こうした供給量の変化→中間需要量の変化→供給量の変化→中間需要量の変化と続く連鎖は、供給の変化分に対する中間需要の変化分の割合0.6ずつ減少していきます。

図1　産業連関論における需要量と供給量の関係

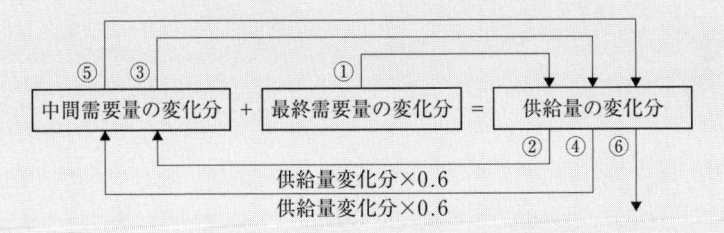

　この供給量の変化分の合計を S とし、最初の中間需要量の変化分 ΔF を用いて表すとします。供給量の変化分の合計は、

$$S = \Delta f + 0.6\Delta f + 0.6(0.6\Delta f) + \cdots \tag{6}$$

で表されます。この S は、公比0.6、初項 Δf の等比級数の和の公式によって求めることができます。(6)式の両辺に0.6を乗じて、

$$0.6S = 06\Delta f + 0.6(0.6\Delta f) + \cdots \tag{7}$$

(6)式から(7)式を引くと

$$S - 0.6S = \Delta f \quad (1-0.6)S = \Delta f$$

となるため、最後は(5)式と同じ(8)式のようになります。

$$S = (1-0.6)^{-1}\Delta f \ (= 2.5\Delta f) \tag{8}$$

　最終需要量の変化分を例えば $\Delta F = 10$ とすると、中間需要率 a の0.4を用いた $(1-a)^{-1}$ は上述したように2.5なので、供給量の変化分 ΔX は2.5×10 = 25となります。これが経済波及効果の計算式です。最終需要量の変化分が40の場合には、供給量の変化分は2.5×40 = 100となってバランス式(2)式と一致します。

　中間需要率 a を用いて表した中間需要量と最終需要量の合計が供給量に一致することを表した(3)式

$$a \times 供給量 + 最終需要量 = 供給量 \tag{3}$$

は、財貨サービスが複数ある場合には、説明が少し複雑になりますので、本文の投入係数の説明を参照してください。

第 2 章

生産・雇用・税収・定住人口への効果
地方創生効果の「見える化」を

2.1 はじめに

　地方創生の政策は、「いいことだから」とか「効果があるから」という理由と、「政府の補助金の付く政策だから」という現実的な理由から、全国各地で進められています。「政府の補助金がなくなったらどうするのか」という問いが提起された場合には、その「いいこと」を、自前の財源で続けるのかどうかに答えねばなりません。

　その判断のためには、地方創生の政策がどのような効果を持ち、税収にもどのような効果をもたらすのか、データでしっかり見極めることが必要になります。政府の推進している行政運営の進め方である EBPM（Evidence Based Policy Making：エビデンスに基づく政策立案）の考え方が必要となる場面です。

　税収への効果が小さいからといって続けない、とはなりませんが、少なくとも地方創生の政策が、地域の社会経済にどのような効果をもたらすのかをデータで分析して「見える化」し、その政策にかかる費用も考慮しながら議会や住民に説明し、政策導入や継続の可否の判断を仰がなければなりません。これは補助金がある場合でも変わりはありません。

　この章では、こうした意図から、第 1 章で作成方法を説明した市町村産業連関表のデータを用いて、地方創生のさまざまな政策が地域にもたらす生産・雇用・税収・定住人口への効果を計算し、地方創生の政策効果を「見える化」する方法を解説します。

2.2　企業・産業への効果——生産誘発効果

　企業・産業へもたらされる効果は、生産誘発効果（経済波及効果）と企業利益の誘発効果です。

　第1章で作成方法を解説した産業連関表（取引基本表）のデータから、生産誘発効果（経済波及効果）を計算する手順は、以下のとおりです。産業連関表のデータは、2015年表の統合中分類（107部門）を想定していますが、表が大きくなりすぎるので、ここでは3部門の数値例で説明します。

2.2.1　係数表の作成

　表2.1は、産業3部門の産業連関表と、そこから導く必要のある係数表の種類と作成手順を示しています。少し説明を追加しておきます。

「① 投入係数 A」の作り方

　投入係数（107部門 ×107部門）を出力するシートを用意します。産業連関表（取引基本表）の産業部門名は残して中間需要と中間投入のデータ、最終需要部門と粗付加価値部門の項目とデータも削除しておきます。

　耕種農業 × 耕種農業の交差している一番左上のセル（C5とします）で

$$= 耕種農業 ÷ 耕種農業の生産額合計$$

の数式を作ります。分母のセル（C112になります）を指定したすぐあとに「F4」キーを2回押して、C\$112とし、ヨコ行を固定する相対番地にします。あとはC5セルの式をタテに複写し、さらにその1列の式をヨコに複写すれば、投入係数表ができあがります。

　なお、市町村産業連関表には、市町村内の生産がない産業部門が少なくないので、これらの産業部門には0を0で割った式のエラー値「#DIV/0！」がタテ1列に出てきます。その場合にはこの列の値をすべて0としておきます。

「② 単位行列 I」の作り方

　作成するシートを用意します。「①投入係数」のシートを複写して、単位行列のデータを作成するシートを用意します。複写したシートの中間需要と中間投入の産業部門名（107部門 ×107部門）を残し、値はすべて削除します。

表2.1　産業連関表の係数表の導き方

原表	産業1	産業2	産業3	内生部門計	消費支出	域内最終需要	域内需要計	移輸出	移輸入	生産額
産業1	10	30	30	70	10	20	100	30	-30	100
産業2	20	30	40	90	40	70	200	50	-100	150
産業3	30	60	50	140	20	40	200	40	-40	200
雇用者所得	20	20	60	100						
他の付加価値	20	10	20	50						
生産額	100	150	200	450						

①投入係数 A	産業1	産業2	産業3
産業1	0.1	0.2	0.15
産業2	0.2	0.2	0.2
産業3	0.3	0.4	0.25

（計算例）

0.1 = 10/100	0.2 = 30/150	0.15 = 30/200
0.2 = 20/100	0.2 = 30/150	0.2 = 40/200
0.3 = 30/100	0.4 = 60/150	0.25 = 50/200

②単位行列 I	産業1	産業2	産業3
産業1	1	0	0
産業2	0	1	0
産業3	0	0	1

対角線に1、あと0を配置
作成方法は本文参照

③移輸入係数 $\hat{M}$	産業1	産業2	産業3
産業1	0.3	0	0
産業2	0	0.5	0
産業3	0	0	0.2

（計算例）　　対角線に配置
0.3= 30（-移輸入）/100（域内需要）
0.5=100（-移輸入）/200（域内需要）
0.2= 40（-移輸入）/200（域内需要）

④自給率係数 $(I-\hat{M})$	産業1	産業2	産業3
産業1	0.7	0	0
産業2	0	0.5	0
産業3	0	0	0.8

（計算方法）
表②-表③

⑤$(I-\hat{M})A$	産業1	産業2	産業3
産業1	0.07	0.14	0.105
産業2	0.1	0.1	0.1
産業3	0.24	0.32	0.2

（計算方法）　　表④×表①
関数=MMULT（表④、表①）を用いる
表の掛け算の順序は変えない
予め計算結果を出力する範囲を指定して計算

⑥$I-(I-\hat{M})A$	産業1	産業2	産業3
産業1	0.93	-0.14	-0.105
産業2	-0.1	0.9	-0.1
産業3	-0.24	-0.32	0.8

（計算方法）
表②-表⑤

⑦$I-(I-\hat{M})A$, $-(I-\hat{M})c,-v,1$	産業1	産業2	産業3	消費係数
産業1	0.93	-0.14	-0.105	-0.047
産業2	-0.1	0.9	-0.1	0.133
産業3	-0.24	-0.32	0.8	-0.107
雇用者所得率	-0.2	-0.133	-0.3	1

家計内生モデルの作成
表②-表⑥の計算結果の表に、雇用者
所得率と消費係数の1行1列を追加する
雇用者所得率(-v)と消費係数
$(-(I-\hat{M})c)$ の説明は本文参照

⑧逆行列	産業1	産業2	産業3	消費係数
産業1	1.19	0.29	0.24	0.12
産業2	0.25	1.28	0.27	0.21
産業3	0.52	0.65	1.50	0.27
雇用者所得率	0.43	0.42	0.53	1.13

107部門×107部門に1行1列を加えた
108部門×108部門（2020年表は109部門）の
シートを用意し、出力範囲を指定して
関数 MINVERSE（表⑦）で表⑦を選択
したあと「Ctrl」と「Shift」を押して Enter

左上の「耕種農業 × 耕種農業」の交差しているセル（C5とします）を基準に上に1行、左に1列をそれぞれ挿入します。挿入した行と列が交差するセル（新しいC5）に数字の「1」を記入します。その右斜め下のセル（D6）に、1を記入したセルに数字の「0」を加えた数式（＝C5＋0）を作成し、この式をタテ107列、ヨコ107行にコピーし、最後に値複写でセルの数式を値にしておきます。単位行列のデータはこれで完成します。挿入したタテ1列（C列）は次の作業のため、削除しないで残しておきます。

「③ 移輸入係数行列 $\widehat{M}$」の作り方

　これも斜め右下にデータが並びあとは「0」が入る行列で、**対角行列**と呼ばれる行列です。単位行列を作成したシートを複写し、移輸入係数行列のデータを載せるシートを用意します。数字は、上述の1も含めてすべて削除しておきます。単位行列を作成したシートで、上記の最後に述べた挿入したタテ1列の中の最初の行である「耕種農業」の右横のセル（C6）に、原表のデータを用いた次の計算式を作ります。

　　　　＝－ 移輸入合計 ÷ 市町村内需要合計

この式をタテ1列に複写します。これが移輸入係数です。これを対角線に配置するには次の方法を用います。

　このタテ1列に作成した移輸入係数の一番上の「耕種農業」の移輸入係数の右横のセル（D6）で、このタテ1列と「③ 単位行列」（107×107）の掛け算の式を作成します。具体的には、セル（D6）上で式「＝$C6×C6」を入力します。なお、この式の後ろのC6セルは「②単位行列」のシートの一番左上の1とします。C列を固定する相対番地 $C6セルは、移輸入係数の一番上の値（C6）のセルをクリックし「F4」キーを3回押し、列Cを固定する相対番地（$C6）とします。この式をタテ・ヨコ107×107のセルに複写すると、移輸入係数が対角線に配置され、あとのセルに数字0が入る移輸入係数行列ができあがります。

「④ 自給率係数行列 $I-\widehat{M}$」の作り方

　作成した移輸入係数行列（107×107）のシートを複写して、自給率係数行列を作成するシートを新たに作成しておきます。各シート名も付けておきます。表の中の値をすべて削除します。

表2.1の「②単位行列」の一番左上のセル（値1が入っています）から、上で作成した「③移輸入係数行列」の一番左上のセルの値を引く式を作成し、この式を107×107のセルに複写して完成させます。

「⑤ $(I-\widehat{M})A$ 行列」の作り方

　表2.1の「④自給率係数行列」と「①投入係数行列」の掛け算です。自給率係数行列のシートを複写し、値を削除してこの計算結果を出力するシートを新たに用意します。

　最初に計算結果を出力するタテ107列 × ヨコ107行のセル範囲を囲んでおきます。そのまま、エクセルの関数「＝ MMULT（最初の行列、後の行列）」を用いて、最初の行列に「④自給率係数行列」を、後の行列に「①投入係数行列」を指定します。この順序は入れ替えてはいけません。行列の計算では $A\times B \neq B\times A$ だからです。

　関数内の2つの行列の指定が終わると「OK」ボタンを押さずに「Ctrl」キーと「Shift」キーを押しながら「OK」ボタンまたは「Enter」キーを押して答を出力させます。行列演算をエクセルで行う際には

　　（ア）答を出力する範囲を指定→
　　（イ）関数による式の作成→
　　（ウ）「Ctrl」「Shift」「OK」ボタンまたは「Enter」で出力

という共通の手順となります。

「⑥ $(I-(I-\widehat{M})A)$ 行列」の作り方

　表2.1の「②」から「⑤」のそれぞれ対応するセルの値を引いて作成します。

「⑦ $(I-(I-\widehat{M})A, -(I-\widehat{M})c, -v, 1$ 行列」の作り方

　通常の均衡産出高モデルは、上記「⑥」の行列の逆行列を作成すればいいのですが、本章では「家計内生化モデル」という均衡産出高モデルを基礎とする応用モデルの逆行列係数を作成する方法を解説しておきます。

　その理由は、このモデルによるエクセルの逆行列のシートの作成が、表2.1で言えばこの「⑦」の作業が加わるだけでそれほど難しくないこと、この型の逆行列係数を用いた経済波及効果の計算結果は、通常の逆行列による計算結果に比べ

図2.1 家計内生化モデルの図解（第14章に再掲）

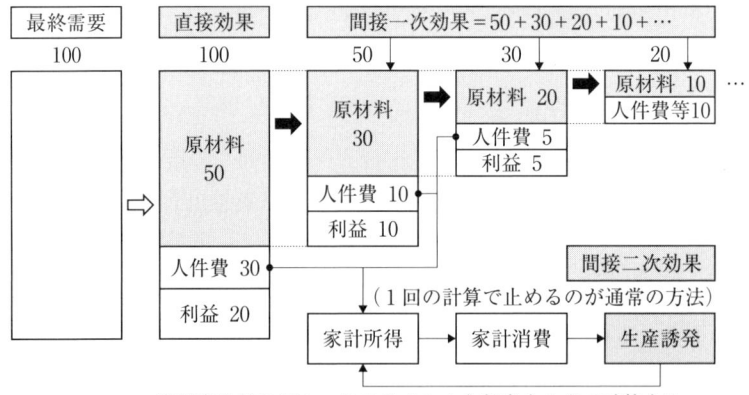

家計内生化モデル このサイクルを収束するまで計算する

て、間接二次効果（生産増→雇用者所得増→民間消費増→生産増→…という付加価値ルートのうちの消費ルート）を収束するまで補足できるために大きくなるからです。生産誘発効果（経済波及効果）は、次のような内容をもっています。詳細は、**図2.1**を参照してください。

生産誘発効果 ＝ **直接効果**（最終需要によって直接誘発される効果）
$\qquad$ ＋ **間接効果** $\hfill (2.1)$

間接効果 ＝ **間接一次効果**（原材料ルートでの波及効果）
$\qquad$ ＋ **間接二次効果**（付加価値ルートの波及効果）

間接二次効果 ＝ **消費ルートによる効果**：生産→雇用者所得→消費→生産→…
$\qquad$ ＋ **投資ルートによる効果**：生産→営業余剰→固定資本形成→生産→…

通常の均衡産出高モデルは、第1章の（1.4）式です。

$$X = \left[I - (I - \widehat{M})A\right]^{-1}\left[(I - \widehat{M})Fd + E\right] \qquad (1.4)$$

これに対して、家計内生化型均衡産出高モデルは次のようになります。

$$\begin{bmatrix} \Delta X \\ \Delta V \end{bmatrix} = \begin{bmatrix} I - (I - \widehat{M})A & -(I - \widehat{M})c \\ -v & 1 \end{bmatrix}^{-1}\begin{bmatrix} (I - \widehat{M})\Delta Fd + \Delta E \\ 0 \end{bmatrix} \qquad (2.2)$$

家計内生化モデルについては、土居・浅利・中野編著［2019］86〜89ページでも数値例を含めて説明していますので参照してください。

　(2.2) 式の中の記号と概念の説明をしましょう。

　右辺第 1 項の逆行列係数の中の $-\left(I-\widehat{M}\right)c$ は、消費係数に自給率を乗じてマイナス符号を付けた項です。**消費係数 c** は、第 1 章で作成した市町村産業連関表の「民間消費支出」の構成比ですが、分母を、市町村産業連関表の「粗付加価値合計」から、その中の 1 つである「家計外消費支出（行）合計」を引いた GRP（Gross Regional Product：**地域内総生産**）概念にしておけば、この GRP の増加額が、生産誘発効果の出力欄であるタテ 1 列の一番下に出力されるので、設定しておくと便利です。GRP は、企業と家計の所得に減価償却を加えた国民所得の概念で、**国内総生産（GDP）** の市町村版です。(2.2) 式左辺の下の ΔV が、粗付加価値（GRP）の増加を意味しています。

　右辺第 1 項の逆行列係数の中の $-v$ は、**雇用者所得係数**といい、産業別に市町村内生産額で雇用者所得の額を割った比率です。係数にはマイナス符号を付けておきます。

　消費係数 $-\left(I-\widehat{M}\right)c$ は、表2.1の表⑥で作成した107×107の行列の右端のタテ 1 列に、雇用者所得係数 $-v$ は、一番下のヨコ 1 行に計算結果を記入します。したがって、表⑦は産業部門数より行も列も 1 つ多い108×108の行列となります（2020年表では109×109です）。

「⑧ 逆行列係数」の作り方

　逆行列係数表を出力するシートを表⑦のシートを複写して作成します。産業部門名の右端に「消費係数」、最下段に「雇用者所得係数」と記入して出力範囲を間違わないようにしておきます。値はすべて削除し空白にします。

　作成したシートの出力範囲（108×108）を囲んで範囲指定をします。次にエクセルの逆行列を求める関数「＝ MINVERSE（逆数にする行列）」を用いて（　）内に表⑦のデータ（108×108）を指定します。最後に「Ctrl」と「Shift」を押しながら「OK」ボタンまたは「Enter」を押して結果を出力します。

　諸係数表の作成は以上です。

2.2.2　生産誘発効果の計算

（1）最終需要データの作成

①データの形

　生産誘発効果（経済波及効果）の起点となる最終需要データは、2015年表の場合は107行 × １列のタテ１列（**列ベクトル**といいます）の形をとります。2020年表の場合は108行 × １列です。家計内生化モデルの場合は１行増えます。

②データの内容

　最終需要データの内容は、分析するテーマによって多様ですが、テーマが決まれば必要なデータは決まってきます。「経済波及効果の起点となるデータ」ということを念頭に置いて収集することが大切です。どのようなテーマならどのようなデータを準備したらよいか、ということを説明するために、本書では第Ⅱ部から第Ⅳ部に12の章を置いています。また、前著にあたる土居・浅利・中野編著［2020］には「産業」「観光とイベント」「交通・公共施設、まちづくり」「地方創生・地域経済・地域環境問題」などの分野別に17のテーマと事例分析の例を収録していますので、こちらも参考にしてください。

　一例として、観光の地域経済波及効果を分析する場合、最終需要データは次のように作成します。

- １人あたり消費支出額の把握（アンケート調査、または観光統計を利用）
- 消費支出の内容（　　）内は産業連関表の産業部門への配分先
  　宿泊費（宿泊業）
  　飲食費（飲食サービス）
  　観光施設・イベントの入場料
  　　※公営の場合（教育）＝社会教育、民営の場合は（娯楽サービス）
  　お土産・買い物（内容によって該当する産業部門と配分額を決めます）
  　交通費　※交通手段ごとに地域内を走行する費用を計上します。電車
  　　　　　　の場合は地域内走行距離で運賃を按分し（鉄道輸送）部門
  　　　　　　に配分します。バス・タクシーは（道路輸送）部門です。
  　　　　　　自家用車の場合は市町村内を走行する距離、燃費、燃料価
  　　　　　　格を設定して市町村内を走行する燃料代を（石油製品）部

門に配分します。産業連関論では「発生主義」により人の地域内移動を支える交通サービスの市町村内生産額をとらえます。

● 観光客数データ　※公表されている宿泊客数は「延べ宿泊客数」ですが、これは1人が1泊した場合、チェックアウトした日を含めて2人と計上されています。1人が2泊した場合は3人と計上されます。経済波及効果の分析のためには、この延べ数を1人が平均何泊しているかという泊数のデータで割って「実宿泊客数」を求める必要があります。日帰り客数の場合も1人が3カ所の観光施設などを訪問した場合、3人とカウントされていますので、これも実人数に変換します。詳しくは本書の観光を取り上げた章を参照してください。参照する出典名などを記述しています。

● 最終需要データ ＝ 1人あたり消費支出額 × 観光客数（実人数）

③注意を要するポイント

　最終需要データの作成で気をつけるべき重要なポイントは、上述した家計内生化型の均衡産出高モデルの右辺第2項にあるように、地域内最終需要 Fd に増加あるいは減少の変化分を示すデルタ記号（ΔFd）が付いている点です。生産の誘発（ΔX）は最終需要の増加（ΔFd）によって生じます。デルタ Δ は差（変化分）を表す differential の頭文字 d のギリシャ語の大文字です。

$$\begin{bmatrix} \Delta X \\ \Delta V \end{bmatrix} = \begin{bmatrix} I-\left(I-\widehat{M}\right)A & -\left(I-\widehat{M}\right)c \\ -v & 1 \end{bmatrix}^{-1} \begin{bmatrix} \left(I-\widehat{M}\right)\Delta Fd + \Delta E \\ 0 \end{bmatrix} \tag{2.2}$$

　例えば、プレミアム商品券事業や、デジタル地域通貨事業の地域経済への生産誘発効果（ΔX）を計算する場合、最終需要データ（ΔFd）は、プレミアム商品券やデジタル地域通貨によって消費者が購入した財貨サービスの金額（利用額）ではありません。普段の買い物の支払い手段が現金からプレミアム商品券やデジタル地域通貨に変わったというだけでは、最終需要である家計消費の増加とはな

らず、事業者の売上も変わりません。この場合、最終需要データは普段の消費よりも多い「消費喚起額」＝消費増加額でなければなりません。これを正確にとらえるのは容易ではありません。

　最終需要データの入れ方を間違えると、生産誘発効果（経済波及効果）の計算結果も間違いとなります。そのような例をしばしば目にするので、気をつける必要があります。ミスリードされた情報は、政策判断や人々の行動を誤った方向に導く危険があるからです。

　詳しくは、プレミアム商品券を取り上げた第6章、デジタル地域通貨を取り上げた第8章を参照してください。

　なお、観光の地域経済波及効果を分析する際には、観光客が地域内で消費した金額そのものが最終需要データとなります。観光の経済波及効果を算出する場合には、観光が存在しない場合（観光客がいない場合）と比べるため、観光客の消費支出額そのものが、最終需要の増加（ΔFd）となるからです。

（2）最終需要データの価格変換

　表2.2に、経済波及効果を計算するエクセルのシートの例を掲げておきますので、以下の記述とともに参考にしてください。

　できあがった最終需要データは、**購入者価格表示**のデータです。産業連関分析にかけるためには、この購入者価格に含まれる商業マージンと運輸マージン（国内貨物運賃表）を抜いて、商品の価格を工場からの出荷価格（蔵出し価格）である**生産者価格表示**に変換しておく必要があります。産業連関表のデータが、投入係数の安定性を確保するために、可能な限り生産過程に近いところで表示されているのと同様に、最終需要データも生産過程に近い場面のデータとしておくことが価格変換をしなければならない理由です。

　購入者価格に含まれる商業マージンの割合（商業マージン率）や運輸マージンの割合（運輸マージン率）、その配分先などのデータについては解説をすると長くなりますので、本書の出版と同時に日本評論社のHPに「価格変換ファイル」をダウンロードできるサイトを用意しましたので、利用してください（URL：https://www.nippyo.co.jp/shop/book/9369.html）。タテ1列の購入者価格表示の最終需要データの「値の貼り付け」を行えば、自動的に生産者価格表示に変換するエクセルのファイルです。

表2.2　経済波及効果分析のためのデータ入力・出力表の例

（単位：100万円）

経済波及効果 / 産業部門	2015年南伊豆町産業連関表				ふるさと納税による経済波及効果		
	最終需要		自給率		直接効果	間接効果	生産誘発効果
	購入者価格	生産者価格	原表	調整			
合計	166	166			144	46	190
011　耕種農業	11	5	0.175	1.000	5	0	6
012　畜産	0	0	0.301	1.000	0	0	0
013　農業サービス	0	0	0.716	0.716	0	0	0
015　林業	0	0	0.136	0.136	0	0	0
017　漁業	10	5	0.150	1.000	5	0	5
061　石炭・原油・天然ガス	0	0	0.000	0.000	0	0	0
062　その他の鉱業	0	0	0.003	0.003	0	0	0
111　食料品	11	6	0.123	1.000	6	1	7
112　飲料	1	1	0.002	1.000	1	0	1
113　飼料・有機質肥料	0	0	0.142	0.000	0	0	0
114　たばこ	0	0	0.000	0.000	0	0	0
151　繊維工業製品	0	0	0.011	0.011	0	0	0
152　衣服・その他の繊維既製品	0	0	0.000	0.000	0	0	0
161　木材・木製品	1	0	0.055	0.055	0	0	0
162　家具・装備品	0	0	0.039	0.039	0	0	0
163　パルプ・紙・板紙・加工紙	0	0	0.052	0.052	0	0	0
164　紙加工品	0	0	0.002	0.002	0	0	0
191　印刷・製版・製本	1	0	0.001	0.001	0	0	0
201　化学肥料	0	0	0.000	0.000	0	0	0
202　無機化学工業製品	0	0	0.000	0.000	0	0	0

（以下、略）　　　　　　　　　　　　自給率（調整）で灰色の欄が調整後の自給率

（3）直接効果データの作成

　最終需要データ（生産者価格表示）ができあがれば、それに市町村産業連関表から得られる産業別の自給率を乗じて、市町村内に落ちるお金で誘発される最初の生産額（直接効果）データができます。

　自給率データは、表2.1の「④」ですが、対角行列にする前のタテ1列の形式のデータと、タテ1列の最終需要データに産業部門ごとに乗じてもかまいません。

　家計内生化モデルによる生産誘発効果を計算する場合、直接効果データの最後の行（分類不明部門の下）に「0」を入力して、行数を107の産業部門数より1

つ多い108としておきます。逆行列係数行列の108×108行列と行数を揃えておくためです。2020年表の場合は、産業部門数が108なので、最終需要データは最後に 0 を加えてタテ 1 列 × ヨコ109行となります。

　結果を出力するシートは、左に107の産業部門名を、上部に「最終需要（購入者価格）」「最終需要（生産者価格）」「自給率」「直接効果」「間接効果」「生産誘発効果」と記入し、結果の出力シートとします（表2.2）。間接効果は、生産誘発効果を計算したのち、直接効果を引いて産業別に求めます。

（4）生産誘発効果（経済波及効果）の計算

　こうして求めた直接効果のタテ 1 列のデータを、表2.1の「⑧逆行列係数」に乗じます。エクセルの関数では（2.2）式にしたがって「＝ MMULT（逆行列係数行列：108行 ×108列、直接効果：列ベクトル108行 × タテ 1 列）」と指定します。データの順序を逆にしてはいけません。

　出力は、前述の結果の出力シートの「生産誘発効果」の欄のタテ108行を最初に範囲指定しておき、エクセルの「MMULT」関数で掛け合わせる行列を指定したあと「OK」ボタンを押さないで「Ctrl」と「Shift」を押しながら「OK」ボタンまたは「Enter」を押します。

　107の産業部門の生産誘発額が出力されますが、加えて108行目に出力されるのが、消費係数の分母として指定した**地域内総生産（GRP）**です。

2.3　家計への雇用効果

　生産誘発効果の計算結果は、タテ 1 列ヨコ107行の列ベクトルで107の産業別に出力されますが、この産業別生産誘発額に産業別の**雇用係数**を乗じれば、誘発される新たな就業者の人数（**雇用効果**）を計算することができます。雇用係数は、都道府県表（取引基本表）の産業別の生産額（100万円）を分母として、都道府県表の付帯表として公表されている「**雇用表**」の産業別就業者数の合計を割った比率で、生産額100万円あたりの就業者数を意味しています（**表2.3**参照）。

表2.3　雇用効果の計算方法

記号・算式	生産額 (2015年長野県表)	就業者数 (同左附帯表)	雇用係数	生産誘発額	誘発雇用者数
	A	B	C=B/A	D	E=D×C
(単位)	(100万円)	(人)		(100万円)	(人)
合計	15,385,965	1,185,556		6,660	767
011 耕種農業	207,160	78,085	0.3769	4	2
012 畜産	35,135	4,819	0.1372	0	0
013 農業サービス	18,087	15,809	0.8741	0	0
015 林業	67,512	4,313	0.0639	2	0
017 漁業	2,046	449	0.2195	0	0
061 石炭・原油・天然ガス	5	7	1.3807	0	0
062 その他の鉱業	8,375	614	0.0733	0	0
111 食料品	637,718	26,650	0.0418	127	5
112 飲料	152,448	4,369	0.0287	52	1
113 飼料・有機質肥料	5,042	318	0.0631	0	0
114 たばこ	0	0	0.0000	7	0
151 繊維工業製品	3,337	485	0.1453	0	0
152 衣服・その他の繊維既製品	15,527	2,795	0.1800	0	0
161 木材・木製品	40,302	2,668	0.0662	5	0
162 家具・装備品	34,197	3,515	0.1028	2	0
163 パルプ・紙・板紙・加工紙	16,596	290	0.0175	0	0
164 紙加工品	48,930	3,780	0.0773	0	0
191 印刷・製版・製本	82,197	5,296	0.0644	8	1
201 化学肥料	3,334	34	0.0102	0	0
202 無機化学工業製品	7,671	251	0.0327	0	0
(中略)					
671 宿泊業	243,022	22,639	0.0932	1,969	183
672 飲食サービス	396,596	74,011	0.1866	1,114	208
673 洗濯・理容・美容・浴場業	91,370	14,980	0.1639	36	6
674 娯楽サービス	99,085	10,893	0.1099	54	6
679 その他の対個人サービス	117,655	13,652	0.1160	63	7
681 事務用品	23,564	0	0.0000	10	0
691 分類不明	69,327	70	0.0010	0	0

2.4　行政への税収効果

　経済学の教科書では、経済主体として企業、家計、政府の３つをあげて相互の経済取引を説明します。これに従えば、生産誘発効果は企業（産業）への効果、雇用効果は家計への効果になります。経済効果は、さらに３つめの経済主体であ

る政府（行政）にも及びます。

　税収効果は、生産が増えると企業や家計の所得も増えるため、市町村の税収も増える効果です。家計の所得が増えると消費も増えて、消費税のうち都道府県や市町村に還元される地方消費税も増えていきます。他にも多くの税目や剰余金、交付金の一部も経済活動を反映した税目や歳入項目があるので、これらを含めて税収効果の計算をする必要があります。なお、税収以外の歳入項目への効果を含めて税収効果と呼ぶことにします。

　表2.4は、長野県白馬村を例に、スキー客を中心とするインバウンド観光が白馬村の税収や村の歳入にもたらしている税収効果を計算したものです（第11章を参照）。

　表2.4をもとに計算方法を説明しましょう。A欄は、税目に対応する市町村表の項目の値を記入します。B欄は、都道府県や市町村の総務省「決算カード」をもとに翌年度の2016年度（平成28年度）の税収額などを記入します。産業連関表は2015年（平成27年）の暦年中の生産活動を記録していますが、地方税収は、この2015年の暦年に発生した所得を対象に翌年度に課税されるからです。C欄はこの税収額を産業連関表の項目で割った「**税率係数**」です。

　なお、固定資産税は、資産（ストック）に課税される税ですので、フローである産業連関表の項目とは直接には対応していません。しかし、生産誘発効果は民間企業の設備投資を誘発するので（間接二次効果の投資ルート）、市町村表の生産額合計に対する民間総固定資本形成合計の比率を計算して生産誘発額に乗じ、民間総固定資本形成の誘発額を求めることができます。新規に誘発される設備投資や住宅建設の額です。固定資産税の誘発額はこれに0.7を乗じ、さらに税率の1.4％を乗じて推計します。0.7は税制上の扱いから課税標準（課税対象）の価格を減額する調整係数（仮定値）です。

　この他、地方消費税は消費に課税されるので、市町村表の生産額合計に対する民間消費支出合計、民間総固定資本形成合計の比率を用いて民間消費支出と民間総固定資本形成の誘発額を計算しておきます。また、生産額合計に対する雇用者所得合計や営業余剰合計の比率を用いて、雇用者所得や営業余剰の誘発額など、地方税の税収効果の対象となる項目の誘発額も「**所得誘発効果**」のシートを作成して計算しておきます（雇用者所得と営業余剰の誘発額の計算方法は、**表2.5**参照）。

表2.4　白馬村におけるインバウンド観光の税収効果の計算方法

（単位：100万円）

白馬村の税収効果		課税標準対応項目 （産業連関表項目）	H27年産業連関表より	H28年度一般会計税収額等	税率係数	誘発効果	税収効果
記号・算式			A	B	C= B÷A	ΔX	ΔT= ΔX·t
市町村税	1.1 村民税（個人）	雇用者所得合計	16,486	316	0.019	1,559	30
	1.2 村民税（法人）	営業余剰合計	4,011	94	0.023	421	10
	2 固定資産税（注1）	設備投資額		0.7	0.014	630	6
	3 軽自動車税	村内生産額合計	60,739	30	0.000	6,660	3
	4 市町村たばこ税	民間消費支出計	17,859	87	0.005	1,725	8
	5 入湯税	民間消費支出計	17,859	39	0.002	1,725	4
	6 都市計画税	村内生産額合計	60,739	—		6,660	0
市税合計				1,484			61
地方交付金等	1 地方譲与税（注2）	村内生産額合計	60,739	69	0.001	6,660	8
	2 地方交付税（注2）	村内総生産額（GRP）	32,432	1,831	0.056	1,559	88
	3 地方消費税交付金	民間消費支出	17,859	183	0.010	1,725	18
	4 その他（注3）	村内総生産額（GRP）	32,432	19	0.001	1,559	1
地方交付金等合計				2,102			114
（参考）　村税及び経済活動関連交付金増収額（合計）				2,668			**175**
						増収の寄与率	**6.6%**

（注1）民間総固定資本形成誘発額 × 課税標準調整係数0.7× 税率1.4％で税額を算定。
（注2）国税として徴収しそのまま地方公共団体に対して譲与する税。地方公共団体の財源とされているも、諸般の事情から、徴収事務を国が代行している。現在、地方揮発油譲与税、地方道路譲与税、石油ガス譲与税、特別とん譲与税、自動車重量税の収入額の３分の１（当分の間、1,000分の407）の額を市町村に対して譲与する自動車重量譲与税、地方法人特別譲与税がある。（総務省「決算カード」）
　　　地方交付金の配分基準も、配分の原資となる国税（所得税・法人税など）が経済活動の影響を受けるため、ここに計上した。
（注3）利子割交付金、配当割交付金、株式等譲渡所得割交付金、ゴルフ場利用税交付金、特別地方消費税交付金、自動車取得税交付金など。

　この場合、産業連関表の民間消費支出には、住宅家賃（帰属家賃）など、市場で取引されない項目や、医療などの非課税品目もあります。税率係数は、それらを含めて税収と対比している比率ですが、誘発効果の欄が非市場取引や非課税品目を含んで算出されるため、対比させても問題はありません。

　地方創生の政策は国の補助金の付く事業が多いですが、補助金が打ち切りになった場合、事業を継続していくかどうかを市町村が判断を迫られる場面がいずれ来ます。そのための判断を助けるデータの１つとして、この税収効果のデータが

表2.5 税収効果の基礎データ：所得誘発効果の計算方法

所得誘発効果 産業	白馬村産業連関表			所得率		所得誘発効果		
	生産額	雇用者所得	営業余剰	雇用者所得率	営業余剰率	生産	雇用者所得	営業余剰
記号・算式	A	B	C	D=B/A	E=C/A	F	G=F×D	H=F×E
合計	60,739	16,486	4,011			2,419	767	113
011 耕種農業	570	34	172	0.060	0.302	1	0	0
012 畜産	0	0	0	0.000	0.000	0	0	0
013 農業サービス	0	0	0	0.000	0.000	0	0	0
015 林業	20	6	12	0.297	0.595	0	0	0
017 漁業	0	0	0	0.000	0.000	0	0	0
061 石炭・原油・天然ガス	0	0	0	0.000	0.000	0	0	0
062 その他の鉱業	0	0	0	0.000	0.000	1	0	0
111 食料品	164	30	14	0.185	0.087	8	1	1
112 飲料	0	0	0	0.000	0.000	2	0	0
113 飼料・有機質肥料	0	0	0	0.000	0.000	0	0	0

図2.2 定住人口効果の考え方と計算方法

居住地：市町村人口 D	居住地：市町村外	（定住人口の計算方法）
市町村の人口を支える就業者		雇用効果×昼間就業者数(A+B)のうち、Aの比率（**村内雇用係数**）を用いて居住地が市町村内の就業者数への誘発人数を算定。さらに村内居住の就業者数（A+C）により支えられている人口Dのうち、村内で働く就業者数Aで支えられている人口の比率（**定住人口係数**）を乗じて、定住人口効果を算出する。

就業地：市町村外 C ／ 就業地：市町村内 A ／ 市町村内へ通勤 B

経済波及効果で生じる雇用効果の範囲

あると役立ちます。税収効果は、事業が続いている間に算出しておく必要があるでしょう。

2.5 地域社会への定住人口効果

最後に、定住人口効果の考え方と計算方法を説明します。**定住人口効果**は、雇用効果（就業者誘発効果）にともなって単身及び家族で市町村に居住し、人口増

表2.6　白馬村におけるインバウンド観光の定住人口効果

項目	記号・算式	基礎数（人）	比率
白馬村人口	D	8,929	
うち就業者（夜間）	A+C	4,885	1.000
うち村内で就業する者	A	3,985	0.816
うち村外で就業する者	C	900	0.184
Aによって支えられている人口	Da＝D×A／(A+C)	7,284	
Aに対するDaの比率（**定住人口係数**）	e＝Da／A	**1.83**	
就業者（昼間）	A+B	5,000	1.000
うち村内居住者	A	3,985	0.797
うち村外居住者	B	1,015	0.203
村内雇用係数	f＝A／(A+B)	**0.80**	
定住人口効果＝雇用効果×村内雇用係数 f ×定住人口係数 e			
雇用効果		767人	
定住人口効果		**1,117人**	
（参考）白馬村人口への寄与率		12.5% 定住人口効果÷D	

（出典）総務省統計局「平成27年国勢調査」通勤通学集計など。「令和2年国勢調査」の通勤・通学集計は未発表のため、平成27年国勢調査のデータを用いている。

（注）C、Bはそれぞれ国勢調査の A＋C、A＋B の人数から A、B を引いた人数。

加につながる効果です。

　図2.2は、定住人口効果を算出するための考え方を示しています。生産誘発効果は生産活動への効果なので、雇用効果は市町村の昼間の就業者の増加を意味しています。その中には市町村以外に居住する通勤者も含まれています（A＋B）。これを仕訳けるのが「市町村内雇用係数」です。また市町村に居住する就業者には市町村外で働く就業者もいますので、村内に居住して村内で働いている就業者が支えている人口は「定住人口係数」を用いて計算します。

　表2.6は、白馬村のインバウンド観光の定住人口効果の計算例です。インバウンド観光で支えられている人口は1,117人で、総務省統計局「令和2年国勢調査」による白馬村人口8,575人の13.0%にあたります。白馬村の1,000人を超える人口が、インバウンド観光によって支えられていることが分かります。

　定住人口効果について、少し説明を加えておきます。

　1つは、雇用効果で新たな就業機会が誘発されたとしても、市町村内で既に働いている就業者が新しく生まれた仕事に就いて移動するだけで効果はないのではないか、という疑問です。これに対しては、移動した就業者が働いていた前の職場では人手が足りなくなるので、新たに就業者を募集することになる玉突きの結

果、市町村内全体では就業者が増加するという答になります。

　また、市町村外の人が就業して市町村内の定住人口の増加とはならないのでは、という疑問も出てきます。もっともな疑問ですが、表2.6の定住人口効果の計算では、市町村内で就業している人の中には、市町村外に居住して通勤している人がいる現実を踏まえ、雇用効果と定住人口効果も市町村外からの就業者への効果を除外して算定しているので、市町村外の人が就業機会の一部を埋める場合も想定した計算になっています。

　ただ、高齢者など市町村内で働いていなかった人が雇用される場合は、定住人口の増加とはならないことは言うまでもありません。

　以上でこの章の説明を終わります。次章からは具体的な分析事例を紹介します。読者のみなさんの関心あるテーマの分析の参考にしてください。

第Ⅱ部

コロナ禍・災害に見舞われた地域経済

第 3 章

コロナ禍が観光地経済に与えた影響
静岡県伊豆半島地域を例に

3.1　はじめに

　2020年1月に日本国内で最初の新型コロナウイルス感染者が確認され、同2月から全国一斉休校が始まった衝撃は、鮮明に記憶に残っています。その後のいわゆる「コロナ禍」により、日本経済は大きな打撃を受けました。特に県境をまたぐ移動の自粛によって、全国の観光地に大きなマイナスの経済効果がもたらされたことは容易に想像できます。

　本章では、静岡県東部に位置する伊豆半島地域（沼津市、熱海市、三島市、伊東市、下田市、伊豆市、伊豆の国市、東伊豆町、河津町、南伊豆町、松崎町、西伊豆町、函南町の7市6町）を題材として、コロナ禍が観光地経済へ与えた影響を評価します[1]。

　コロナ禍をテーマとして環太平洋産業連関分析学会の和文誌『産業連関』では「新型コロナウイルス感染症の影響と政策」という特集が組まれ、さまざまな事例研究が発表されています。本章の内容は、その1つである高瀬他[2024]の内容をアップデートし、さらに、産業連関モデルを用いた地域創生の政策効果を検討する上で重要だと思われる解説を加えたものです。

1）本章は、筆者らが参画する静岡地域分析研究会（静岡県庁関係者、静岡大学関係者らによる自主的研究会、代表：山下隆之青山学院大学教授）での共同研究をもとにしています。

3.2　宿泊者数の推計

　旅行者には日帰り旅行者と宿泊者が含まれますが、本章では、旅行消費単価が大きい宿泊者だけを対象にすることにします。

　まず、伊豆半島地域の宿泊者数の推計を行います。旅行消費に起因する経済効果を把握するためには、1人1回あたりの旅行消費単価と対応させる必要があるため、対象地域の実宿泊者数を推計する必要があります。伊豆半島地域の宿泊者数（実人数）は、

$$\text{静岡県内宿泊者数（実人数）} \times \frac{\text{伊豆半島宿泊者数（延べ人数）}}{\text{静岡県内宿泊者数（延べ人数）}}$$

で求めました。静岡県内宿泊者数（実人数）は観光庁「宿泊旅行統計調査」、市町別延べ人数は静岡県「静岡県観光交流の動向」で公表されています。さらに、上の式で求めた伊豆半島地域の宿泊者数（実人数）を観光庁資料の居住地別宿泊者の延べ人数の比を用いて、静岡県内居住者と県外居住者に按分しました。旅行消費単価が県内居住者と県外居住者で大きく異なることがその理由です。

　元となる統計は、途中で若干の定義変更があるものの、2008年1月から2024年3月まで公表されています。上記の推計方法が適用可能な全期間について、月次ベースで宿泊者数を推計した結果が、**図3.1**です。

　図3.1から、コロナ禍前の2018年までは、県外居住者の宿泊客数が徐々に伸びてきていたことが分かります。また、2011年3月以降の短期的な落ち込みは、東日本大震災直後の旅行の自粛ムードによるものだと思われます。このように長期的な宿泊者数の推移をみると、2011年当時の落ち込みと比べて、コロナ禍の宿泊者の減少が、いかに長期的かつ大規模なものだったことが分かります。

　年度別にみると、コロナ禍前の2018年度の合計は県内居住者196万人、県外居住者は851万人でした。それ以降の推計値を**表3.1**にまとめました。2020年度には、対2018年度で県内居住者 −26.9％、県外居住者 −52.5％と最も深刻な落ち込みでした。その後、2021年度以降少しずつ回復傾向にあるものの、2023年度合計でも2018年度の水準に戻っていないことが分かります。

　このように、コロナ禍では、伊豆半島地域の宿泊者数が大きく減少したことが分かりました。その経済的損失を計測するために、話を先に進めましょう。

図3.1　伊豆半島地域の実宿泊者数の月別推計値

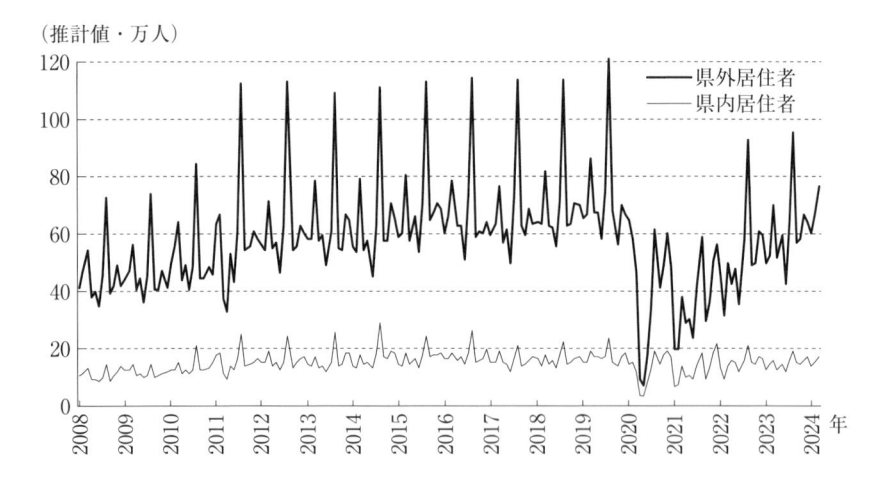

表3.1　伊豆半島地域の実宿泊者数の年度別推計値

年度	県内居住者		県外居住者	
	（万人）	対2018年度 増減率	（万人）	対2018年度 増減率
2018	196	—	851	—
2019	198	0.6%	819	-3.7%
2020	144	-26.9%	404	-52.5%
2021	161	-18.2%	481	-43.5%
2022	186	-5.4%	669	-21.4%
2023	182	-7.3%	764	-10.2%

3.3　宿泊客の旅行消費額の推計

　産業連関モデルを用いて経済波及効果を計測するために、まずは宿泊者の旅行消費単価を財貨サービス別に推計する必要があります。

　静岡県観光政策課「静岡県における観光の流動実態と満足度調査」には、宿泊者の旅行消費額（6費目）の調査結果が毎年度公表されています。その6費目別支出額をもとに、直近の2015年の旅行消費品目調査結果の比率を用いて42品目に按分しました。その推計結果が**表3.2**の「購入者価格評価」の列です。なお、同

表3.2　旅行消費単価（県内在住の宿泊者、2022年度）

観光消費			対応する産業連関表部門名		1人あたり旅行消費額（円／人）（県内居住の宿泊者）			
					購入者価格評価	生産者価格評価		
費目		品目				財・サービス	商業マージン	運輸マージン
交通費	1	新幹線	571	鉄道輸送	1,646	1,646	0	0
	2	鉄道（新幹線除く）	571	鉄道輸送	701	701	0	0
	3	バス	572	道路輸送	151	151	0	0
	4	タクシー・ハイヤー	572	道路輸送	97	97	0	0
	5	船舶	574	水運	34	34	0	0
	6	レンタカー	661	物品賃貸サービス	314	314	0	0
	7	ガソリン	211	石油製品	2,450	1,896	506	48
	8	駐車場・有料道路料	578	運輸附帯サービス	2,321	2,321	0	0
宿泊	9	宿泊費（県内分）	671	宿泊業	15,954	15,954	0	0
食事	10	食事・喫茶・飲食代	672	飲食サービス	4,904	4,904	0	0
土産品・買い物代	11	生鮮農産物	011	耕種農業	191	117	64	10
	12	農産加工品	111	食料品	266	170	88	8
	13	生鮮魚介類	111	食料品	486	312	160	14
	14	水産加工品	111	食料品	683	438	225	19
	15	その他食品類	111	食料品	1,486	954	490	42
	16	茶・飲料・酒・タバコ	112	飲料	380	244	120	16
	17	繊維製品	151	繊維工業製品	560	453	97	10
	18	靴・かばん類	231	なめし革・革製品・毛皮	311	180	126	5
	19	陶磁器・ガラス製品	253	陶磁器	73	57	13	2
	20	絵葉書・本・雑誌類	191	印刷・製版・製本	12	11	1	0
	21	木製品・紙製品など	161	木材・木製品	27	21	4	2
	22	その他雑貨類	391	その他の製造工業製品	172	88	77	7
	23	薬・化粧品・歯磨き	207	医薬品	46	33	11	1
	24	フィルム	208	化学最終製品	0	0	0	0
	25	電気製品・電池	332	民生用電気機器	0	0	0	0
	26	カメラ・時計・メガネ	391	その他の製造工業製品	8	4	4	0
	27	文具・その他	391	その他の製造工業製品	25	13	11	1
入場料・施設利用料	28	立寄り温泉・エステ	673	洗濯・理容・美容・浴場業	125	125	0	0
	29	レジャーランドなど	674	娯楽サービス	406	406	0	0
	30	美術館・動物園など	631	教育	352	352	0	0
	31	ゴルフ・テニス場など	674	娯楽サービス	293	293	0	0
	32	スポーツ観戦・映画など	674	娯楽サービス	17	17	0	0
	33	展示会・イベントなど	674	娯楽サービス	68	68	0	0
	34	観光農園	013	農業サービス	26	26	0	0
	35	遊漁船	017	漁業	57	41	14	2
その他	36	ガイド料	679	その他の対個人サービス	10	10	0	0
	37	レンタル料	661	物品賃貸サービス	2	2	0	0
	38	マッサージ	679	その他の対個人サービス	22	22	0	0
	39	写真撮影、カルチャーなど	679	その他の対個人サービス	10	10	0	0
	40	郵便・電話料（携帯を除く）	579	郵便・信書便	1	1	0	0
	41	宅配便	576	貨物利用運送	9	9	0	0
	42	その他	691	分類不明	180	171	4	5
合計					34,875	32,666	2,015	194

（出典）静岡県観光政策課「静岡県における観光の流動実態と満足度調査」を元に筆者推計。

調査結果には居住地別の宿泊者の旅行消費単価が掲載されていますが、表3.2には、直近の2022年度の県内居住者の旅行消費単価だけを例として載せています。

前節で推計した宿泊者数にこの旅行消費単価をかければ、宿泊客の旅行消費支出額が計算できます。その際、気をつけなければならないのは、価格評価方法です。例えば、観光地で土産品として1,000円分の農産加工品を購入したとしましょう。この1,000円は**購入者価格評価**の取引額と呼ばれます。その中には、食料品を製造するための材料費（642円）だけでなく、流通・販売費（商業マージン：330円）と輸送費（運輸マージン：28円）が含まれています。この内訳が**生産者価格評価**の取引額と呼ばれるものです。

一般的な産業連関表の部門は**アクティビティー・ベース**（第1章参照）で分類されているため、流通・販売費を商業部門へ、輸送費を対応する運輸関連部門の最終需要額に割り振る必要があります。その対応関係を表したものが表3.2の「生産者価格評価」の3列です。そのうち、商業マージンおよび運輸マージンの推計に際し、静岡県が公表する「経済波及効果分析ソフト」から各マージン比率をとり、購入者価格評価の取引額を按分して求めました。

産業連関モデルで生産波及効果等を計測する際、生産者価格評価の財・サービス取引額は、それらを製造する生産部門に対応させます。また、商業マージンは「商業」部門に、運輸マージンは「鉄道輸送」「道路輸送」「水運」「航空輸送」「貨物利用運送」「倉庫」等の輸送関連部門に対応させます。

なお、購入者価格評価から生産者価格評価への変換については、第1章で詳しく説明していますので参照してください。また、この変換は多くの分析で共通に必要となりますので、日本評論社のHP（URL：https://www.nippyo.co.jp/shop/book/9369.html）から変換のためのエクセルファイルをダウンロードできるようにしています。利用してください。

3.4　旅行消費支出による生産誘発

本書では、伊豆半島と静岡県内その他地域（以下、後者をカギ括弧付きの「静岡県」と呼びます）の2地域間モデルを用いて、旅行消費の経済波及効果を評価しました。分析モデルは以下のように表されます。

■ 伊豆半島地域 –「静岡県」2 地域間モデル

$$\begin{bmatrix} X_1 \\ X_2 \end{bmatrix} = \left(I - \begin{bmatrix} (I - \widehat{M}_1) T_{11} & -T_{12} \\ -T_{21} & (I - \widehat{M}_2) T_{22} \end{bmatrix} \begin{bmatrix} A_1 & 0 \\ 0 & A_2 \end{bmatrix} \right)^{-1} \begin{bmatrix} F_1 \\ F_2 \end{bmatrix}$$

記号注　X：生産誘発額　I：単位行列　$\widehat{M}$：県外移入・輸入係数行列
　　　　A：投入係数行列　T：地域交易係数行列　F：旅行消費ベクトル
　　　　添え字の 1 は伊豆半島地域、2 は「静岡県」を表します。

　旅行消費ベクトル F_1、F_2 は、3.2節で求めた居住地別実宿泊者数と3.3節で求めた居住地別旅行消費単価ベクトルをかけ合わせることで求められます。さらに、2 地域間交易や財の産地を考慮して月次ベースで推計を行いました。分析モデルのより詳しい説明は高瀬他［2024］、地域間産業連関モデル全般については、浅利・土居［2016］をそれぞれ参照してください。

　この分析で用いた伊豆半島地域産業連関表は、2015年静岡県産業連関表をもとに、調査を実施しないで移出・移入を推計するいわゆるノンサーベイ法で求めたものです。市町村などの小地域の産業連関表の作表方法については本書第 1 章をご覧ください。静岡県表から伊豆半島地域表を差し引くことにより、その他地域「静岡県」表が自然に出来上がります。伊豆半島地域表は、県内移出入額もノンサーベイ法で求めています。県内への移出入の推計方法については、第 1 章で解説していますので参照してください。また、重力モデル等を用いた地域交易係数の推計を伴う 3 地域以上の地域間産業連関モデルについて、本書第12章、第14章などにその分析例がまとめられていますのでご覧ください。

　ところで、都道府県より小規模の小地域経済の分析を行う際、対象地域の産業連関表だけを用いた単独モデルを用いることも選択肢の 1 つです。伊豆半島地域を対象とした単独モデルは下記のように表されます。

■ 伊豆半島地域単独モデル

$$X = \left(I - (I - \widehat{M}) A \right)^{-1} F$$

　2 地域間モデルの方は、より複雑なモデル式となっています。一方の伊豆半島地域単独モデルは、標準的な均衡産出高モデルそのものです。両モデルの比較の

表3.3　分析モデルの比較

（単位：億円）

年度	伊豆半島地域 -「静岡県」2地域間モデル			伊豆半島地域単独モデル	乖離率（単独モデル/2地域間モデル）	
	伊豆半島地域への生産波及 A	県内他地域への生産波及 B	合計 C=A+B	伊豆半島地域への生産波及 D	(D−C)/C	(D−A)/A
2018	3,517	260	3,776	2,952	-21.8%	-16.1%
2019	3,384	254	3,638	2,857	-21.5%	-15.6%
2020	1,895	135	2,030	1,660	-18.2%	-12.4%
2021	2,399	171	2,570	2,045	-20.4%	-14.8%
2022	3,205	231	3,436	2,745	-20.1%	-14.3%
2023	3,567	258	3,825	3,051	-20.2%	-14.5%

ため、3.3節の同じ設定で旅行消費額を求め、2つのモデルを用いて生産波及額を評価しました。実際の計算は月次ベースで行っていますが、年度ごとに集計したものが**表3.3**です。

　2地域間モデルの生産波及額の合計（C）は、伊豆半島地域単独モデルの生産波及額（D）よりも20％ほど大きくなっています。これは納得できる結果だと思います。2地域間モデルではモデルに含まれる地域が広くなれば、生産波及額が大きくなることは当然だからです。

　では、伊豆半島地域への生産波及に限定し、両モデルを比較するとどうなるでしょうか。生産波及額を計測する地理的範囲は同じですが、2地域間モデル（A）の方が伊豆半島地域単独モデル（D）より生産波及額が12～16％ほど大きく評価されます。

　この理由は以下のように説明できます。2地域間モデルの場合、伊豆半島地域と県内他地域の両方がモデル計算に含まれるため、伊豆半島地域で発生した旅行消費に起因した生産波及が伊豆半島地域だけでなく、県内他地域へも及びます。さらに、県内他地域への生産波及は県内の経済循環によってふたたび伊豆半島地域へも波及します。その過程が収束するまで繰り返されるわけです。

　一方、伊豆半島地域単独モデルの場合は、県内他地域との交易はモデルの枠外であるため、伊豆半島地域の外に漏れ出す生産波及は、県内であっても評価対象外となってしまいます。そのことが、伊豆半島地域に限定した生産波及額の両モ

表3.4　宿泊者の旅行消費支出に起因する経済効果

| 年度 | 旅行消費支出 | | 生産誘発効果 | | | | 付加価値誘発効果 | | | |
| | 億円 | 対2018年度増減率 | 伊豆半島地域 | | 県内他地域 | | 伊豆半島地域 | | 県内他地域 | |
			億円	対2018年度増減率	億円	対2018年度増減率	億円	対2018年度増減率	億円	対2018年度増減率
2018	3,133	—	3,517	—	260	—	1,721	—	114	—
2019	3,022	-3.5%	3,384	-3.8%	254	-2.3%	1,652	-4.0%	111	-2.6%
2020	1,644	-47.5%	1,895	-46.1%	135	-47.8%	918	-46.7%	59	-48.1%
2021	2,101	-32.9%	2,399	-31.8%	171	-34.3%	1,168	-32.1%	75	-34.3%
2022	2,814	-10.2%	3,205	-8.9%	231	-10.8%	1,560	-9.3%	102	-11.0%
2023	3,135	0.1%	3,567	1.4%	258	-0.6%	1,738	1.0%	113	-0.8%

| 年度 | 雇用誘発効果 | | | |
| | 伊豆半島地域 | | 県内他地域 | |
	人	対2018年度増減率	人	対2018年度増減率
2018	28,851	—	1,170	—
2019	27,990	-3.0%	1,139	-2.6%
2020	15,872	-45.0%	598	-48.8%
2021	19,733	-31.6%	765	-34.6%
2022	26,463	-8.3%	1,033	-11.7%
2023	29,434	2.0%	1,152	-1.5%

デルの差に表れています。すなわち、単独モデルは県内他地域だけでなく、伊豆半島地域への生産波及額を過小評価している可能性があります。そのため、次節からは伊豆半島地域-「静岡県」2地域間モデルの分析結果をもとにみていきます。

3.5　コロナ禍による負の経済効果

　コロナ禍の旅行支出額に起因する経済波及効果を月次ベースで評価した結果を年度別に集計したものが表3.4です。それぞれの数値は、いわゆる直接効果と間接一次効果の合計です。生産波及効果については表3.3の数値と同じですが、他

の指標との比較のために再掲載します。

コロナ禍前の2018年度と比較して、旅行消費支出が、2020年度は2018年度比で−47.5%減と激減しました。その結果、生産誘発効果は伊豆半島地域で46.1%減、県内他地域への影響も47.8%減でした。また、「家計外消費支出」を除いた付加価値ベースでみると、その損失は、伊豆半島地域で803億円（46.7%減）、県内他地域への影響分で55億円（48.1%減）でした。静岡県「しずおかけんの地域経済計算」によると、2018年度の伊豆半島地域の域内総生産は2兆2,069億円でしたが、コロナ禍の宿泊者減の影響だけで、当該地域の域内総生産の3.6%が失われた計算となります。3.6%は、「2018年度付加価値誘発額1,721億円−2020年度付加価値誘発額803億円」÷「2018年度伊豆半島域内総生産2兆2,069億円」で求めています。なお、域内総生産と産業連関モデルの「家計外消費支出」を除いた付加価値総額は、概念上は一致します。ただし、計算方法が異なるため数値上のずれがあります。したがって、直接的比較はやや厳密さに欠けますが、コロナ禍の地域の「稼ぐ力」の規模を把握するための一定の意義はあると考えます。さらに、雇用誘発効果の損失は、伊豆半島地域で15,872人（45.0%減）、県内他地域への影響分は598人（48.6%減）でした。

2022年5月に新型コロナウイルス感染症が5類感染症へと移行し、コロナ禍は一応の収束を迎えたとされています。その影響により、2023年度には旅行消費支出、生産、付加価値、雇用の面で、2018年度並みの水準に戻りつつあることが分かります。

3.6 分析モデルの評価結果の政策的含意

これまで、コロナ禍による宿泊者数の激減が、伊豆半島地域に与えた経済的状況をみてきました。本書の大きなテーマが「地方創生の政策効果」ですので、これらの知見を今後の観光政策に生かすための糸口として、筆者が思いついたことを記すことにします。あくまでも計算結果からのアイデアの1つだととらえてください。

表3.5に、旅行消費品目に対応する産業連関部門ごとに、購入者価格1単位あたりの最終需要の増加が伊豆地域に与える波及効果の各種係数をまとめました。

前述の通り、購入者価格には商業マージン、輸送マージンが含まれますが、そ

表3.5　購入者価格あたり旅行消費の伊豆半島地域への経済波及

産業分類 経済効果指標		旅行消費単価（購入者価格評価（円））		購入者価格（1単位）あたりの伊豆半島地域への経済波及効果（商業・運輸マージンの波及も含む）		
産業連関表部門		県内居住の宿泊者	県外居住の宿泊者	生産誘発係数	付加価値誘発係数	雇用誘発係数（人/億円）
011	耕種農業	160	191	1.200	0.672	9.538
013	農業サービス	21	26	1.119	0.676	12.934
017	漁業	40	57	1.166	0.620	9.187
111	食料品	1,460	2,920	1.124	0.494	7.984
112	飲料	298	380	1.026	0.510	6.713
151	繊維工業製品	628	560	1.088	0.479	5.897
161	木材・木製品	42	27	1.016	0.499	6.092
191	印刷・製版・製本	14	12	0.965	0.506	6.498
207	医薬品	37	46	0.846	0.461	4.644
208	化学最終製品	2	0	0.997	0.449	5.915
211	石油製品	1,157	2,450	1.054	0.410	5.225
231	なめし革・革製品・毛皮	356	311	1.196	0.579	13.126
253	陶磁器	90	73	1.173	0.580	46.000
332	民生用電気機器	0	0	1.167	0.509	6.691
391	その他の製造工業製品	145	205	1.069	0.541	9.873
571	鉄道輸送	536	2,346	1.170	0.762	2.994
572	道路輸送	68	248	0.949	0.679	11.981
574	水運	119	34	1.172	0.425	3.247
576	貨物利用運送	1	9	1.184	0.764	10.587
578	運輸附帯サービス	825	2,321	1.169	0.732	5.245
579	郵便・信書便	0	1	1.070	0.788	15.687
631	教育	258	352	1.115	0.873	10.696
661	物品賃貸サービス	61	316	1.169	0.747	5.633
671	宿泊業	15,130	15,954	1.310	0.619	10.646
672	飲食サービス	3,591	4,904	1.251	0.518	15.855
673	洗濯・理容・美容・浴場業	148	125	1.169	0.722	11.194
674	娯楽サービス	577	784	1.170	0.764	9.293
679	その他の対個人サービス	66	42	1.171	0.779	15.461
691	分類不明	70	180	1.222	0.601	3.093

れらの波及計算も含んだものです。例えば、「耕種農業」部門の最終需要が購入者価格で1単位増加した場合、財生産・商業・輸送の過程を通して1.2単位の生産波及、0.672単位の付加価値誘発が起こると読むことができます。雇用誘発係数については1単位あたりだと数値が小さくなって解釈が難しいので、購入者価格1億円あたりの雇用誘発人数に変換してあります。また、旅行消費額の参照のため、宿泊者の旅行消費単価（購入者価格評価）を産業連関表部門別にまとめた数値を居住地別に掲載しています。

　最も生産誘発係数が高いのはやはり「宿泊業」部門の1.310です。産業連関表の「宿泊業」部門は、旅行消費費目の「9 宿泊費（県内分）」に対応します。表3.2の対応関係も併せてご参照ください。この結果、宿泊単価を増やすことは、伊豆半島地域全体の生産活動規模を大きくすることにつながると解釈されます。具体的には、例えば1回の旅行での泊数を増やすような長期滞在型の旅行プランは、地域経済に大きなプラスの影響を与えることが予想されます。また、宿泊費は旅行消費額の中で最も大きいので、宿泊単価を上げるアイデアとして、他にもさまざまなプランが思いつきそうです。

　ただし、いわゆる地域経済の「稼ぐ力」の観点からは、別の旅行プランが考えられます。付加価値係数を見ると「教育」部門の0.873が最大です。産業連関表の「教育」部門は、旅行消費品目の「30美術館・動物園など」に対応します。地域経済の付加価値を増やすことを最優先に考えるのであれば、美術館めぐりや動物園めぐりを含んだ旅行プランが最も効率的ということが分かります。当然のことながら、だからと言ってすぐに美術館を新設するなどということは不可能ですが、少なくともその方向性を表3.5の数値から読み取ることができます。

　最後に地域の雇用創出の観点から検討してみます。購入者価格1単位あたりでみると、「陶磁器」部門の雇用誘発係数が最も高い46人／億円となりました。表3.2をみると観光消費の費目「土産品・買い物代」の中に「19 陶磁器・ガラス製品」があります。したがって、陶磁器関係の土産物の販売を増やすことが伊豆半島地域経済の雇用に最も効果的であることが予想されます。しかしながら、実態に合った旅行プランは筆者には思いつきません。読者の皆さんの方で是非考えてみてください。また、2番目に雇用誘発係数が高いのは「飲食サービス」部門の15.855人／億です。対応する旅行消費品目「10 食事・喫茶・飲食代」は、宿泊費に次ぐ2番目に支出額が大きいものですので、いろいろな工夫が考えられそう

です。例えば、地元食材を使った食事を提供する旅行プランは、雇用創出の面から望ましいようです。

3.7　おわりに

　本章の最後に、上記の分析の解釈に際して留意すべき点と今後の課題を列記しておきます。

　今回の分析結果のもととなった産業連関表は2015年静岡県産業連関表です。したがって、コロナ禍前の産業構造を反映した経済効果の計測となっている点には留意すべきでしょう。コロナ禍の影響は観光関連産業のみならず、多くの産業に及んだはずです。コロナ禍の人手不足や材料調達の困難さから、製造業の規模縮小、飲食店や老舗旅館の廃業等の報道も多くなされていました。それらに起因する地域経済の波及構造の変化もコロナ禍の負の経済効果として分析モデルに盛り込む必要がありそうです。2020年全国表が2024年6月に公表され、今後、各都道府県の表が作成されていくはずです。2020年の地域産業連関表の情報を用いることにより、コロナ禍あるいはその後の産業構造を前提としたより精緻なモデル分析への発展が期待されます。

　また、旅行消費額の季節変動も分析に盛り込む必要があるでしょう。実際、図3.1からは宿泊者数に大きな季節変動があることが分かります。それに伴って、旅行の楽しみ方、すなわち旅行消費単価ベクトルも季節によって変化することが容易に想像できます。実は、本章の分析で用いた静岡県観光政策課「静岡県における観光の流動実態と満足度調査」には、季節別の旅行消費単価も掲載されています。ただし、調査時期の関係で春季が6月、夏季が8月、秋季11月、冬季1月の調査結果となっています。この季節別旅行消費単価を用いると、例えば、伊豆半島地域で有名な河津桜まつり（毎年2月）等のイベントが評価されないことになってしまいますので、今回の分析では年度平均値を用いることにしました。

　本書の他の章で行われている分析例のように、独自のアンケート調査を行い、季節変動を加味した旅行消費単価を推計することは、大きな課題です。旅行消費単価の季節変動が加味できれば、地方創生の政策効果の計測に向けた精緻なモデルへの発展が可能だと考えられます。

　さらに、筆者らの静岡地域分析研究会（脚注1）でも話題となったのが、地理

的範囲の問題です。観光政策による地域創生を考えることを目的とすると、伊豆半島地域というのは地理的範囲が広すぎるのではないかという懸念があります。伊豆半島地域の北側は東海道新幹線の熱海駅と三島駅を有し、都市部からのアクセスが良い地域です。また、人口集中地区の沼津市、三島市等を含んでいるため、観光関連産業以外の比重が高いと考えられます。一方、伊豆半島地域の南側の賀茂地域と呼ばれる下田市や賀茂郡（東伊豆町、河津町、南伊豆町、松崎町、西伊豆町）は、労働人口の減少が深刻な地域であると言われています。同じ伊豆半島地域であっても経済構造や人口構成が異なるため、地域創生の政策を考える場合は、評価対象地域を絞ることも必要だと考えています。地域経済の実態に合わせた分析モデルの精緻化を今後の課題としたいと思います。

第4章

災害による鉄道不通と負の地域経済効果
静岡県大井川鉄道を例に

4.1 はじめに

　2024年は能登半島地震の深刻な被災の実態を伝えるニュースで始まった年でした。地震は生活と産業の基盤を破壊し、中には壊滅的な被害を受けた地域もありますが、復興に向けての歩みは始まっています。地震だけでなく気候変動の影響なのか、近年日本では台風や集中豪雨などによる河川の氾濫や土砂崩れなどによる災害も各地で発生しています。

　本章では、災害による地域経済への打撃、負（マイナス）の経済効果の分析方法を解説します。

　産業連関分析を用いた自然災害によるマイナスの経済効果の研究は、阪神・淡路大震災、東日本大震災、熊本地震などを対象にたくさんの蓄積があります。特に東日本大震災については、需要サイドへの打撃を起点にした分析だけでなく、供給サイドへの打撃＝サプライチェーンの寸断を起点にした影響を分析する理論モデルの構築と実証研究が行われ、環太平洋産業連関分析学会（PAPAIOS）の研究大会や学会誌上でたくさんの研究が発表されました（参考文献参照）。

　本章では、事例として地方鉄道を襲った災害で不通に見舞われた地域経済への影響を取り上げます。鉄道輸送の停止という意味では、本章は直接的には供給サイドへの打撃を扱っていますが、それに伴って鉄道が担っていた観光需要への打撃を起点とする需要サイドの分析を行っています。

4.2 災害による大井川鉄道の不通

　静岡県では台風15号による大雨が2022年の9月下旬に降り続き、県の西部から中部にかけて大きな被害が発生しました。本章で取り上げる静岡県中部の島田市と川根本町を走る地方鉄道の大井川鐵道（会社名は旧字体の鐵道ですが、本章では会社名を指す以外は鉄道とします）も、本線と支線を合わせて59カ所の土砂崩れと路盤流出による災害に見舞われました。復旧に必要とされる約22億円の調達のメドが立たないために、一部の区間（島田市内）の部分開通はしたものの、原稿執筆の時点でも全線開通のメドは立っていません。

　この章の元となった分析は、不通となっている川根本町の観光地である寸又峡温泉で2023年末に開催された住民有志の会（持続可能な寸又峡づくり実現の会：望月孝之会長）の全線復旧に向けた意見交換会で筆者が発表したものです。

　静岡県川根本町は静岡県中部の山間地から南アルプス山麓にかけて位置する人口約6,000人の町です。大井川鉄道は、川根本町の南の島田市金谷駅から川根本町の千頭駅までの本線（39.5キロ、駅数20）と千頭駅から井川駅までの井川線（25.5キロ、駅数14）がありますが、不通区間は**図4.1**に示すように川根本町にかかる本線の北半分です（井川線は運行しています）。

　大井川鉄道は、全国でも数が少なくなった SL 列車が走り映画やテレビのロケでもよく使われていて全国の鉄道ファンに根強い人気があります。機関車のトーマス号は小さい子どもたちに人気で、被災前は週末には親子連れでにぎわっていました。本線終点の千頭駅からさらに北に延びる支線の井川駅まで走る「南アルプスあぷとライン」は急こう配を登る日本唯一のアプト式列車で、貴重な現役の鉄道文化遺産でもあります。途中の奥大井湖上駅はエメラルドグリーンの湖の上にある駅として若い世代にも人気です。千頭駅の北の奥大井の自然あふれる峡谷にある寸又峡温泉は香港など外国人観光客にも人気です。これらはいずれも川根本町の観光資源であり、これを支えていたのが大井川鉄道です。

4.3 直接の影響（1）──大井川鉄道の乗客と鉄道収入の減少

　まず、災害による大井川鉄道への影響からみていきます。**表4.1**は、鉄道不通により「失われた」乗客数の推計値を計算したものです。災害は2022年の9月末

図4.1　川根本町の位置と大井川鉄道の不通区間

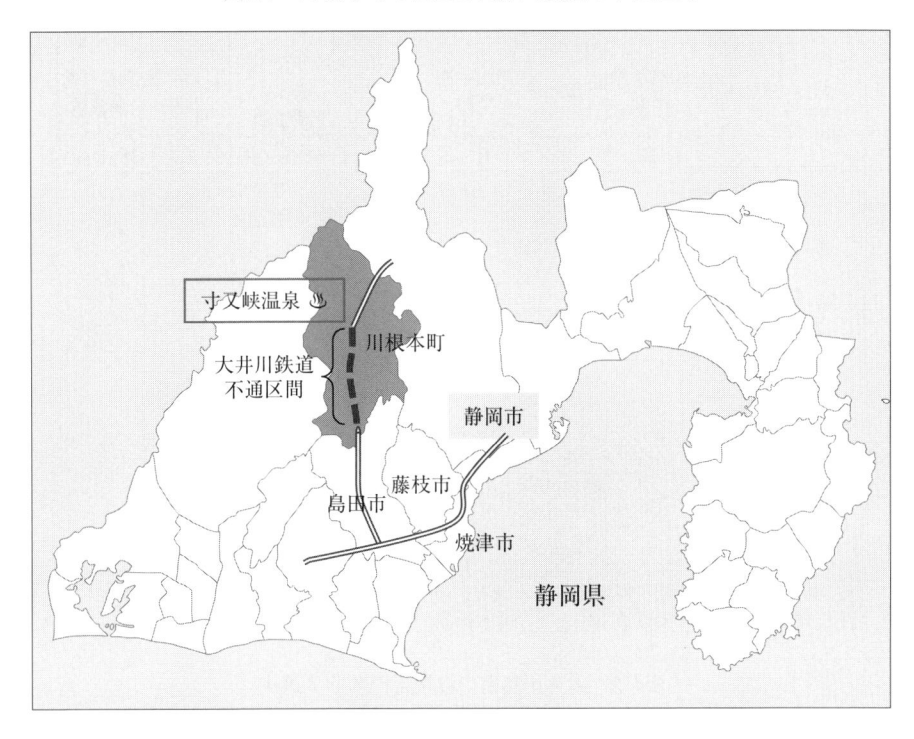

　に発生しましたが、鉄道の乗客は、災害発生までの2022年度上半期（4月〜9月）までは、コロナ禍による前年までの観光客の減少から前期比で37.6%の増加と勢いよく回復してきていました。その矢先に災害に見舞われ、下半期は前年度の52,887人から18,211人（井川線と一部開通区間及び代替バス利用者数）へと落ち込みました。減少率は −65.6%です。

　もし災害がなければ、大井川鉄道の乗客数はいくらに上っていたのでしょうか。その予測値は、災害後の2022年9月から2023年3月までの2022年度下半期の利用者数の伸び率が、同年度上半期の伸びの勢いを保っていたら、という想定で次の式で求めることができます。

$$\text{2022年度下半期乗客数} = \text{2021年度下半期乗客数52,887人} \times \text{2022年度上半期乗客数伸び率37.6%} (1.376) = 72,748\text{人} \tag{4.1}$$

　これを2022年度下半期の乗客数の実績値18,211人と比較すると、減少数は

表4.1　大井川鉄道不通により失われた乗客数

(単位：人)

月	2021年度	2021年度半期	2022年度	2022年度半期	対前年同期変化率	上期伸び率による下期予測	2022年度半期	失われた乗客数
	A	B	C	D	E=D÷B	F=A×E上期	G	H=D−G
4	5,864		7,075			7,075		
5	6,862		18,204			18,204		
6	7,895	56,114	11,968	77,187	37.6%	11,968		
7	10,289		11,712			11,712		
8	13,879		16,120			16,120		
9	11,325		12,108			12,108		
10	6,185		1,394			8,508		
11	20,363		4,369			28,010		
12	10,430	52,887	1,942	18,211	−65.6%	14,347	72,748	−54,537
1	6,952		2,551			9,563		
2	2,252		3,186			3,098		
3	6,705		4,769			9,223		
4〜3月計	109,001		95,398			149,935		−54,537

（出典）川根本町「2022年度観光入込み調査」
（注）乗車人数は大井川鉄道本線と井川線の合計。

表4.2　大井川鐵道の鉄道部門の収入減少

(100万円)

大井川鐵道鉄道収入	2021年度	2022年度	伸び率	上期伸び率による下期予測	失われた鉄道収入
	A	B	C=(B−A)/A	D=A×(1+C)	
本線上期	168	216	28.6%		
井川線上期	17	29	70.6%		
上期計	185	245	32.4%		
本線下期	136	81	−40.4%	175	−94
井川線下期	29	21	−27.6%	49	−28
下期計	165	102	−38.2%	224	−122
年度合計	535	592	10.7%		

（出典）大井川鐵道株式会社より提供

54,537人となります。これが半期で失われた乗客数となります。

　株式会社大井川鐵道に提供していただいた資料によれば、この半期の鉄道部門の減収は**表4.2**のとおり半期で1億2,200万円となっています。

　鉄道への災害の影響はこれにとどまるものではありません。鉄道収入の減少は

言わばフローへの影響ですが、鉄道設備の損壊のストックへの影響もあります。静岡県を主体とする「大井川鉄道本線沿線における公共交通のあり方検討会」では、災害復旧（台風15号により被災した箇所の復旧）に4.8億円、鉄道の機能回復（安全運行上必要な、経年劣化したトンネルや軌道の整備）に17.3億円と、運行再開には合わせて22億1,000万円がかかるとする報告が出されました。さらに防災改良経費（再度の被災可能性を軽減し安全運行を継続する上で必要な施設整備）5.4億円を含めると27.5億円の費用がかかる見積もりです。

これらは災害によるストックへの打撃の金額です。産業連関分析では基本的に財貨サービスの投入と産出のフローを対象とした分析方法なので、ストックの分析への応用はできませんが、ストックと関連するフロー、例えば設備の維持管理などストックの保全費用は扱うことが可能です。今回のような運行に至る復旧に要する費用約22億円は、実際の工事は生産活動ですが、広い意味では、ストックへの打撃の影響をフローベースで表した金額と言うことができるかも知れません。

鉄道の災害復旧補助事業では制度上、国と沿線自治体が復旧費用の2分の1（国が4分の1、県と自治体が4分の1）、鉄道事業者が2分の1を負担することとなっていますが、表4.2でも分かるように、事業者である大井川鐵道の鉄道収入の2年分以上になる負担は重く、復旧の見通しが立っていない状況です。

4.4　直接の影響（2）──観光客数の減少

大井川鉄道は大井川沿いの島田市と川根本町を走る鉄道ですが、不通による観光への影響は部分開業している島田市を除き、不通区間の中心となっている川根本町に対象を絞って見ていきたいと思います。

最初に、観光交流客数の減少がどれくらいに上っているかを推計します。観光への影響は、観光客数の減少数×1人あたり消費支出で算出される観光消費総額の減少を出発点にするからです。

静岡県もそうですが、都道府県の観光客数の統計データは次のように区分されています。

観光交流客数 ＝ 宿泊客数 ＋ 観光レクリエーション客数　　　　　（4.2）

図4.2　宿泊客、日帰り客、観光レクリエーション客の関係（実人数）

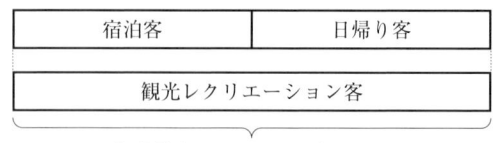

観光施設、イベントを訪れた人
（施設・イベントごとの入場者を集計）

　注意すべきは、観光統計では、宿泊客数も観光レクリエーション客数も「延べ人数」で計上されていることです。例えば宿泊客では1人が1泊するとチェックインした日とチェックアウトした日をそれぞれ1人と数えて2人と計上されます。1人の人が2泊すれば3人、2人で1泊した場合は4人と計上されます。この延べ宿泊人数に宿泊料を乗じると、旅行者が消費した宿泊費は過大評価となるため、実人数に換算することが必要となります。

　一方、観光レクリエーション客数は、観光施設やイベントを訪れた人をそれぞれ施設、イベントごとにカウントし、それらを足し合わせた数となっています。1人の人が3カ所を訪れた場合は3人と計上されています。宿泊客数とは違った意味で、日帰り客も「延べ人数」となっています。

　観光の経済効果などを求める際には、この延べ人数ではなく実人数が必要となることから、観光庁は都道府県の観光担当部署に、延べ人数を実人数に換算した観光客数も合わせて公表する指針を発表し、都道府県はこれに従ってHPなどでその結果を公表しています。

　もう1つ注意すべき点は、観光レクリエーション客数は、観光施設やイベントを訪れた人をそれぞれ施設、イベントごとにカウントしていますので、その中には宿泊者も含まれています。したがって(4.2)式の観光交流客数の意味の理解にはこうした重複もあることに留意しなければなりません。

　宿泊客、観光レクリエーション客、日帰り客の関係は、**図4.2**のとおりとなります。宿泊客や日帰り客で、観光レクリエーション客ではない人もいます。例えば、渓流や小規模のマルシェを訪れて、入場券などで入場がカウントされない人や、入場者数が少ない場所を訪れた人のことです。**表4.3**では宿泊客も日帰り客も、観光施設やイベントに参加しなかった人がいないという前提で、日帰り客数＝観光レクリエーション客数（実人数）－宿泊者数（実人数）という計算式で

求めています。

　表4.3では大井川鉄道不通によって「失われた」観光客数を推計しています。「失われた」観光客数の推計方法は、宿泊客数と観光レクリエーション客とも次のようにとらえています。

　　　○ 被災が無かった場合に予想される観光客数（ア）
　　　　= 2021年度下半期の毎月の観光客数 ×2022年度上半期観光客数
　　　　（半期計）の対前年同期観光客数（半期計）の伸び率　　　　（4.3）

　　　○ 失われた観光客数（イ）
　　　　= 2022年度下半期観光客数（実績値）−（ア）　　　　（4.4）

　　　○ 実人数への変換 = 失われた観光客数B÷ 変換係数（ウ）　　（4.5）
　　　　ただし（ウ）：宿泊客は1人平均宿泊数1.371泊、観光レクリエーション
　　　　　　　　　　客は1人平均訪問個所数1.80

　表4.3をみると、川根本町を訪れた観光客数は、2022年度上半期に宿泊客も観光レクリエーション客も、前年同期を上回るペースで増加していてコロナ禍から勢いよく回復に向かっていることが分かります。宿泊客の増加率は63.3％、観光レクリエーション客は19.5％です。

　上の計算式のアは、この勢いが被災直後の2022年度下半期も続いていたら、という仮定で推計した予想観光客数です。「失われた」観光客数は、実績値からこの予想された観光客数アを差し引いた人数としています。ただし、アもイも延べ人数なので(4.5)式で実人数に変換しています。

　推計の結果は，表4.3に示すように、実人数で宿泊客が −7,970人、観光レクリエーション客が −28,871人でした。日帰り客は −20,900人です。いずれも2022年度下半期を対象にした数字です。延べ宿泊客数では1万927人が失われたことになります。

4.5　直接の影響（3）──観光消費の減少

　前節で求めた観光客数の減少に、観光客1人あたり消費支出額を乗じて、川根

表4.3　大井川鉄道不通により失われた観光客数　（2022年度下半期）

（1）失われた宿泊客数

(単位：人)

月	2021年度	2021年度半期	2022年度	2022年度半期	対前年同期変化率	上期伸び率による下期予測	2022年度半期	失われた宿泊客数（下半期）
	A	B	C	D	E	F（注）		G=C－F
4	1,925		2,227			2,227		
5	1,760		3,291			3,291		
6	838	9,058	2,062	14,794	63.3%	2,062		
7	823		2,157			2,157		
8	2,007		3,123			3,123		
9	1,705		1,934	9/23-24 被災		1,934		
10	2,453		1,536			4,006		-2,470
11	4,573		3,021			7,469		-4,448
12	2,532	13,827	2,112	11,656	-15.7%	4,135	22,583	-2,023
1	1,627		1,468			2,657		-1,189
2	838		1,456			1,369		87
3	1,804		2,063			2,946		-883
4～3月計	22,885		26,450			37,377		-10,927
減少率	（下半期）失われた宿泊客数(-10,927人)÷令和4年度下期予測(22,583人)							-48.4%
実人数減少数 = 失われた宿泊客数（延べ人数）(-10,927人)÷1人平均宿泊数(1.371)								-7,970

（2）失われた観光レクリエーション客数

(単位：人)

月	2021年度	2021年度半期	2022年度	2022年度半期	対前年同期変化率	上期伸び率による下期予測	2022年度半期	失われた観光リクリエーション客数（下半期）
	A	B	C	D	E	F（注）		G=C－F
4	13,439		14,120			14,120		
5	23,235		25,519			25,519		
6	8,300	78,028	10,544	93,258	19.5%	10,544		
7	13,850		13,697			13,697		
8	12,187		20,824			20,824		
9	7,017		8,554	9/23-24 被災		8,554		
10	16,183		10,889			19,342		-8,453
11	41,866		15,256			50,038		-34,782
12	8,599	84,299	5,074	48,786	-42.1%	10,277	100,753	-5,203
1	5,020		4,347			6,000		-1,653
2	3,647		4,908			4,359		549
3	8,984		8,312			10,738		-2,426
4～3月計	162,327		142,044			194,011		-51,967
減少率	（下半期）失われた観光レクリエーション客数(-51,967人)÷2022年度下期予測(100,753人)							-51.6%
実人数減少数 = 失われた観光レクリエーション客数(-51,967人)÷1人平均立ち寄り箇所数(1.8)								-28,871

（3）失われた日帰り客数

失われた観光レクリエーション客（実人数）(-28,871人)－失われた宿泊客数（実人数）(-7,970人)	-20,900

（出典）静岡県観光政策課「令和4年度 静岡県の観光交流の動向調査報告書」
（注）Aの宿泊客数（下半期）×Cの上半期の伸び率。

表4.4　大井川鉄道不通により失われた観光消費額（2022年度下半期）

項目	記号	金額	データ出所・説明
（1）1人あたり旅行消費額（2022年度）	（単位：円）		静岡県の観光交流客数の平均値
交通費	A	2,732	静岡県観光政策課「令和4年度 静岡県における観光の流動実態と満足度調査報告書」
宿泊費	B	15,542	
飲食費	C	2,037	
土産品・買物代	D	3,318	
入場料・施設利用料	E	578	県内・県外の値は単純平均、日帰り・宿泊の値は人数で加重平均
その他	F	59	
（2）旅行消費減少額（2022年度下半期）	（100万円）		
観光客減少数（実人数）	G	-28,870	表4.3
宿泊客	H	-7,970	〃
日帰り客	I	-20,900	〃
交通費	J＝A×G	-132	→下記内訳の合計（-132）に修正し波及効果分析に用いる
うちバス・タクシーなど		-10	J（-99）の10分の1とする
うち鉄道		-122	表4.2の失われた鉄道収入を用いる
宿泊費	K＝B×H	-124	
飲食費	L＝C×G	-59	
土産品・買物代	M＝D×G	-96	
入場料・施設利用料	N＝E×G	-17	
その他	O＝F×G	-41	
計	P	**-468**	J＋K＋L＋M＋N＋O

本町内に落ちるお金 ＝ 失われた観光消費の総額を求めたのが、**表4.4**です。

　被災後直後の2022年度下期の減少額は、表4.2の大井川鉄道の同期間の鉄道収入の減収1億2,200万円と合わせた総額は4億6,800万円、通年では9億3,600万円に上ります。

4.6　間接的影響——負の経済波及効果

　以上、鉄道不通による直接の影響は、間接的に他の多くの産業にも負の影響を及ぼします。例えば宿泊業や飲食業の売上の減少は、食材の仕入れを通じて地元の農家の生産の減少をもたらします。生産の減少に伴う人件費の減少は、生産に従事する人々の収入と消費の減少を通じて、地元の小売店などの売上の減少となります。本分析では、川根本町の2015年産業連関表を独自に作成するとともに、産業連関表から導出される投入係数や逆行列係数などを用いた次の家計内生化型

表4.5 大井川鉄道不通による負の地域経済効果（通年換算）

1．企業・産業への影響…負の生産誘発効果				
項目	項目	影響		
（1）最終需要	負の経済波及効果の起点となる需要減少	-936	（100万円）	
（2）直接効果	最終需要のうち、地域外への需要を除いた地域内の需要減少による直接の生産減少	-920	〃	
（3）間接効果	（4）生産誘発効果－（2）直接効果	-310	〃	
（4）生産誘発効果	地域内における最終的な生産の減少総額	-1,231	〃	
（参考）				
（5）生産誘発倍率	（4）生産誘発効果÷（2）直接効果	1.34	（倍）	
（6）GRP誘発額	（4）に含まれる市町村内総生産（所得）	-311	（100万円）	
2．家計への効果…雇用効果 就業者誘発効果（人）				
（1）昼間就業者誘発	昼間地域内で働いている就業者の減少	-229	（人）	
（2）夜間就業者誘発	（1）のうち他地域住民を除く就業者の減少	-194	〃	
3．行政への効果…税収効果 企業・家計の所得誘発等による川根本町財政の減収効果		-14	（100万円）	
4．地域社会への効果…定住人口効果				
	負の雇用効果を通じた定住人口の減少	-377	（人）	

（注）GRP：Gross Regional Product：地域内総生産。GDP（国内総生産）の地域版。

の均衡産出高モデルを用いてこれらの間接効果を計算しています。

$$
\begin{bmatrix} \Delta X \\ \Delta V \end{bmatrix} = \begin{bmatrix} I - \left(I - \widehat{M}\right)A & -\left(I - \widehat{M}\right)c \\ -v & 1 \end{bmatrix}^{-1} \begin{bmatrix} \left(I - \widehat{M}\right)\Delta Fd + \Delta E \\ 0 \end{bmatrix} \tag{4.6}
$$

記号注　ΔX：生産誘発額　ΔV：粗付加価値誘発額　I：単位行列

$\widehat{M}$：移輸入係数　$\left(I - \widehat{M}\right)$：自給率係数　A：投入係数

ΔFd：地域内最終需要の変化　　ΔE：移輸出の変化

4.7　分析結果──大井川鉄道不通による負の地域経済効果

　産業連関分析による間接効果を含めた分析結果を**表4.5**に掲げました。影響は2022年度下期にとどまらないため、表4.4の半2022年度下半期の「失われた観光消費額」をベースに、単純に2倍した通年換算金額で計算をしています。

　川根本町の全産業の生産減少の総額は、12億3,100万円となりました。負の経

済波及効果の起点となる最終需要の減少額は上述した9億3,600万円で、これから地域外の財貨サービスに漏出した需要を除いた負の直接効果は9億2,000万円となります。自家用車で川根本町を訪れた観光客が消費するガソリンなどが地域外へ漏出する他は、ほとんどの観光消費額が地域内へ落ちています。

直接効果の減少に伴って、原材料の生産減少など間接的に生産減少の波及効果が川根本町に生じた額は3億1,000万円となります。

本分析のために作成した2015年の産業連関表の民間部門の生産額は約605億円ですが、この額に対して、災害により鉄道が不通となった影響は5.1%の減少となります（民間部門の生産額は、産業連関表の産業部門の生産額から住宅の帰属家賃、自家輸送、公務、教育などの産業部門の生産額は除外しています）。

川根本町で働いている就業者数の減少は229人、うち川根本町に住んでいる就業者194人の就業機会が失われます。就業機会の減少による定住人口への影響は377人の減少、税収は1,400万円の減収となる見込みです。

川根本町の全産業の就業者数と人口は、2020年度がそれぞれ3,242人、6,206人ですので、就業者数の減少率は −194人 ÷3242人 ＝ −6.0%、定住人口の減少率は −377人 ÷6206人 ＝ −6.1%となります。さらに川根本町の2021年度の町税の税収は約12億3,900万円なので、1,400万円の減収の比率は −1,400万円 ÷12億3,900万円 ＝ −1.1%となります。

川根本町は、お茶の栽培と加工が盛んな山間地で、製茶以外の目立つ製造業はほとんどありません。したがって川根本町の観光への打撃の多くの部分が、波及効果を通じて周辺市町村や静岡県内に広く及んでいると思われます。

第Ⅲ部

地方創生の政策効果のデータ分析

第5章

ふるさと納税の地方創生効果
静岡県南伊豆町・長野県松川村を例に

5.1　はじめに

　ふるさと納税の2022年度の実績は、全国で約9,654億円（対前年度比：約1.2倍）、約5,184万件（約1.2倍）に上り、納税件数も納税額も増加の一途をたどっています。納税先は納税者の出身地に限られてはいませんが、本章では、主に都市部に住んでいる人が、人口減少と財政難に悩む地方の市町村へ納税するというふるさと納税の本来の趣旨に沿って記述します。ふるさと納税は地方創生の中でも最もよく知られた政策の１つで、冒頭の件数が表しているように多くの人に利用されている政策でもあります。

　ふるさと納税の経済効果は２つあります。１つは、人口減少で財政難を抱える出身地＝“ふるさと”の市町村に寄附（以下“納税”と表現します）することで得られる市町村の行政サービスの向上効果[1]、あと１つはふるさと納税の返礼品の売上による地域経済効果です。

　ふるさと納税は、財政面からみれば、都市部から地方への行政財源の移転であり、人口減少で疲弊する地方を活性化し、都市と農村の格差を是正する効果を持っていますが、財源の減少する都市部からの反発もあります。しかし都市部には何のメリットもないのでしょうか。

1）最近は、割安感のある人気の返礼品を目当てにした納税が増え、それを提供している市町村を納税先として選択する人が増えています。魅力ある返礼品を提供できる市町村とできない市町村との間での「返礼品格差」とでも呼べる状態が生まれています。

返礼品は主に地方の農水産物などの地場産品が利用されていますが、その原材料や、そのまた原材料などの供給網（サプライチェーン）を考えた時、返礼品による経済波及効果は、納税を受けた市町村にとどまることはなく、都市部にも広く及びます。

　前著[2]で「都道府県別にみた TPP（環太平洋パートナーシップ協定）の影響分析」を取り上げましたが、農林水産品の輸入自由化による打撃を都道府県別に分析した結果、全国で最も打撃の大きいのは、意外にも東京都でした。地方の農林水産業は、東京都の産業と強い繋がりを持っていることを示唆しています。

　本章では、このような問題意識も含めて、上述したふるさと納税の2つの経済効果が、現実に地域経済にどのような経済効果を持っているのかを分析しています。ふるさと納税がもたらす経済効果としては、生産、雇用、税収、定住人口の誘発効果を取り上げます。これらは、従来の経済波及効果（生産誘発効果）にとどまらない広範囲の社会経済効果で、ふるさと納税の目的でもある地方創生の政策効果です。

　事例は、静岡県の伊豆半島南端に位置する南伊豆町と、長野県の北アルプス山麓の安曇野地方の松川村の2例を取り上げます[3]。納税による行政サービスの向上と返礼品の売上が、地域内と地域外へどのような効果をもたらしているのか、複数の事例を取り上げることによって、その姿がより鮮明になります。同時に、ふるさと納税の経済効果の実証方法を提案し解説することも、この章のもう1つの目的です。

5.2　分析のための理論

　分析に用いた理論は、次ページの(5 1)式に示した経済波及効果を算出する地

　2）土居英二・浅利一郎・中野親徳編著『はじめよう地域産業連関分析［改訂版］事例分析編』日本評論社、2020年。

　3）南伊豆町の分析は2022年3月に南伊豆町長も参加して開催された EBPM（Evidence Based Policy Making：証拠に基づく政策立案）職員研修報告会において職員（高野彰子さん）が分析し発表した報告を基にしています。松川村の分析は、2023年10月に長野県観光機構主催の産業連関分析研修会において松川村の職員から分析したいテーマとして事前に提案されたテーマをデータの提供を受けて筆者が分析し発表した報告を基にしています。

域産業連関分析の理論モデルです。詳細は第Ⅰ編を参照してください。

$$\begin{bmatrix} \Delta X \\ \Delta V \end{bmatrix} = \begin{bmatrix} I - \left(I - \widehat{M}\right)A & -\left(I - \widehat{M}\right)c \\ -v & 1 \end{bmatrix}^{-1} \begin{bmatrix} \left(I - \widehat{M}\right)\Delta Fd + \Delta E \\ 0 \end{bmatrix} \tag{5.1}$$

記号注　ΔX：生産誘発額　ΔV：粗付加価値誘発額　　I：単位行列

$\widehat{M}$：移輸入係数　$\left(I - \widehat{M}\right)$：自給率係数　A：投入係数

v：雇用者所得率　c：消費係数　ΔFd：地域内最終需要の変化

ΔE：移輸出の変化

$\begin{bmatrix} I - \left(I - \widehat{M}\right)A & -\left(I - \widehat{M}\right)c \\ -v & 1 \end{bmatrix}^{-1}$：家計内生化型逆行列係数

5.3　利用したデータ

5.3.1　産業連関表

　分析対象とした静岡県南伊豆町については、EBPM職員研修の中で南伊豆町役場の職員と作成した2015年南伊豆町産業連関表を用いています。長野県松川村については、筆者も作成に加わった2015年北アルプス連携自立圏5市町村地域間産業連関表[4]を用いました。松川村の産業連関表は大町市、池田町、松川村、白馬村、小谷村の北アルプス圏域の5市町村と、5市町村を除く長野県、長野県を除く全国の7つの地域の産業連関表を連結した地域間産業連関表です。この地域間産業連関表を用いることで、松川村のふるさと納税の経済波及効果が、近隣市町村、長野県内や全国へ及ぶ様子を知ることができます。

5.3.2　最終需要（ΔFd）

　経済効果の起点となる最終需要は、上述したふるさと納税の2つの経済効果に対応して、納税を受けた市町村における増加財源による行政サービスの向上と、返礼品による地元産業の売上増加が柱となります。

　財源の増加は、一部または全額が後年度の支出のための積立金となる場合があ

4）北アルプス連携自立圏広域観光部会が（一社）長野県観光機構に委託した委託調査「観光における経済波及効果調査事業」（2021年度）。

りますが、本章ではこの積立金も今年度支出されるものとして扱います。また行政サービスの向上は、産業連関表では産業部門の1つである「公務」の生産の増加額としてカウントされるとともに、さらに行政の業務に必要な財貨サービスの生産やその関連産業の生産を誘発します。

① 静岡県南伊豆町のケース

南伊豆町の2020年度のふるさと納税額は1億6,585万円でした。町の税収の8億6,800万円の19%にあたる金額です。納税額は、町財政の収入に9,630万円（納税額の57.8％）、返礼品の購入に4,683万円、返礼品の発送経費などに2,272万円が充てられました。返礼品として発行された「南伊豆町ふるさと寄附感謝券」は物品購入だけでなく、飲食や宿泊などを含めて町内のさまざまな業種の観光関連企業で利用できるものです。返礼品はほぼすべてが地場産品です（**表5.1**）。

② 長野県松川村のケース

長野県松川村のふるさと納税の基礎データを**表5.2**に掲げました。2022年度の納税額は5,210万円で、返礼品に30.0％の1,563万円、事務経費約1,011万円が充てられ、村の財政へは納税額の50.6％の約2,636万円が繰り入れられました。

返礼品の内訳については表中の（3）に示しましたが、担当者への聴き取りを経て村内で生産された比率のデータも得ました。返礼品のうちお酒は、松川村で販売されていますが製造は村外であるため、産業連関分析では飲料の小売マージン分だけを計上しています。小売マージン分は、返礼品の金額に全国の産業連関表の購入者価格表と生産者価格表の差額である小売マージン率（運輸マージン率を除く）を乗じて村内に落ちるお金を求めています。

③ 南伊豆町と松川村の比較、共通点

南伊豆町と松川村の人口は、総務省統計局「2020年国勢調査」では、それぞれ7,877人と9,599人と似た規模ですが、ふるさと納税の額は南伊豆町が1億6,600万円、松川村が5,210万円と南伊豆町が松川村の3倍を超えています。

南伊豆町の納税額が多いのは、南伊豆町が漁業も盛んで伊勢海老やあわびなど全国的に人気のある海産物に恵まれていること、返礼品として発行している「南伊豆町ふるさと寄附感謝券」での宿泊が800万円を超えるなど、伊豆半島の観光地という地域の特性が働いているからでしょう。ふるさと納税には、人気のある特産品を返礼品として提供している市町村と、そうでない市町村との間に経済効果の格差が存在していると思わせるデータです。

表5.1　南伊豆町のふるさと納税の返礼品の例と産業部門

（1）納税額の使途

（1,000円）

納税額合計	165,852
返礼品額	46,833
事務経費総額	22,719
村の増収額	96,300

（2）事務経費の内訳

（1,000円）

印刷製本費	527
通信運搬費	1,139
広告料（ふるなびなど）	11,935
金融手数料	1,065
返礼品梱包料	5,759
ホームページ作成経費	1,373
ふるさと納税管理システム	858
その他需用費	63
小計	22,719

（3）返礼品の種類別金額と村の産物比率（製造比率）

（1,000円）

品目別	返礼額	地場産品比率	産業連関表への配分
物品			
農産物	10,385	1.00	011　耕種農業
畜産物	14	1.00	012　畜産
林産物	151	1.00	015　林業
漁業（生鮮魚介）	9,500	1.00	017　漁業
食料品	10,298	1.00	111　食料品
飲料	961	1.00	112　飲料
繊維工業製品	41	1.00	152　衣服・その他の繊維既製品
木製品	1,005	1.00	161　木材・木製品
陶磁器	6	1.00	253　陶磁器
土石製品	30	1.00	259　その他の窯業・土石製品
小計	32,390		
サービス			
宿泊業	8,273	1.00	671　宿泊業
飲食サービス	1,507	1.00	672　飲食サービス
娯楽サービス	1,003	1.00	674　娯楽サービス
その他	3,660	1.00	679　その他の対個人サービス
小計	14,443		
計	46,833		

　経済効果の及ぶ地域を考える時、あと一つ気が付くのは、南伊豆町も松川村も、ふるさと納税を支える情報産業の役割です。南伊豆町では表5.1のように事務経費は2,272万円と納税額の13.7％を占めていますが、その過半の約1,190万円はふるさと納税の大手Webサイトなどの広告料で納税額の7.2％を占めています。松川村でもWeb関係の費用は約500万円、納税額の9.7％です。これら経費

表5.2 松川村のふるさと納税の基礎データ（2022年度）

（1）納税額の使途

(1,000円)

納税額合計	52,101
返礼品額	15,630
事務経費総額	10,109
村の増収額	26,362

（2）事務経費の内訳

(1,000円)

郵送料	0.20	2,022
運送料	0.30	3,033
Web 関係	0.50	5,055
小計	1.00	10,109

（3）返礼品の種類別金額と村の産物比率（製造比率）

(1,000円)

品目別	返礼額	松川村の製造比率	産業連関表への配分
食料品	1,630	0.80	111 食料品
農産物	8,993	1.00	011 耕種農業
飲料（お酒）	3,543	0.00	村内で生産はなく販売のみ
飲料（その他）	390	0.80	112 飲料
花き	290	1.00	011 耕種農業
村の施設利用券	84	1.00	671 宿泊業（すずむし荘）
布製品	121	1.00	152 衣服・その他の繊維既製品
美術品	186	0.90	391 その他の製造工業製品
木工品	357	1.00	161 木材・木製品
体験	3	1.00	674 娯楽サービス
お礼の品辞退	12	0.00	―
日用品	21	0.00	208 化学最終製品（石鹸）
計	15,630		

は、多くが東京など大都市に本社を構える大手企業の収入となることを考えると、冒頭に述べた1兆円に迫っている全国のふるさと納税の総額の1割近くが都市部へ還流し経済効果が及んでいる可能性があります。これに、返礼品である地場産業の製品の原材料やそのまた原材料、といった経済の波及過程を考慮すると、還流額はより多いと推察されます。都市部はふるさと納税によって財源の減少に見舞われていますが、地方へ移った財源の一定額が都市部に還流していることも見逃してはいけません。これは別の機会に実証すべきテーマだと思われます。ちなみに2023年度の東京都のふるさと納税による減収額は675億円と発表されていますが、ふるさと納税の経済効果の還流による増収額も計算する必要のあるテーマです。

図5.1 南伊豆町のふるさと納税の生産誘発効果（経済波及効果）

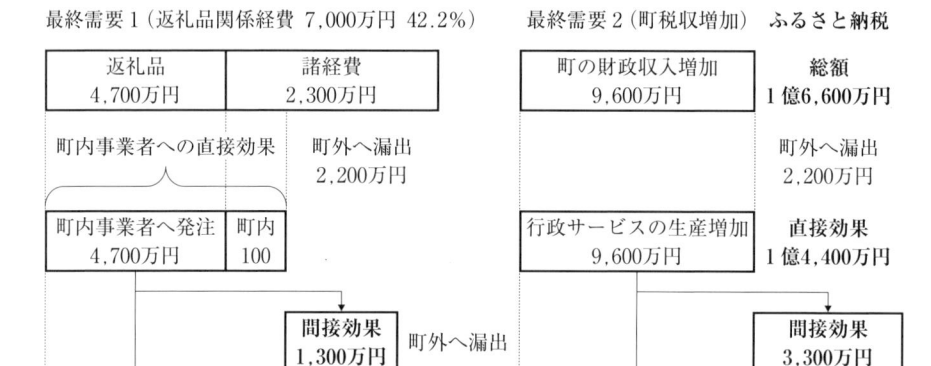

5.4 地域経済効果の分析結果

5.4.1 静岡県南伊豆町の経済波及効果

南伊豆町の分析結果は**図5.1**のとおりです。経済波及効果の起点となる最終需要は、ふるさと納税額の1億6,600万円です。そこから大手ネット広告企業への広告代など町外へ漏出するお金2,200万円を差し引いて町内の事業者に発注される直接効果が1億4,400万円となります。直接効果によって誘発される間接効果は返礼品関係で1,300万円、行政サービスの充実による経費などで3,300万円、あわせて4,600万円に上ります。直接効果と間接効果を合計した生産誘発効果（経済波及効果）は1億9,000万円で、納税額を2,400万円上回っています。

5.4.2 長野県松川村の経済波及効果

松川村のふるさと納税の生産誘発効果は**表5.3**のとおりです。地域間産業連関表を用いた分析なので、松川村を除く長野県や全国への効果も計算しています。

松川村のふるさと納税の最終需要は5,210万円でした。内訳は、返礼品と事務経費が2,570万円、村の財政へ充てられた納税額が2,640万円でした。村外で生産

表5.3 松川村のふるさと納税の生産誘発効果（経済波及効果）

返礼品

(100万円)

	松川村	他の長野県	全国	計
最終需要	25.7			25.7
直接効果	19.2	6.6		25.7
間接効果	33.5	0.7	17.8	51.9
生産誘発効果	52.6	7.2	17.8	77.7
波及倍率	2.7	1.1		3.0

行政サービス

(100万円)

	松川村	他の長野県	全国	計
最終需要	26.4			26.4
直接効果	26.4			26.4
間接効果	48.4	11.1	25.5	85.0
生産誘発効果	74.8	11.1	25.5	111.4
波及倍率	2.8			4.2

合計

(100万円)

	松川村	他の長野県	全国	計
最終需要	52.1			52.1
直接効果	45.5	6.6		52.1
間接効果	81.9	11.7	43.3	136.9
生産誘発効果	127.4	18.3	43.3	189.0
波及倍率	2.8	2.8		3.6

(注) 各数値は小数をもっているため、合計が内訳の表示の値を足したものと一致しない場合がある。

された返礼品660万円を除いた松川村への直接効果は4,550万円となります。この直接効果によって村内に誘発された間接効果は8,190万円、生産誘発効果（経済波及効果）は１億2,740万円の大きな額に上っています。生産誘発効果を直接効果で割った生産誘発倍率は返礼品関係で2.7倍、行政サービスで2.8倍、合計では2.8倍と３倍近くなっています。

南伊豆町と比べて、間接効果が大きく波及倍率も高くなっている理由の一つは、形式的には、松川村の返礼品の原材料などの自給率が高いことが考えられますが、原材料などの自給率は南伊豆町に比べて大きな差があるとは思えません。最大の理由は、松川村の分析に地域間産業連関表を用いていることです。

松川村の返礼品の生産には、一次的には松川村の産物などが使われていますが、さらにその二次的、三次的な原材料をたどると、長野県内外での財貨サービスの生産の一部が、再び松川村に跳ね返っている「跳ね返り効果」があり、地域間表はそれをとらえているため、松川村の間接効果が大きくなっていると思われます。

松川村のふるさと納税額5,210万円が長野県や全国を含めて誘発している生産誘発効果は、全体で１億8,900万円（誘発倍率3.6倍）に上ります。松川村へは約３分の２（67.4％）の１億2,740万円が及んでいますが、松川村を除く長野県へは約１割の1,830万円（9.4％）、長野県を除く全国へは4,330万円（22.9％）が波及しています。

　松川村の例を全国にいきなり敷衍するわけにはいきませんが、ふるさと納税はその地域内に納税額の約２倍から３倍弱の経済波及効果をもたらすとともに、納税額の約８割に近い生産を都道府県内外に誘発している可能性があります。

　5.1節「はじめに」で述べたように、農林水産物の自由化の影響を都道府県別に分析した結果、最大の生産減少に見舞われたのが東京都をはじめとする大都市部でしたが、裏を返せば、農水産物を主力とするふるさと納税の返礼品による生産誘発額が最も多い都道府県として、全国からの波及効果が集まる東京都が第１位になっている可能性は高いと思われます。

5.4.3　雇用効果

　南伊豆町のふるさと納税による雇用効果は17人です。雇用効果は生産増加に伴って誘発される就業者数を意味しています。産業連関表が算出する雇用効果は昼間の生産活動を行うことによる雇用機会の創出ですが、総務省統計局「平成27年国勢調査」データを用いて夜間人口に換算すると、近隣市町からの通勤者を除いて南伊豆町で14人となります。雇用者数は、正規雇用の年間就業者数に換算した人数です。

　松川村の雇用効果は、従業地の松川村で11人、常住地の村内へは５人となります。約半数が昼間村外から松川村に通勤しているためです。村外への雇用効果では、隣接する大町市に２人、池田町に１人、松本市など他の長野県内に６人となります。市町村の経済は独立した自給自足経済ではなく、近隣市町村との「モノ」や「ヒト」の交流で結びついているため、ふるさと納税の経済効果も広域的な地域へ及ぶことが分かります。

5.4.4　定住人口効果

　新たに地域内の就業者が増えることによる家族を含めた定住人口増加への効果は南伊豆町で33人、松川村で９人となります。定住人口効果の算出方法の詳細は

第 2 章を参照してください。

　ふるさと納税には、地方の市町村の財政支援、返礼品による地域経済の振興などの効果がありますが、それらによって生まれる市町村内の経済波及効果は雇用や定住人口を増やし、さらなる財源となる税収効果も生み出すなどの地方創生効果があることにも注意を向けていく必要があります。

5.4.5　税収効果

　ふるさと納税は、経済効果が発生する翌年度の市町村税収を押し上げます。南伊豆町では240万円、松川村では290万円でした。税収効果の算出方法の詳細についても第 2 章を参照して下さい。

5.5　まとめと今後の課題

5.5.1　まとめ

　ふるさと納税は、寄附により地方自治体の財政を潤して、疲弊する地方の行政サービスを充実させるとともに、返礼品を通じて地域の産業経済を活性化させる 2 つの役割を持った地方創生の強力な政策手段です。本章では、その威力を人口が 1 万人未満の似通った 2 つの地域、静岡県南伊豆町と長野県松川村の事例を通じて明らかにしてきました。

　ふるさと納税額は、南伊豆町が 1 億6,600万円、松川村が5,210万円と開きがありますが、生産誘発効果（経済波及効果）は、南伊豆町が 1 億9,000万円、松川村が 1 億2,740万円とその開きは小さくなっています。開きが小さくなったのは松川村の間接効果が大きいことが理由です。これは、松川村の分析に地域間産業連関表を用いていることによります。松川村と周辺市町村、長野県内との相互経済取引を把握できる地域間産業連関表は、谷にこだまが跳ね返るように地域間における波及効果が増幅されていきます。単独の地域を対象とする地域内表では漏れてしまう経済効果があることを教えてくれる分析結果です。

　ふるさと納税は、生産誘発効果を通じて、雇用や定住人口、地方税収にもプラスの影響を与えます。南伊豆町ではそれぞれの効果は雇用17人、定住人口33人、地方税収240万円でした。松川村では効果はそれぞれ 5 人、 9 人、290万円となっています。本章では、ふるさと納税が経済波及効果を通じて、第 3 のさらなる地

方創生効果を持っていることを明らかにすることができました。

5.5.2 今後の課題

ふるさと納税の地域経済への効果を高めるためには、返礼品については返礼品とその原材料の生産、広告、輸送などの関連産業の地域内の自給率を高めることが鍵となります。

市区町村の中には、納税額を増やす目的で、返礼品を地域外の全国ブランドの人気商品にしている市区町村もありますが、これは税収が増えても返礼品を通じたふるさとの地域振興には貢献しない、という意味では望ましい姿とは言えません。

返礼品を地場産品としそれに磨きをかけること、原材料の生産や販売、輸送などの関連産業を地元の事業者が担うことなどが自給率を向上させてお金が地域内で循環する比率を高め、ふるさと納税制度をより活かす方策です。

ふるさと納税の地域経済効果を高める今後の課題を3つあげておきます。

1つは、多くの納税額を集める返礼品を提供できる市町村ばかりとは限らないことです。人気のある産物を提供できない市町村は、観光客や訪問客を呼び込むための宿泊や飲食、施設利用などのサービス分野でも利用できる「返礼チケット」などの工夫をしていますが、それもできない市町村は少なくありません。ふるさと納税の地域経済への効果を享受できる市町村とそうでない市町村との「返礼品格差」とでも呼ぶべき現状が存在するのも事実です。ふるさとを応援したいという多くの人々の気持ちを受け止める多様な形での返礼品を開発することは今後の課題です。

2つめは、南伊豆町でも松川村でも共通していますが、ふるさと納税の大手Webサイトなどの広告宣伝費が、返礼品の経費の中で少なからぬ割合を占めていて、地方へ納税されたお金の一部が、東京などの大都市圏の大手企業に還流して自給率を低下させていることです。

ふるさとをあとにした人たちは全国に散在しているので、広告をたくさんの人が見る著名なWebサイトに頼らざるを得ないのも現実ですが、広告宣伝費は、南伊豆町で1,000万円を超え、松川村でも500万円と納税額の1割近くに達しています。このデータを基にすれば、冒頭に述べた約1兆円のふるさと納税額のうち約1,000億円近くが東京などの大都市圏に還流していることになります。

ふるさと納税の告知、返礼品の情報提供などを Web で発信することは、小さい市町村の多くが、地元の事業者に委託できる業務です。

　総務省のふるさと納税のポータルサイトには、ふるさとに納税したいと思う人がふるさとの市町村名を入力すれば返礼品などの情報が検索できるしくみはありません。総務省のポータルサイトと地元の事業者が作成した市町村のふるさと納税の Web サイトとをリンクさせることができれば、広告宣伝費の削減とともに自給率の向上、地域への経済効果の上昇につながるでしょう。検討すべき今後の課題の1つです。

　今後の課題の3つめは、ふるさと納税の制度を、単に返礼品競争に目を奪われるのでなく、地域の可能性を最大にするためにも、住民、事業者、NPO などが自らの町や村の「売り」や「魅力」を掘り起こす場としての「地域プラットフォーム」を設置することです。その上で、市町村の総合計画の一環として役所の組織横断的な視点から市町村の「輪郭」（ブランド化）を継続的に議論していくことで、地域観光にとどまらず、SDGs 関連の環境活動、森林育成などの中から、地域振興と「返礼品」がうまくリンクする取り組みを見出すことができるようにしなければなりません。ふるさと納税の制度をうまく活用するためには、行政の幅広い政策メニューの中に位置づけて、総合的に検討する官民連携・住民参加のプラットフォームの存在が重要だと思います。

（注記）ふるさと納税の対象地域は出身地に限りません。お世話になった市区町村や応援したい市区町村もその対象となります。本章では「ふるさと」の言葉について、これらを含めた地域という意味で使っています。

第6章

プレミアム付商品券の地方創生効果
静岡県南伊豆町を例に

6.1　はじめに

　新型コロナウイルスの感染拡大を受けて、政府は2019年4月の閣議で「新型コロナウイルス感染症緊急経済対策」を決定し、その一環として低迷する地域経済を活性化するため「新型コロナウイルス感染症対応地方創生臨時交付金」を創設しました。この交付金は、地方自治体が地方の実情に照らして計画を立案して比較的自由に使えるお金を補助するもので、使途の柱の1つとして「プレミアム付商品券」事業が全国の自治体で展開されてきました。

　静岡県南伊豆町でも「みなみいず応援プレミアム付商品券」事業に取り組み、町内の事業者支援を行ってきました。

　本章では、このプレミアム付商品券事業が目指しているコロナ禍からの脱却と地方創生への効果を、南伊豆町での政策実践を例にデータで検証する方法を説明しています。地方創生効果として、第Ⅰ部で解説した生産誘発効果（経済波及効果）の他に、雇用効果、税収効果、定住人口効果を取り上げています[1]。

　また、本章では、プレミアム付商品券の経済効果を分析する上で、特に波及効果の起点となる消費喚起額をどのように把握したらよいかについても提案してい

---

[1]　本章は、南伊豆町の2021年度EBPM職員研修に参加した職員（高橋大輔氏、渡邉光氏）が岡部克仁町長始め幹部職員が参加して開催された研修成果発表会で行った研究報告を基に筆者が計算を修正して執筆したものです。基礎データとして利用した2015年南伊豆町産業連関表も研修の中で作成しました（EBPM：Evidence Based Policy Making：証拠に基づく政策立案）。

表6.1　みなみいず応援プレミアム付商品券事業の概要と特色

項目		内容
しくみ	商品券の発売	額面10,000円分の商品券を5,000円で町民に販売。対象は設定した基準日に南伊豆町の住民基本台帳に登録済の世帯主が対象
		世帯主宛に郵送された「みなみいず応援プレミアム付商品券購入申込券に必要事項を記入し所定の場所（南伊豆商工会など）で購入
	販売上限額	1セット10,000円分（5,000円プレミアム）を1世帯　5セットまで（1世帯　50,000円プレミアム分 25,000円）
	利用可能店	南伊豆町内の商店や飲食店などの使用に限定
		小売業、飲食業、サービス業、建設業、医療介護サービス業、宿泊業及びその他の事業者　　登録事業数　239社
	プレミアム率	100％（額面10,000円分の商品券を5,000円で町民に販売）
利用総額		383,241,400円（第1弾〜第3弾換金実績、町外居住者の町内勤務者購入分を除く）
利用期間		第1弾　2020.10.10〜2021.02.28　　1世帯5冊×15,000冊　┐本 第2弾　2021.04.01〜2021.07.31　　1世帯5冊×15,000冊　│章 第3弾　2021.09.01〜2021.12.31　　1世帯3冊×12,000冊　┘分 第4弾　2022.06.01〜2022.09.30　　1世帯3冊× 9,500冊　析 第5弾　2022.11.01〜2023.01.31　　1世帯5冊×15,800冊　対 第6弾　2023.10.01〜2023.12.31　　1世帯3冊× 9,600冊　象 第7弾　2024.07.01〜2024.09.30（予定）　1世帯3冊× 9,600冊
事業費財源	事業費 財源 交付率	3億9,604万円（第1弾〜第3弾） 新型コロナウイルス感染症対応地方創生臨時交付金 10/10

（出典）南伊豆町役場、南伊豆町商工会

ます。というのは、第8章で取り上げるデジタル地域通貨においてもポイントが付与されるケースがありますが、先行研究をみていると、経済波及効果の起点となる消費喚起額（最終需要）の理解が間違っているために経済波及効果が誤って算定されている例が散見されるからです。

6.2　みなみいず応援プレミアム付商品券事業の特色

　事業の概要を**表6.1**に掲げました。南伊豆町の商品券の特色は2つあります。第1は、先行して近隣市町村で実施された子育て支援商品券が売れ残っていた経験を踏まえて、プレミアム率が100％と高く設定された点です。南伊豆町は人口規模が7,000人台と小さいため、国の予算規模の上限をいかした補助率100％の大

きな財源が確保できたことも理由です。

　第2の特色は「全店舗共通券」と「地域小規模店舗専用券」の2種類の商品券を冊子に綴じて、大型店舗に買い物が集中しない工夫をしたことです。これも過去の反省を踏まえたものでした。第6弾では地域小規模店舗専用が7割、全店共通券が3割のセットとなっています。

　こうした2つの特色から、町内の消費者と事業者双方から人気で完売の商品券「みなみいず応援プレミアム付商品券」が誕生しました。

6.3　プレミアム付商品券の経済効果とは

　では、このプレミアム付商品券が地域経済にもたらす経済効果とはいったい何でしょうか。それをどう計測すればいいのでしょうか。

6.3.1　商品券の売上総額を効果ととらえる考え方

　第1の考え方は、プレミアム付商品券を使って購入されたすべての財貨サービスの販売額を効果ととらえる考え方です。これは新型コロナウイルスの影響で落ち込む地域経済に対して、プレミアム付商品券事業がどの程度、事業者の売上に結びついたかという効果を知る指標の1つになります。

　南伊豆町では、表6.1に示したように第1弾から第3弾まで2020年度から2021年度にかけて4億円近い商品券が発売されましたが、この金額を世帯数で割ると、ほぼすべての世帯が上限制限額まで購入した計算になります。

　しかし、消費者は商品券で普段の買い物もするため、この数字にはこの事業がなくても存在する売上額が含まれています。では、プレミアム付商品券があったから生まれた経済効果はどのように考えればよいのでしょうか。

6.3.2　プレミアム分を効果ととらえる考え方

　第2の考え方は、商品券に含まれるプレミアム分の売上を消費喚起額＝経済効果ととらえる考え方です。南伊豆町ではプレミアム率が100%なので、額面500円分×10枚綴りで1冊5,000円の商品券を1世帯上限の10冊（50,000円）購入した場合、プレミアム分は、額面合計50,000円の半額の25,000円となります。

　表6.1に示したように、商品券の販売額は2021年末までは3億8,300万円でした

ので、プレミアム分は1億9,200万円、約2億円となります。これだけの購買力が小さなまちに生まれたことは事実で、その意義は決して小さくありません。

しかし、この約2億円という数字が確実に南伊豆町の消費の増加と事業者の売上の増加につながったかというと、そうだとは言い切れません。商品券なので消費者はこれを貯蓄に回すことができないため消費に使いますが、給与や年金などもとの収入は、余れば貯蓄に回すことができるので、商品券のプレミアム分は、普段の消費に回されたかもしれません。南伊豆町の消費と売上がプレミアム付商品券によって純粋にいくら増えたのかを、私たちはこのプレミアム率によって知ることはできないのです。

6.3.3 アンケートにより消費と売上の純増加分をとらえる考え方

第3の考え方は、消費者または事業者へのアンケート調査によって、この消費や売上の純増加分（消費喚起額）を把握する考え方です。

南伊豆町の商品券については、南伊豆町商工会が事業について行った会員事業者へのアンケート調査結果が同商工会のHPに公開されました（**表6.2**）。

表6.2の最下段の「問4 プレミアム付商品券事業による町内の消費拡大効果についてどのように思いますか？」という質問に対して、96の回答事業者のうち「非常に効果がある」と回答した事業者は約半数の50（52.1%）、「少し効果がある」とした回答した事業者は30（31.3%）で、8割以上（83.4%）の80事業者が「効果がある」と回答しています。

この表を見ていてもう1つ気づくことは、売上が「減少した」という事業者が96事業者のうち17事業者（17.7%）を占めていることです。プレミアム付商品券事業の実施期間中にもかかわらず、売上が減少していると回答している事業者が存在するのは、コロナ禍の影響の地盤沈下が続いていることを物語っています。プレミアム付商品券事業がこうした全般的な売上の減少下で実施されていることを考えると、売上が増加した企業だけでなく売上の減少を食い止めている効果、すなわち「変化なし」と回答した約半数の事業者（49.0%）にも効果は存在していると思わざるを得ません。

売上が増えていないにもかかわらず、消費拡大に「効果がある」と答えている事業者が多いのは、プレミアム付商品券事業の意義を受け止めているだけでなく、コロナ禍で客足が減り、売上が落ち込む中で商品券を持って買い物に来てく

表6.2 みなみいず応援プレミアム付商品券事業に対するアンケート調査結果

問1 「みなみいず応援プレミアム付商品券」の実施による効果について ―令和5年3月実施―
令和元年（コロナ禍前）の決算期と比較してご記入ください。　　　　　　南伊豆町商工会

売上（回答会員数）	小売業	飲食業	理美容業	サービス	建設住宅	医療介護	その他	合計
増加した	12	3	1	5	2	0	1	24
10%未満増加	8	1	0	3	0	0	0	12
10%～20%未満増加	2	1	1	1	1	0	1	7
20%以上増加	2	1	0	1	1	0	0	5
変化なし	11	7	2	10	7	7	3	47
減少した	5	3	1	3	3	0	2	17
10%未満減少	2	0	0	1	0	0	1	4
10%～20%未満減少	2	2	1	1	0	0	0	6
20%以上減少	1	1	0	1	3	0	1	7
わからない	1	4	0	1	0	1	1	8
合計	29	17	4	19	12	8	7	96

売上（業種別構成比）	小売業	飲食業	理美容業	サービス	建設住宅	医療介護	その他	合計
増加した	41.4%	17.6%	25.0%	26.3%	16.7%	0.0%	14.3%	25.0%
10%未満増加	27.6%	5.9%	0.0%	15.8%	0.0%	0.0%	0.0%	12.5%
10%～20%未満増加	6.9%	5.9%	25.0%	5.3%	8.3%	0.0%	14.3%	7.3%
20%以上増加	6.9%	5.9%	0.0%	5.3%	8.3%	0.0%	0.0%	5.2%
変化なし	37.9%	41.2%	50.0%	52.6%	58.3%	87.5%	42.9%	49.0%
減少した	17.2%	17.6%	25.0%	15.8%	25.0%	0.0%	28.6%	17.7%
10%未満減少	6.9%	0.0%	0.0%	5.3%	0.0%	0.0%	14.3%	4.2%
10%～20%未満減少	6.9%	11.8%	25.0%	5.3%	0.0%	0.0%	14.3%	6.3%
20%以上減少	3.4%	5.9%	0.0%	5.3%	25.0%	0.0%	14.3%	7.3%
わからない	3.4%	23.5%	0.0%	5.3%	0.0%	12.5%	14.3%	8.3%
合計	100.0%	100.0%	100.0%	100.0%	100.0%	100.0%	100.0%	100.0%

（中略）

問4 プレミアム付商品券事業による町内の消費拡大効果についてどのように思いますか？

	回答	構成比		回答	構成比
■非常に効果がある	50	52.1%	■あまり効果がない	3	3.1%
■少し効果がある	30	31.3%	■ほとんど効果なし	4	4.2%
■わからない	9	9.4%	合計	96	100.0%

（出典）南伊豆町HP：みなみいず応援プレミアム付商品券について（令和5年5月2日）

表6.3 商品券による売上効果（業態別平均増加率）

売上変化率	小売業	飲食業	理美容業	サービス業	建設住宅	医療介護	その他	合計
10％未満増加	0.05	0.40	0.05	0.00	0.15	0.00	0.00	0.00	0.60
10％〜20％未満増加	0.15	0.30	0.15	0.15	0.15	0.15	0.00	0.15	1.05
20％以上増加	0.25	0.50	0.25	0.00	0.25	0.25	0.00	0.00	1.25
変化なし	0.00	0.00	0.00	0.00	0.00	0.00	0.00	0.00	0.00
10％未満減少	-0.05	-0.10	0.00	0.00	0.00	0.00	0.00	-0.05	-0.20
10％〜20％未満減少	-0.15	-0.30	-0.30	-0.15	-0.15	0.00	0.00	0.00	-0.90
20％以上減少	-0.25	-0.25	-0.25	0.00	-0.25	-0.75	0.00	-0.25	-1.75
売上平均変化率		2.0%	-0.8%	0.0%	0.6%	-2.9%	0.0%	-2.5%	0.1%

（注）各欄の小数の数字は、売上変化率に表6.2の回答企業数を乗じた値。売上平均変化率は加重平均した値。

れる顧客への効果を実感していることも影響しているからでしょう。

　表6.3は、表6.2の問1をもとに、みなみいず応援プレミアム付商品券による売上額への効果の設問への回答から、業態別の平均売上増加率を計算したものです。売上効果は、「10％未満増加」なら5％などと設定した数値（売上変化率欄）に回答企業数を乗じて加重平均したものです。

　集計結果から、プレミアム付商品券の売上効果は、小売業では2.0％、飲食業では−0.8％、理美容業では0.0％、サービス業では0.6％などとなっています。マイナスの数値があるのは、上述したように、みなみいず応援プレミアム付商品券事業がコロナ禍による売上が減少している厳しい状況下で実施されたことも念頭に置かなければなりません。

　では、売上への効果がマイナスという回答に含まれる効果を含めて、プレミアム付商品券事業が純粋に消費を押し上げ、事業者の売上を増加させ支えた効果の大きさはどれくらいになるのでしょうか。

6.3.4　商品券による消費と売上の増加分をとらえる方法

　その答を得る考え方を**図6.1**に示しました。その基本は南伊豆町商工会調査の売上効果から総務省「家計調査」の家計消費額の減少率を引いた比率を「売上押し上げ効果」としたことです。

　家計消費の減少率（変化率）は総務省統計局「家計調査」から得ることができます。具体的には、年報の家計収支編第2表の都市階級別家計収支の「小都市

図6.1　プレミアム付商品券の売上押し上げ効果のイメージ（小売業のケース）

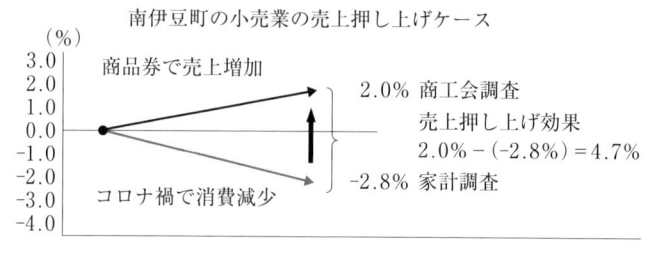

（注）数字は四捨五入して表示されているため、表示の計算と答が同じではない。

B・町村」のデータを用いました。小都市Bとは世帯数1,000以下の市町村などの指標で標本となる市町村が選定されています。売上押し上げ効果を推計した結果が**表6.4**です。

例えば、小売業では商工会調査の売上平均変化率（2.0％）から家計調査の消費変化率（−2.8％）を引いた ＋4.7％が、売上押し上げ効果となります（図6.1参照）。小売業の変化率は、家計調査の商品の品目を集計した変化率です。

売上押し上げ効果は、コロナ禍で営業時間の制限など厳しい規制が続いていた飲食業では、商工会調査の売上効果（−0.8％）から消費減少率（−5.5％）を引いた ＋4.7％となります。同様にサービスは ＋1.9％です。家計調査の消費支出が減少ではなく増加している理美容、建設住宅（住宅補修）、医療介護では売上押上率を０％としました。

表6.4の右から２つめの欄で、売上押し上げ効果を家計からみた額（月平均）を計算しています。月平均で１世帯あたり6,003円になります。この金額に12（カ月）を乗じ、さらに2021年の南伊豆町の世帯数3,903を乗じると、南伊豆町全体の2021年の１年間の売上押し上げ効果は２億8,116万円となります。これが第3の考え方による「みなみいず応援プレミアム付商品券」の第3弾（2021年末）までの消費喚起額です。

商品券の利用額が３億8,324万円（表6.1）なので、利用額の73.4％、プレミアム分を超える金額が消費喚起に貢献したことになります。

プレミアム分を超える金額が消費喚起額となっているのは、コロナ禍で家計消費が縮小し、事業者の売上額が減少しているため、それを回復する効果も含まれ

表6.4　みなみいず応援プレミアム付商品券の売上押し上げ効果

	家計調査（月平均支出：円）			南伊豆町商工会売上調査	売上押し上げ効果		
	2020年	2021年	変化率		売上押し上げ率	売上押し上げ額（円/月）	南伊豆町世帯合計（100万円）
合計	A	B	C＝(B－A)/A	D	E＝D－C ※－値は0%とした	F＝A×E	G＝F× 12カ月× 世帯数3,903
合計	234,556	230,007	-1.9%			6,003	281
小売業（物品）	99,488	96,727	-2.8%	2.0%	4.7%	4,715	221
食料	55,658	54,327	-2.4%	2.0%	4.4%	2,424	114
家具・家事用品	10,031	9,990	-0.4%	2.0%	2.4%	238	11
被服及び履物	6,343	6,226	-1.8%	2.0%	3.8%	242	11
保健医療用品	5,930	5,764	-2.8%	2.0%	4.8%	282	13
教養娯楽用品	10,733	9,984	-7.0%	2.0%	8.9%	960	45
雑費	10,793	10,436	-3.3%	2.0%	5.3%	569	27
飲食業	6,469	6,114	-5.5%	-0.8%	4.7%	305	14
理美容業	2,363	2,503	5.9%	0.0%	0.0%	0	0
サービス	10,548	10,401	-1.4%	0.6%	1.9%	206	10
建設住宅	6,883	8,689	26.2%	-2.9%	0.0%	0	0
医療介護	5,483	5,611	2.3%	0.0%	0.0%	0	0
その他	103,322	99,962	-3.3%	-2.5%	0.8%	777	36

（出典）総務省統計局「家計調査年報」2020年、2021年、家計収支編 第2表 都市階級
　　　（小都市B・町村）総世帯
（注1）家計調査の費目別支出額は次の集計による。
　　　・小売業：消費支出全体から小売業で販売されている費目・品目を集計
　　　・飲食業：食料の中の「一般外食」の支出額
　　　・理美容業：諸雑費の中の「理美容サービス」の支出額
　　　・サービス業：「家事サービス」、「被服関連サービス」（クリーニング）、「教養
　　　娯楽サービス」、「他の物品サービス」の支出額の合計
　　　・建設住宅：住居費の中の「設備修繕・維持」の支出額
　　　・その他：「家計調査」の消費支出計から「小売業」から「医療介護」までを
　　　差し引いた支出額
（注2）南伊豆町商工会商品券売上調査は、表6.3「売上平均変化率」より。

　ているからです。
　この消費喚起額の数字は、コロナ禍で売上の減少に苦しむ事業者がみなみいず応援プレミアム付商品券の消費拡大効果について問われた商工会のアンケートで、96業者中80業者（83.4%）が「効果があった」と回答していることを裏付ける数字でもあります。

6.4 プレミアム付商品券の地域経済への波及効果

6.4.1 経済波及効果分析の理論モデル

では次に、以上みてきた消費喚起額（最終需要の増加）が、町内の家計消費に間接的に関わる関連産業を含めて、どのような経済波及効果をもたらしたのか、分析方法を解説しながらみていきましょう。

町内への経済波及効果（生産誘発効果）を計算する産業連関分析の理論モデルは次のとおりです。詳しくは第Ⅰ部を参照してください。

$$
\begin{bmatrix} \Delta X \\ \Delta V \end{bmatrix} = \begin{bmatrix} I - (I - \widehat{M})A & -(I - \widehat{M})c \\ -v & 1 \end{bmatrix}^{-1} \begin{bmatrix} (I - \widehat{M})\Delta Fd + \Delta E \\ 0 \end{bmatrix} \tag{6.1}
$$

記号注　ΔX：生産誘発額　ΔV：粗付加価値誘発額　　I：単位行列

$\widehat{M}$：移輸入係数　$(I - \widehat{M})$：自給率係数　A：投入係数

v：雇用者所得率　c：消費係数　ΔFd：地域内最終需要の変化

ΔE：移輸出の変化

$\begin{bmatrix} I - (I - \widehat{M})A & -(I - \widehat{M})c \\ -v & 1 \end{bmatrix}^{-1}$：家計内生化型逆行列係数

6.4.2 消費喚起額によるプレミアム付商品券の地域経済効果

消費喚起額によるプレミアム付商品券の地域経済効果の分析手順を示す表を**表6.5**に掲げました。

① 最終需要

経済波及効果を分析する産業連関分析では、生産誘発の呼び水となる需要サイドの要因を最終需要といいます。経済波及効果の分析ではこの最終需要のデータを推計することが最初のステップです。今回は前節で考察した消費喚起額2億8,116万円が最終需要の増加となります。

表の産業分類は、商品券を利用して購入された財貨サービスを、産業連関表の産業分類（107の分類を持つ統合中分類）に従って配分したものです。表では「化学肥料」や「生産用機械」などに農家などの生産に使われた商品券もあります。配分は、脚注1に記述した南伊豆町の研修に参加した職員が、商品券事業の参加事業者から南伊豆町に提出された請求データをもとに分類し集計しました。

表6.5　南伊豆町のプレミアム付商品券の消費喚起額－続く

（単位：100万円）

みなみいず応援プレミアム付商品券による消費喚起額（産業連関表統合中分類による産業部門別）	2015年南伊豆町産業連関表				プレミアム付商品券による経済波及効果		
	消費喚起額		自給率		直接効果	間接効果	生産誘発効果
	購入者価格	生産者価格	原表	調整			
合計	281	281			111	40	151
011 耕種農業	22	10	0.175	0.175	1.8	0.3	2.0
015 林業	0	0	0.136	0.136	0.0	0.0	0.0
017 漁業	3	2	0.150	0.150	0.2	0.1	0.3
111 食料品	55	33	0.123	0.123	3.9	0.8	4.7
112 飲料	34	21	0.000	0.000	0.0	0.0	0.0
152 衣服・その他の繊維既製品	11	5	0.000	0.000	0.0	0.0	0.0
161 木材・木製品	1	0	0.055	0.055	0.0	0.0	0.0
162 家具・装備品	11	3	0.039	0.039	0.1	0.0	0.0
201 化学肥料	13	5	0.000	0.000	0.0	0.1	0.1
207 医薬品	17	8	0.000	0.000	0.0	0.0	0.0
208 化学最終製品	23	10	0.038	0.038	0.4	0.0	0.4
211 石油製品	33	21	0.000	0.000	0.0	0.0	0.0
289 その他の金属製品	18	8	0.281	0.281	2.3	0.1	2.4
301 生産用機械	6	2	0.000	0.000	0.0	0.0	0.0
339 その他の電気機械	6	4	0.000	0.000	0.0	0.0	0.0
391 その他の製造工業製品	0	0	0.000	0.000	0.0	0.0	0.0
412 建設補修	0	0	1.000	1.000	0.0	0.5	0.5
462 ガス・熱供給	1	1	0.000	0.000	0.0	0.0	0.0
471 水道			0.985	0.985	0.0	0.9	0.9
481 廃棄物処理			0.515	0.515	0.0	0.3	0.3
511 商業（注1）		116	0.386	0.593	68.9	4.9	73.8
531 金融・保険		0	0.189	0.189	0.0	1.1	1.1
551 不動産仲介及び賃貸		0	0.537	0.537	0.0	1.4	1.4
552 住宅賃貸料		0	1.000	1.000	0.0	1.6	1.6
553 住宅賃貸料（帰属家賃）		0	1.000	1.000	0.0	8.5	8.5
572 道路輸送		5	0.000	0.000	4.6	0.0	4.6
573 自家輸送		0	0.941	0.941	0.0	5.0	5.0
574 水運		0	0.114	0.114	0.0	0.3	0.3
576 貨物利用運送		0	0.000	0.000	0.0	0.4	0.4
577 倉庫		1	0.000	0.000	0.6	0.0	0.6
578 運輸附帯サービス		0	0.088	0.088	0.0	0.1	0.1
579 郵便・信書便		0	0.646	0.646	0.0	0.1	0.1
611 公務		0	0.649	0.649	0.0	0.3	0.3
631 教育		0	0.990	0.990	0.0	1.2	1.2
641 医療	0	0	0.732	1.000	0.0	1.1	1.1
643 社会保険・社会福祉		0	0.992	0.992	0.0	0.7	0.7
644 介護	0	0	1.000	1.000	0.0	0.2	0.2
659 他に分類されない会員制団体	1	1	0.830	1.000	1.1	0.5	1.7

表6.5　南伊豆町のプレミアム付商品券の消費喚起額―続き

（単位：100万円）

みなみいず応援プレミアム付商品券による消費喚起額（産業連関表統合中分類による産業部門別）	2015年南伊豆町産業連関表				プレミアム付商品券による経済波及効果		
	消費喚起額		自給率		直接効果	間接効果	生産誘発効果
	購入者価格	生産者価格	原表	調整			
663　自動車整備・機械修理	8	8	0.253	1.000	7.7	0.5	8.2
669　その他の対事業所サービス		0	0.612	0.612	0.0	4.6	4.6
671　宿泊業	1	1	0.913	1.000	0.6	0.4	1.1
672　飲食サービス	14	14	0.386	1.000	14.3	1.2	15.5
673　洗濯・理容・美容・浴場業	0	0	0.634	0.634	0.0	0.5	0.5
674　娯楽サービス	3	3	0.852	1.000	3.0	1.2	4.2
679　その他の対個人サービス	1	1	0.862	1.000	1.0	0.5	1.5
681　事務用品		0	0.898	0.898	0.0	0.2	0.2
691　分類不明	1	1	0.732	1.000	0.5	0.5	1.0

（出典）産業連関表：2015年南伊豆町産業連関表を利用（プレミアム付商品券の利用がなかった産業は省略）

（注1 ）商業（商業マージン）の自給率調整値は、2015年静岡県産業連関表（187部門）を参考に小売マージン分の自給率を1として計上している。また、グレーで着色した自給率は、町内で消費されたため、自給率を1とした。

（注2 ）産業連関表（購入者価格）の数字を記入している産業部門が、商品券が使われた部門。記入がない産業部門は生産誘発効果が及んだ部門。

表6.5では、最終需要（消費喚起額）を左の2つの欄で示しています。「購入者価格」と「生産者価格」と2つの価格表示がありますが、購入者価格は、消費者などが店頭で実際に購入する価格のことです。商品券の利用は、まず購入者価格で産業部門に配分します。

　一方、生産者価格は、購入者価格の中に含まれている商業マージンと運輸マージンを差し引いて、商品の価格を工場の出荷価格で表示したものです。各商品に含まれている商業マージンは一括して商業部門に、運輸マージン（国内貨物運賃）は鉄道輸送、道路輸送などの部門に配分されます（**表6.6**）。

　最終需要データを購入者価格から生産者価格へ変換する理由は、産業連関分析の理論が、生産技術の安定性を基礎にしているため、生産技術を反映する投入係数（6.1式の中の**A**）に、流通市場で変動の大きい商業マージンを除く生産現場での原材料や燃料の投入比率を反映する工夫がされているからです。

② **直接効果**

　商品券による消費喚起額は、南伊豆町内で発生した新規需要ですが、全額が南

表6.6　購入者価格表示と生産者価格表示

品目例	原価構成	購入者価格	生産者価格
食料品	製造原価 60 商業マージン 30 貨物輸送料 10 粗付加価値 50	食料品製造業 100 粗付加価値 50	食料品製造業 60 商業 30 道路輸送 10 粗付加価値 50
	価格 150	購入者価格 150	生産者価格 150

伊豆町の生産を誘発する訳ではありません。スーパーや小売店などで売られている商品には町外で生産されたものも多く、この場合は仕入れを通じて売上金の多くは町外へ漏出します。地域内にとどまるお金は、商品が地元で生産されている場合と、地元産でなければ売上額から仕入れ額を引いた商業マージン分くらいで、ここからお店の水光熱費など維持管理費や人件費などが支払われます。

　地域で消費されたお金が地域の中にいくらとどまって最初の生産を誘発するかは、最終需要に財貨サービスごとの自給率を乗じて直接効果を求める作業となります。この自給率は、分析対象となる市町村の産業連関表があれば、産業別に「1 − 移輸入率（移輸入額 ÷ 域内需要額）」の計算式で求めることができます。

　ただし、この最終需要に乗じる自給率は、分析するテーマによってその都度調整する必要があります。表6.5の左から4列目のグレーで着色している産業部門では、産業連関表から算出される自給率を1に変えています。その理由は、プレミアム付商品券の利用が南伊豆町内の店舗に限られているため、飲食サービスなどの産業部門では自給率を1にして、全額が町内で支出されたとする必要があるからです。

　なお、商業部門では自給率を産業連関表から算出される0.386から0.593としています。商業部門には卸売業と小売業の商業マージンが含まれていますが、南伊豆町のように小さな地域では工場から町内の小売店までの間に介在する卸売業者は町外の業者と考えざるを得ず、そのため、小売業のマージン部分（静岡県産業連関表の統合小分類の取引基本表で分かる卸売マージンと小売マージンの生産額の比率）の0.593に南伊豆町の自給率の1を乗じた数値を南伊豆町の商業マージンの自給率としています。商業部門の自給率はあくまで1です。

　表6.5では、最終需要（消費喚起額）は2億8,100万円でしたが、自給率を乗じた結果、直接効果は1億1,100万円（39.5%）と約4割となります。消費喚起額のおよそ6割が、町外への効果として漏出しています。

③ 間接効果、生産誘発効果

　この南伊豆町の直接効果1億1,100万円に上述した（6.1）式の逆行列係数を乗じることで、町内の生産誘発効果（経済波及効果）を算出することができます（表6.5の一番右の欄）。逆行列係数については第Ⅰ部を参照してください。

　生産誘発効果の計算結果は1億5,100万円で、これが「みなみいず応援プレミアム付商品券」によって生まれた消費喚起額とその経済波及効果です。間接効果は、生産誘発効果から直接効果を引いた4,000万円で、直接効果に対する間接効果を含む生産誘発効果の比率を示す波及倍率は1.36となります。

　生産誘発効果を産業別にみると、商業（商業マージン）の7,380万円、飲食サービスの1,550万円などが大きく、食料品が470万円、野菜などの耕種農業が200万円などとなっています。食品部門では商品券の利用額が大きいにもかかわらず生産誘発効果は小さくなっています。地元スーパーや小売店、コンビニなどの商品の多くが町外で生産されているためです。

6.4.3　雇用効果、税収効果、定住人口効果

　生産の誘発に伴って雇用も誘発されます。この雇用効果は、産業別の生産誘発額に雇用係数を乗じて求めます。雇用係数は、産業ごとの生産額100万円あたりの就業者数の比率を表します。データは静岡県データ活用推進課「2015年静岡県産業連関表の取引基本表（108部門）」から生産額を、同「静岡県産業連関表」の付属表である雇用表（108部門）から就業者数を得ることができます。

　雇用効果の計算結果は19人でした。この数字は町内に働きに来ている町外居住者も含まれていますので、町内居住者だけに限れば15人となります。プレミアム付商品券事業は、通年の正規雇用換算で15人の雇用を町内に創出する力を持っていることになります。

　企業の生産が増えると企業所得や家計所得も増え、法人や個人の町民税の増加につながります。また、家計の所得が増えると消費が増えて南伊豆町に配分される地方消費税交付金なども増えます。こうした税収効果を計算したのが**表6.7**です。町税で140万円、地方贈与税や地方消費税交付金などの経済活動に関連する交付金などが70万円、南伊豆町財政への歳入増加額はあわせて210万円となります。

　税収効果を計算するためには雇用者所得や営業余剰、民間消費支出や民間総固定資本形成などの産業連関表から算出できる課税の対象となる所得誘発効果も計

表6.7　南伊豆町のプレミアム付商品券の税収効果

（単位：100万円）

南伊豆町の税収効果		課税標準対応項目（産業連関表項目）	2015年産業連関表より	2016年度一般会計税収額等	税率係数	生産誘発額など	税収効果等
記号・算式			A	B	$t = B \div A$	ΔX	$\Delta T = \Delta X \cdot t$
町税	1.1 市町村民税（個人）	雇用者所得合計	13,634	252	0.0185	48	0.9
	1.2 市町村民税（法人）	営業余剰合計	5,451	28	0.0051	16	0.1
	2 固定資産税（注1）	設備投資額	3,579	518		11	0.1
	3 軽自動車税	町内生産額合計	50,784	30	0.0006	151	0.1
	4 市町村たばこ税	民間消費支出計	18,396	53	0.0029	62	0.2
	5 入湯税	民間消費支出計	18,396	23	0.0012	62	0.1
	町税合計			903			1.4
地方交付金等	1 地方譲与税（注2）	町内生産額合計	50,784	51	0.0010	151	0.1
	2 地方消費税交付金	民間消費支出	18,396	151	0.0082	62	0.5
	3 その他（注3）	町内生産額合計	50,784	23	0.0005	151	0.1
	地方交付金等合計						0.7
町税及び経済関連交付金増収額（合計）							2.1

算しておく必要があります。詳しくは第2章を参照してください。

　最後にプレミアム付商品券事業が地域社会に及ぼす定住人口効果についてみていきます。

　定住人口効果とは、生産が増え雇用が増えることによって、雇用者とその家族を地域内に引き寄せる力が強まって定住人口を増やす効果です。このプレミアム付商品券事業の定住人口効果の計算方法と考え方を、**図6.2**で示しました。**表6.8**が計算プロセスとデータで、計算結果は35人でした。この35人という数字は、南伊豆町の人口約7,472人（2024年3月）の0.5％に過ぎませんが、さまざまな政策が持っている定住人口効果を「見える化」して積み重ねることも、地方創生には大切なことだと思われます。

6.5　まとめと課題

　南伊豆町の場合、第3弾までの1年余りの期間のプレミアム付商品券事業の利用総額は3億8,300万円でした。プレミアム分に限れば1億9,200万円、約2億円に上ります。しかしコロナ禍が拡大し、家計消費と売上が減少する厳しい環境下

図6.2　定住人口効果の考え方

南伊豆町人口　D	居住地：町外	（定住人口の計算方法）
町の人口を支える就業者		雇用効果×昼間就業者数（A＋B）のうち、Aの比率（**町内雇用係数**）を用いて居住地が町町村内の就業者数への誘発人数を算定。 さらに町内居住の就業者数（A＋C）により支えられている人口Dのうち、町内で働く就業者数Aで支えられている人口の比率（**定住人口係数**）を乗じて、定住人口効果を算出する。
町外で就業C／就業地：町内 A／町内へ通勤B		
経済波及効果で生じる雇用効果の範囲		

表6.8　南伊豆町のプレミアム付商品券の定住人口効果

項目	記号・算式	人数	比率
南伊豆町人口	D	8,524	
うち就業者（夜間）	A＋C	3,620	1.000
うち町内で就業する者	A	2,435	0.678
うち町外で就業する者	C	1,156	0.322
従業地不詳		29	
Aによって支えられている人口	Da＝D×A／(A＋C)	5,780	
Aに対するDaの比率（定住人口係数）	e＝Da／A	2.37	
就業者（昼間）	A＋B	3,168	1.000
うち町外居住者	B	733	0.231
うち町内居住者	A	2,435	0.769
町内雇用係数	f＝A／(A＋B)	0.769	
定住人口効果＝雇用効果×町内雇用係数 f ×定住人口係数 e			
雇用効果		19人	
定住人口効果		35人	

で実施された事業であったことから、消費喚起効果はプレミアム分を8,900万円上回る２億8,100万円と大きな額となっていたことが分かりました。

　他方で、この消費喚起額２億8,100万円が南伊豆町内の生産を誘発した効果は１億5,100万円と、消費喚起額に対して５割強（53.7％）、利用総額に対して約４割（39.4％）にとどまっています。消費喚起額を超える経済効果が地域に誘発されていないのは、上述したように、南伊豆町で売られている消費財の多くが町外で生産されているために、大きな消費喚起額の発生も直接効果でみたように、その約６割が仕入れなどを通じて町外へ漏出していることが理由です。

　町外へ波及したプレミアム付商品券の政策効果のこの６割は、消費財の生産地

の他、商業や金融など経済機能の集積している都市部に及んでいると思われます。第5章で考察したふるさと納税の政策効果は返礼品が町内の生産物に限定されていましたが、プレミアム付商品券事業で購入される財貨サービスは町内の生産物に限定されてはいません。同じ地方創生の目的を持つ政策ですがこの点が異なるため、地域の経済効果の及ぶ対象が異なっています。

　最後に、プレミアム付商品券事業から見えてくる教訓と今後の課題に触れておきます。

　1つは、商品券事業の地域内の効果を高める方策は、以上の考察から明らかなように地産地消の推進などで地域の自給率を高めることです。スーパーやコンビニは消費者には便利な商業施設ですが、売られている商品のほぼすべてが地域外で生産されていて、消費者が支払ったお金の多くは地域外に流れ出てしまいます。スーパーや小売店、コンビニが地域の生産者と連携を強めて、もっと地元の生産物を販売するようにすることが課題です。

　また、曲がったキュウリは売り物にならないという理由から畑で廃棄されることが少なくはありませんが、消費者にとっても、量り売りを含めて農家を助け家計も助かる消費行動の変容が迫られているのではないでしょうか。

　2つめは、本章の定住人口効果で明らかになったように、人口減少をくい止める政策の柱の1つが、地域内の雇用を守り拡げる産業政策、すなわち生産活動の増加であることは間違いありません。

　産業政策は単に商工観光課などだけの仕事ではありません。プレミアム付商品券事業が定住人口効果を持っているように、地域のいろいろな施策が定住人口の確保や増加につながっています。地方行政に携わる行政職員について、担当の仕事の専門家たれとはよく言われることですが、担当している仕事は、経済効果に限っても産業の生産や雇用を増やし、税収に貢献し、定住人口の確保や増加につながっています。行政職員には、そうした他部署へ広く及んでいる政策効果にも目を配り、場合によっては連携して広い視野で自分の仕事をとらえていくところまで、専門性を追求して磨き上げてほしいと思います。

第 7 章

移住推進の地域経済効果
長野県松川村を例に

7.1　はじめに

　人口減少が進む中で、地域を衰退から守るために多くの自治体が移住に力を入れています。移住してきた家族の子どもの姿や声は、お年寄りばかりの地域を明るくして人々の交流に新しい風を吹かせます。移住した人たちは地域の仕事を支えて活性化するとともに、地域には無かったカフェを開店して人々に憩いと楽しみの場をもたらすこともあります。移住は、地域社会へさまざまな効果をもたらします。

　この章は、移住の効果のうち地域の経済活動にもたらす効果をどのように把握しデータを用いて分析したらよいか、長野県松川村の移住の例をもとに解説することを目的としています。

　元となった分析は（一社）長野県観光機構が2023年度に実施した「令和5年度北アルプス連携自立圏地域産業連関分析研修会」の研修です。この研修は長野県北アルプス地方の5つの市町村（大町市、池田町、松川村、白馬村、小谷村）を会場に持ち回りで1カ月に1回、5カ月にわたって実施された行政職員研修事業です。

　研修で工夫したのは、産業連関分析を行政にとって身近なものにするために、開催会場の市町村の職員から、自分の地域を対象に経済効果を分析してみたい2つのテーマ（観光関係が1つ、観光以外のテーマを1つ）を事前に講師陣に提案してもらい、講師陣がそれを開催までに分析して研修の教材としたことです。

　毎月2つのテーマを分析して研修に備えるなど、筆者もこの講師陣の1人として準備が大変でしたが、産業連関分析を地域に適用する場合、行政職員の方々がどんなテーマに関心をもたれるのかを知るいい機会になりました。この移住の経

表7.1 松川村の移住実績

年度	移住世帯数		移住人口（人）	
	単年度	累計	単年度	累計
2019	46	46	75	75
2020	85	131	99	174
2021	50	181	85	259
2022	47	228	84	343
年度	228		343	

（出典）松川村総務課 噂の田舎へ案内係

済効果もその中で松川村の参加希望者から提案されたテーマの１つです。

7.2 移住の経済効果の分析方法

松川村は北アルプス山麓の安曇野に位置し、2020年の総務省「国勢調査」では9,599人の人口を擁しています。**表7.1**のように、松川村はこの４年間で毎年度、約50世帯、世帯人員で約80人前後の移住推進の取り組みの実績があります。この数はいわゆる住民基本台帳の「転入」世帯や人口の一部です。

移住の経済効果を分析する基本的な手続きは、移住者が１年間に移住地で消費するお金の総額（最終需要）を求め、その生産誘発効果を産業連関分析で算出することです。

最終需要の把握には１世帯あたりの消費支出額データが必要になります。これには総務省統計局「家計調査」（2023年家計収支編）第1-1表の中の「総世帯、小都市Ｂ・町村」の世帯の１カ月平均の消費支出額を用います。「自動車等関係費」、「教養娯楽」、「その他の消費支出」などの費目では詳しい内訳を知る必要がありますが、そのために第4-1表の品目編も用います。

計算は、まず家計調査データの１カ月の平均消費支出額に12（カ月）を乗じて年間値にします。さらにこの値に移住世帯数の228（累計世帯数）を乗じて１年間の移住世帯の総消費額を求めます。

次のステップは、この家計調査の消費支出データを、経済波及効果を分析する産業連関分析で用いるために、産業連関表の産業分類（統合中分類：107部門）別に組み替える作業になります。家計調査の消費支出データを産業連関表の産業部門に組み替える方法を、**表7.2**に掲げました。移住の経済効果に限らず、いろ

表7.2 移住者の消費支出－続く (1/4)

費目・品目別家計消費支出 （家計調査）	1世帯支出額		移住世帯 （累計）	産業連関表への配分
	円/月	万円/年	100万円	
消費支出	240,722	289	659	
Ⅰ 食料	65,430	79	179	下記以外は111食料品
生鮮魚介	2,670	3	7	017漁業
生鮮野菜	4,407	5	12	011耕種農業
生鮮果物	2,224	3	6	011耕種農業
飲料	4,648	6	13	112飲料
酒類	3,125	4	9	112飲料
外食	9,100	11	25	672飲食サービス
Ⅱ 住居	12,774	15	35	
家賃地代	5,287	6	14	552住宅賃貸料
設備修繕・維持	7,487	9	20	412建設補修
Ⅲ 光熱・水道	22,840	27	62	
電気代	12,201	15	33	461電力
ガス代	3,671	4	10	462ガス・熱供給
他の光熱	2,251	3	6	〃
上下水道料	4,717	6	13	471水道
Ⅳ 家具・家事用品	9,918	12	27	
家庭用耐久財	2,997	4	8	
家事用耐久財	1,853	2	5	322民生用電気機器
冷暖房用器具	918	1	3	322民生用電気機器
一般家具	226	0	1	162家具・装備品
室内装備・装飾品	460	1	1	162家具・装備品
寝具類	570	1	2	
ベッド*	108	0	0	162家具・装備品
布団、毛布等*	462	1	1	152衣服・その他の繊維既製品
家事雑貨	1,748	2	5	
茶わん・皿・鉢*	72	0	0	251ガラス・ガラス製品1/3 253陶磁器2/3
他の食卓用品*	186	0	1	221プラスチック製品
鍋・やかん*	110	0	0	289その他の金属製品
他の台所用品*	215	0	1	391その他の製造工業製品
電球・ランプ*	56	0	0	332民生用電気機器
タオル*	124	0	0	152衣服・その他の繊維既製品
他の家事雑貨*	987	1	3	221プラスチック製品
家事用消耗品	3,003	4	8	
ティッシュペーパー等*	508	1	1	164紙加工品
洗剤*	686	1	2	208化学最終製品
他の家事用消耗品*	1,809	2	5	〃
家事サービス	1,141	1	3	679その他の対個人サービス

表7.2 移住者の消費支出－続く (2/4)

費目・品目別家計消費支出 (家計調査)	1世帯支出額		移住世帯 (累計)	産業連関表への配分
	円/月	万円/年	100万円	
V 被服及び履物	6,517	8	18	下記以外は152衣服・その他の 繊維既製品
履物類	997	1	3	231なめし革・革製品・毛皮
被服関連サービス	398	0	1	673洗濯・理容・美容・浴場業
VI 保健医療	11,412	14	31	
医薬品	2,346	3	6	207医薬品
健康保持用摂取品	1,096	1	3	111食料品
保健医療用品・器具	2,120	3	6	
紙おむつ*	260	0	1	164紙加工品
保健用消耗品*	931	1	3	208化学最終製品
眼鏡*	367	0	1	251ガラス・ガラス製品
コンタクトレンズ*	241	0	1	391その他の製造工業製品
他の保健医療用品・器具*	321	0	1	〃
保健医療サービス	5,850	7	16	641医療
VII 交通・通信	39,502	47	108	
交通	2,398	3	7	
鉄道運賃*	788	1	2	571鉄道輸送
バス代*	157	0	0	572道路輸送
タクシー代*	204	0	1	〃
航空運賃*	313	0	1	575航空輸送
有料道路料*	571	1	2	578運輸附帯サービス
他の交通*	365	0	1	661物品賃貸サービス
自動車等関係費	25,740	31	70	
自動車等購入	6,696	8	18	
自動車購入*	6,585	8	18	351乗用車
自動車以外の輸送機器購入*	111	0	0	352その他の自動車
自転車購入	125	0	0	359その他の輸送機械・同修理
自動車等維持	18,920	23	52	
ガソリン*	7,367	9	20	211石油製品
自動車等部品*	1,738	2	5	353自動車部品・同附属品
自動車等関連用品*	926	1	3	〃
自動車等整備費*	2,801	3	8	663自動車整備・機械修理
駐車場借料*	546	1	1	551不動産仲介及び賃貸
レンタカー等料金*	159	0	0	661物品賃貸サービス
他の自動車等関連サービス*	883	1	2	663自動車整備・機械修理
自動車保険料*	4,500	5	12	531金融・保険
通信	11,364	14	31	591通信
VIII 教育	4,001	5	11	
授業料	3,897	5	11	631教育
教科書・学習参考教材	104	0	0	191印刷・製版・製本

表7.2 移住者の消費支出－続く (3/4)

費目・品目別家計消費支出 （家計調査）	1世帯支出額		移住世帯 （累計）	産業連関表への配分
	円/月	万円/年	100万円	
Ⅸ 教養娯楽	21,753	26	60	
教養娯楽用耐久財	1,464	2	4	
テレビ	472	1	1	322民生用電気機器
ビデオレコーダー・プレイヤー	34	0	0	341通信・映像・音響機器
パソコン	551	1	2	342電子計算機・同附属装置
カメラ・ビデオカメラ	70	0	0	341通信・映像・音響機器
楽器	84	0	0	391その他の製造工業製品
書斎・学習用机・椅子	29	0	0	162家具・装備品
他の教養娯楽用耐久財	160	0	0	322民生用電気機器
教養娯楽用耐久財修理代	64	0	0	663自動車整備・機械修理
教養娯楽用品	5,866	7	16	
文房具	400	0	1	下記以外は391その他の製造工業製品
ノート・紙製品	170	0	0	164紙加工品
運動用具類	1,151	1	3	
ゴルフ用具	74	0	0	391その他の製造工業製品
他の運動用具	276	0	1	〃
スポーツウェア	801	1	2	152衣服・その他の繊維既製品
玩具	554	1	2	
ゲーム機	47	0	0	391その他の製造工業製品
ゲームソフト等	181	0	0	593情報サービス
他の玩具	326	0	1	391その他の製造工業製品
切り花	699	1	2	011耕種農業
他の教養娯楽用品	2,876	3	8	
音楽・映像未使用メディア	45	0	0	
音楽・映像収録済メディア	144	0	0	595映像・音声・文字情報制作
ペットフード	715	1	2	113飼料・有機質肥料
ペット・他のペット用品	427	1	1	391その他の製造工業製品
園芸用植物	396	0	1	011耕種農業
園芸用品 *	534	1	1	113飼料・有機質肥料
手芸・工芸材料 *	36	0	0	151繊維工業製品
電池	167	0	0	322民生用電気機器
他の教養娯楽用品のその他	412	0	1	391その他の製造工業製品
動物病院代	331	0	1	679その他の対個人サービス
他のペット関連サービス	173	0	0	〃
教養娯楽用品修理代	12	0	0	〃
書籍・他の印刷物	2,600	3	7	191印刷・製版・製本
教養娯楽サービス	11,823	14	32	
宿泊料	1,512	2	4	671宿泊業
パック旅行費	1,449	2	4	679その他の対個人サービス
月謝類	1,270	2	3	〃

表7.2　移住者の消費支出－続き（4/4）

費目・品目別家計消費支出 （家計調査）	1世帯支出額		移住世帯 （累計）	産業連関表への配分
	円/月	万円/年	100万円	
他の教養娯楽サービス	7,592	9	21	674娯楽サービス
不突合	-329	-0	-1	691分類不明
X　その他の消費支出	46,575	56	127	
諸雑費	20,855	25	57	
理美容サービス	2,471	3	7	673洗濯・理容・美容・浴場業
理美容用品	4,166	5	11	208化学最終製品
身の回り用品	1,135	1	3	152衣服・その他の繊維既製品
たばこ	1,382	2	4	114たばこ
他の諸雑費	11,701	14	32	679その他の対個人サービス
こづかい（使途不明）	4,350	5	12	672飲食サービス
交際費	16,299	20	45	
食料	4,511	5	12	111食料品2/3+112飲料1/3
家具・家事用品	103	0	0	253陶磁器
被服及び履物	275	0	1	152衣服・その他の繊維既製品
教養娯楽	746	1	2	674娯楽サービス
他の物品サービス	253	0	1	593情報サービス
贈与金	8,644	10	24	—
他の交際費	1,767	2	5	—
仕送り金	5,070	6	14	—

（出所）総務省統計局「2023年家計調査（家計収支編）」第1-1表 都市階級・地方・都道府県庁
　　　所在市別1世帯当たり1か月間の収入と支出、第4-1表 都市階級・地方・都道府県庁所
　　　在市別1世帯当たり年間の品目別支出金額
（注1）家計調査の支出項目のうち「*」は第4-1表の品目別統計表による。
（注2）「IX 教養娯楽」欄に不突合の欄を設けているが、第1-1表と第4-1表の数値の不突合による。

いろな分析で家計調査データを産業連関分析で用いることがあるため、長い表に
なりますがあえて掲載しておきます。

7.3　分析のための理論モデル

　移住の生産誘発効果（経済波及効果）を分析するために、本章では次の家計内
生化型の均衡産出高モデルを用いています。

$$\begin{bmatrix} \Delta \boldsymbol{X} \\ \Delta \boldsymbol{V} \end{bmatrix} = \begin{bmatrix} \boldsymbol{I} - (\boldsymbol{I} - \widehat{\boldsymbol{M}})\boldsymbol{A} & -(\boldsymbol{I} - \widehat{\boldsymbol{M}})\boldsymbol{c} \\ -\boldsymbol{v} & 1 \end{bmatrix}^{-1} \begin{bmatrix} (\boldsymbol{I} - \widehat{\boldsymbol{M}})\Delta \boldsymbol{F}\boldsymbol{d} + \Delta \boldsymbol{E} \\ 0 \end{bmatrix} \tag{7.1}$$

記号注　ΔX：生産誘発額　　ΔV：粗付加価値誘発額　　I：単位行列

　　　　$\hat{M}$：移輸入係数　　$(I-\hat{M})$：自給率係数　　A：投入係数

　　　　ΔFd：地域内最終需要の変化　　ΔE：移輸出の変化

　生産の誘発による原材料の生産誘発→そのまた原材料の生産誘発といった原材料ルートでの間接的な波及効果を、**間接一次効果**といいます。それに対して、雇用者所得と家計消費の誘発が、生産の誘発をもたらす付加価値ルートの間接的な波及効果は**間接二次効果**と呼ばれています。

　通常の分析では1回で止める生産誘発→雇用者所得の誘発→家計消費の誘発→生産誘発の間接二次効果の計算を、家計部門の消費行動を原材料の取引を記述する内生部門と同じ扱いでモデルに内生化し、収束するまで繰り返し計算するのが**家計内生化モデル**です。

7.4　分析結果——移住の経済効果

　分析結果を**表7.3**に掲げました。2019年度から2022年度までの4年間に松川村に移住した228世帯の消費支出の効果です。累計をとるのは、初年度や2年目に移住してきた人は移住した年だけでなく後年度も引き続き消費するからです。

　4年間の移住世帯の消費支出総額（最終需要）は、4年目の最後の2022年で6億1,600万円に上ります。家計調査による消費支出6億5,900万円（表7.2）から仕送りや贈与金などを除き、計算にのせた金額です。

　このうち、松川村に落ちるお金（直接効果）は1億9,500万円です。最終需要に対して松川村で供給できる各財貨サービスの金額で、最終需要に自給率を乗じて求めます。最終需要は購入者価格から生産者価格へ変換しておきます（後述）。生産誘発効果（経済波及効果）の総額は、直接効果の1.63倍の3億1,800万円となります。移住1世帯あたり約139万円の生産を松川村に誘発しています。

　購入者価格とは消費者が商品を店頭で購入する価格のことです。生産者価格はこの購入者価格から商業マージンや輸送料（国内貨物運賃）を引いた工場の出荷額による価格表示のことです。産業連関分析では、流通市場で変動の大きい商業マージンを含んだ購入者価格ではなく、生産技術を反映する投入係数の安定性を理論的基礎とすることから、生産者価格表示での分析が行われます。

表7.3　移住の経済波及効果－続く（1/2）

（単位：100万円）

長野県松川村の移住者の消費支出（最終需要）と経済波及効果	最終需要		松川村自給率	経済波及効果			雇用効果（人）
	購入者価格	生産者価格		直接効果	間接効果	生産誘発効果	
記号・算式	A	B	C	D=B×C	E	F=D+E	
合計	616	616		195	123	318	30
011 耕種農業	21	9.9	0.100	1.0	0.6	1.6	0.5
012 畜産		0.0	0.000	0.0	0.1	0.1	0.0
013 農業サービス		0.0	0.474	0.0	0.2	0.2	0.1
015 林業		0.0	0.020	0.0	0.1	0.1	0.0
017 漁業	7	3.7	0.000	0.0	0.1	0.1	0.0
111 食料品	119	68.9	0.104	7.2	2.8	10.0	0.2
112 飲料	25	15.3	0.000	0.0	1.2	1.2	0.0
113 飼料・有機質肥料	3	0.9	0.000	0.0	0.1	0.1	0.0
114 たばこ	4	2.7	0.000	0.0	0.5	0.5	0.0
151 繊維工業製品	0	0.0	0.005	0.0	0.1	0.1	0.0
152 衣服・その他の繊維既製品	22	9.1	0.000	0.0	0.6	0.6	0.0
161 木材・木製品		0.0	0.120	0.0	0.1	0.1	0.0
162 家具・装備品	2	0.6	0.334	0.2	0.3	0.5	0.0
164 紙加工品	3	1.3	0.000	0.0	0.5	0.5	0.0
191 印刷・製版・製本	7	2.8	0.000	0.0	0.6	0.6	0.0
207 医薬品	6	2.9	0.000	0.0	0.4	0.4	0.0
208 化学最終製品	21	9.0	0.000	0.0	0.5	0.5	0.0
211 石油製品	20	13.1	0.000	0.0	2.3	2.3	0.0
212 石炭製品		0.0	0.000	0.0	0.1	0.1	0.0
221 プラスチック製品	3	1.3	0.000	0.0	0.4	0.4	0.0
222 ゴム製品		0.0	0.000	0.0	0.2	0.2	0.0
231 なめし革・革製品・毛皮	3	1.5	0.000	0.0	0.1	0.1	0.0
251 ガラス・ガラス製品	1	0.2	0.000	0.0	0.0	0.0	0.0
252 セメント・セメント製品		0.0	0.000	0.0	0.5	0.5	0.0
253 陶磁器	0	0.1	0.000	0.0	0.0	0.0	0.0
259 その他の窯業・土石製品		0.0	0.000	0.0	0.2	0.2	0.0
281 建設用・建築用金属製品		0.0	0.000	0.0	0.2	0.2	0.0
289 その他の金属製品	0	0.1	0.129	0.0	0.1	0.1	0.0
329 その他の電子部品		0.0	0.000	0.0	0.1	0.1	0.0
332 民生用電気機器	10	5.7	0.000	0.0	0.7	0.7	0.0
339 その他の電気機械		0.0	0.000	0.0	0.2	0.2	0.0
341 通信・映像・音響機器	0	0.2	0.000	0.0	0.3	0.3	0.0
342 電子計算機・同附属装置	2	1.0	0.008	0.0	0.1	0.1	0.0
351 乗用車	18	11.9	0.000	0.0	2.2	2.2	0.0
352 その他の自動車	0	0.2	-0.002	0.0	0.2	0.2	0.0
353 自動車部品・同附属品	7	6.3	0.000	0.0	0.1	0.1	0.0
359 その他の輸送機械・同修理	0	0.2	0.000	0.0	0.0	0.0	0.0
391 その他の製造工業製品	7	2.8	0.051	0.1	0.4	0.5	0.0
412 建設補修	20	20.5	1.000	20.5	1.6	22.1	2.0

表7.3 移住の経済波及効果—続き (2/2)

長野県松川村の移住者の消費支出（最終需要）と経済波及効果	最終需要		松川村自給率	経済波及効果			雇用効果（人）
	購入者価格	生産者価格		直接効果	間接効果	生産誘発効果	
461 電力	33	33.4	0.411	13.7	2.0	15.7	0.3
462 ガス・熱供給	16	16.2	0.000	0.0	0.5	0.5	0.0
471 水道	13	12.9	0.947	12.2	3.0	15.2	0.3
481 廃棄物処理		0.0	0.000	0.0	1.3	1.3	0.1
511 商業		134.6	0.387	52.0	19.7	71.7	11.9
531 金融・保険	12	12.3	0.554	6.8	7.9	14.7	0.6
551 不動産仲介及び賃貸	1	1.5	0.123	0.2	4.8	5.0	0.1
552 住宅賃貸料	14	14.5	0.313	4.5	2.1	6.6	0.2
553 住宅賃貸料（帰属家賃）		0.0	1.000	0.0	11.3	11.3	0.0
571 鉄道輸送	2	2.2	0.000	0.0	1.4	1.4	0.0
572 道路輸送	1	6.9	0.049	0.3	2.7	3.1	0.2
573 自家輸送		0.0	1.000	0.0	7.2	7.2	0.0
574 水運		0.3	0.000	0.0	0.1	0.1	0.0
575 航空輸送	1	0.9	0.000	0.0	0.2	0.2	0.0
576 貨物利用運送		0.5	0.000	0.0	0.0	0.0	0.0
577 倉庫		0.7	0.000	0.0	0.1	0.1	0.0
578 運輸附帯サービス	2	1.6	0.689	1.1	1.4	2.5	0.2
579 郵便・信書便		0.0	0.000	0.0	0.3	0.3	0.0
591 通信	31	31.1	0.000	0.0	3.7	3.7	0.0
592 放送		0.0	0.000	0.0	0.6	0.6	0.0
593 情報サービス	1	0.9	0.000	0.0	0.6	0.6	0.0
595 映像・音声・文字情報制作	0	0.2	0.000	0.0	0.8	0.8	0.0
611 公務		0.0	1.000	0.0	0.4	0.4	0.0
631 教育	11	10.7	0.533	5.7	1.5	7.1	1.1
641 医療	16	16.0	0.291	4.7	2.4	7.1	0.6
642 保健衛生		0.0	0.955	0.0	0.1	0.1	0.0
643 社会保険・社会福祉		0.0	0.804	0.0	1.6	1.6	0.3
644 介護		0.0	1.000	0.0	0.3	0.3	0.1
659 他に分類されない会員制団体		0.0	0.603	0.0	1.9	1.9	0.1
661 物品賃貸サービス	1	1.4	0.057	0.1	1.3	1.4	0.0
662 広告		0.0	0.000	0.0	0.2	0.2	0.0
663 自動車整備・機械修理	10	10.3	0.162	1.7	4.2	5.9	0.3
669 その他の対事業所サービス		0.0	0.245	0.0	4.7	4.7	0.5
671 宿泊業	4	4.1	0.137	0.6	0.9	1.5	0.2
672 飲食サービス	37	36.8	0.415	15.3	5.3	20.6	3.6
673 洗濯・理容・美容・浴場業	8	7.8	0.888	7.0	1.8	8.7	1.9
674 娯楽サービス	23	22.8	0.342	7.8	1.9	9.8	1.2
679 その他の対個人サービス	44	44.0	0.730	32.1	2.6	34.7	3.5
681 事務用品		0.0	1.000	0.0	0.5	0.5	0.0
691 分類不明	-1	-0.9	0.000	-0.0	0.2	0.2	0.0

（注）最終需要（家計の消費）がなく、経済波及効果のない部門は省略している。

図7.1 定住人口効果の考え方

居住地：市町村人口　D　　居住地：市町村外	（定住人口の計算方法）

居住地：市町村人口　D

市町村の人口を支える就業者

| 就業地：市町村外 C | 就業地：市町村内 A | 市町村内へ通勤 B |

経済波及効果で生じる雇用効果の範囲

（定住人口の計算方法）

雇用効果×昼間就業者数(A+B)のうち、Aの比率（**市内雇用係数**）を用いて居住地が市町村内の就業者数への誘発人数を算定。さらに市内居住の就業者数（A+C）により支えられている人口Dのうち、市内で働く就業者数Aで支えられている人口の比率（**定住人口係数**）を乗じて、定住人口効果を算出する。

表7.4　松川村への移住による定住人口効果

項目	記号・算式	基礎数（人）	比率
松川村人口	D	9,948	
うち就業者（夜間）	A+C	5,186	1.000
うち村内で就業する者	A	1,998	0.387
うち市外で就業する者	C	3,170	0.613
就業地不詳	X	18	
Aによって支えられている人口	Da＝D×A/(A+C)	3,846	
Aに対するDaの比率（**定住人口係数**）	e＝Da/A	1.925	
就業者（昼間）	A+B	3,325	1.000
うち村内居住者	B	1,998	0.605
うち村外居住者	A	1,306	0.395
居住地不詳		21	
村内雇用係数	f＝A/(A+B)	0.605	
定住人口効果＝雇用効果×村内雇用係数 f ×定住人口係数 e			
雇用効果		30人	
定住人口効果		35人	

（出所）総務省統計局「平成27年国勢調査」通勤通学集計など。
（注）比率は、いずれも就業地不詳、居住地不詳を除いた者を母数とする。

　生産誘発効果（経済波及効果）にともなって、移住世帯の消費支出は、村内に30人の雇用効果をもたらしています（表7.3の雇用効果の合計の欄）。
　さらに雇用機会の創出は定住人口の増加をもたらします。その考え方を**図7.1**に、計算結果を**表7.4**で示しました。定住人口効果は、雇用効果によって新しく村外から雇用される就業者とその家族の定住によるケースと、村内の就業者の移

表7.5 松川村への移住による税収効果

（単位：100万円）

松川村の税収効果	課税標準対応項目 （産業連関表項目）	H27年産業連関表より	H28年度一般会計税収額等	税率係数	生産誘発額など	税収効果
記号・算式		A	B	t＝B÷A	ΔX	ΔT＝ΔX・t
市町村税 1.1 市町村民税（個人）	雇用者所得合計	11,513	406	0.0352	86	3
1.2 市町村民税（法人）	営業余剰合計	3,450	30	0.0087	29	0
2 固定資産税（注1）	設備投資額	4,192	0.70	0.0140	32	0
3 軽自動車税	市内生産額合計	40,986	31	0.0008	318	0
4 市町村たばこ税	民間消費支出計	20,679	57	0.0027	307	1
5 入湯税	民間消費支出計	20,679	1	0.0000	307	0
6 都市計画税	市内生産額合計	40,986	—	0.0000	318	0
村税合計			525			5
交付金等 1 地方譲与税	市内生産額合計	40,986	55	0.0013	318	0
2 地方交付税	村内総生産額合計	40,986	1,577	0.0385	318	12
3 地方消費税交付金	民間消費支出	20,679	159	0.0077	307	2
4 その他（注2）	村内総生産額	40,986	7	0.0002	318	0
地方交付金等合計			1,798			15
市町村税等税収額（合計）						20

（注1）民間総固定資本形成の誘発額×課税標準調整係数0.7×税率1.4％で算出。
（注2）利子割交付金、配当割交付金、株式等譲渡所得割交付金、ゴルフ場利用税交付金、
　　　　特別地方消費税交付金、自動車取得税交付金など。

動による玉突きで雇用が不足することから新たに定住する人口が増える2つのルートで作用します。その数は35人です。移住228世帯は、新たな移住定住人口35人を呼び込む力を持っていることが分かります。

　経済波及効果や雇用効果は、松川村の「昼間」の生産活動に与える影響を分析していますが、村内に居住する就業者数5,186人のうち、昼間に村内で就業している人は1,998人と少なく、多くが大町市や松本市など近隣の都市へ働きにでかけています。そのため、雇用効果も減殺されて、松川村に昼間働きに来ている人々が住んでいる近隣市町村の定住人口効果として現れていることが推察されます。

　さらに、生産誘発効果は、人件費の増加など家計所得の増加や、企業所得の増加により行政（松川村役場）に税収や交付金などの歳入効果をもたらします。

この税収を計算したのが**表7.5**です。村の税収と経済活動に関連する地方消費税などの交付金の合計は、2,000万円に上ります。2022年度の村税収入合計9億7,800万円の2.0％にあたる歳入額がこの移住による効果に起因していることになります。

7.5　まとめと課題

　移住政策は、人口減少が進む全国の地域で取り組まれている地方創生の典型的な政策です。本章では、移住が地域の経済社会にどのような政策効果をもたらすのかをデータで明らかにし、その分析方法を解説してきました。

　本章で事例として取り上げたのは、長野県松川村の2019年度から2022年度の4年間の移住政策の実績で、累積移住世帯は228、世帯人員は343人でした。

　この移住世帯の消費活動により、分析対象の最終年度である2022年度には単年度で6億1,600万円のお金が村内に落ちています。このうち、松川村の生産につながるお金（直接効果）は1億9,500万円になります。さらにこの直接効果は、原材料の生産などの間接効果を含めて1.63倍の3億1,800万円の経済波及効果を松川村に誘発しています。移住1世帯あたり約139万円の生産誘発額となります。

　この生産誘発効果は、村内の雇用を30人、定住人口を35人誘発するとともに、2,000万円の税収効果を誘発しています。冒頭に述べたように、移住人口が増える効果は経済効果だけではありませんが、人口減少と地域経済の衰退の速度を緩和する効果は無視できません。

　表7.6をみると、松川村の近年の人口は2015年から2020年まで1年間で平均70人減少しています。一方で移住の取り組みによる近年の増加数は1年間平均で86人です。もし、移住推進の取り組みがないとした場合、70人に加えて年間86人がさらに減少し、年間156人、5年で780人が減少している可能性があります。156人の減少を70人にとどめているとすれば、予想される人口減少156人に対する実際の減少人口70人の割合は44.9％になり、人口減少のスピードを半減させていることになります。人口流出と減少の大きな圧力の中で、少なくとも松川村における移住政策の人口減少対策は大きな効果をあげていると評価してよいと思われます。

　移住政策の課題の1つは、その推進に経費がかかることです。移住する世帯へ

表7.6　人口推移と移住政策の実績

（国勢調査の人口推移）　　　　　　　　　　（単位：人）

年次	人口	5年間	1年間平均	移住の実績
1990	8,337	—	—	
1995	9,030	693	139	
2000	9,701	671	134	
2005	10,072	371	74	
2010	10,093	21	4	
2015	9,948	-145	-29	
2020	9,599	-349	-70	

（移住政策の実績）　　　　　　　　　　（単位：人）

2019	75
2020	99
2021	85
2022	84
平均	86

の支援金、動画作成などの広告宣伝費、都市部での移住促進のオフィスの設置と人材派遣など、移住促進のコストはどの市町村でも相当嵩んでいると思われます。

　移住推進事業の費用対効果を考えた時、その効果（便益）の1つは、本章で分析した移住による地域内の生産誘発効果によって生まれる地域の事業者の利益です。松川村の場合、移住による3億1,800万円の生産誘発効果に含まれる村内事業者の広義の利益である営業余剰を計算すると、その大きさは産業連関表ベースで約4,300万円となります。

　全国の2015年産業連関表の営業余剰額は約103.9兆円ですが、企業会計ベースの同じ2015年度の財務省「法人企業統計」の経常利益額は80.9兆円（金融保険業を含む全業種）なので、産業連関表の営業余剰額に対する法人企業統計の経常利益額の比率0.7786を松川村の営業余剰額に乗じると、企業会計ベースでは約3,300万円になります。これが松川村の移住の費用対効果の効果（便益）の金額の1つとなります。

　あと1つの効果（便益）は、移住者を除く住民の移住によるいろいろな効果＝満足度を金銭評価した額です。これは仮想市場評価法（Contingent Valuation Method：CVM）などの手法で金銭評価することが可能です。移住者を除く住民

に対象を限定するのは、移住事業を実施するかしないか政策採択の可否と税金の使途を決めるのは移住者ではなく、移住者を迎える立場の住民に委ねられているからです。

　これには、住民のアンケート調査などが必要になるため直ちに実施する訳にはいきませんが、移住政策にあたっては、少なくとも効果の1つである上述した事業者の利益（松川村では3,300万円）を経費の1つの目安とするなどの政策判断をすることが必要だと思われます。3,300万円は松川村の移住の実績から分かった金額なので、移住推進の予算は、移住世帯と人口の目標数を決めれば、産業連関表を作成して算定することができます。産業連関表の使い方の1つです。

　費用対効果分析の解説は本書の目的ではないので別の機会に委ねますが、経費のかかる移住政策のあり方について、費用対効果分析（正式には費用便益分析：Cost-Benefit Analysis）の視点から見直して、適正で合理的な予算の目安を立てて運営することが大切です。

第 8 章

デジタル地域通貨の地域経済への効果
効果の評価方法と「見える化」

8.1　はじめに[1]

　国内であれば本来どこでも通用するのが「通貨」ですが、流通するエリアをあえて特定したのもが「地域通貨」です。「円」という通貨を用いないで、「地域通貨」を用いるのは2つの理由があります。第1は、特定地域の経済活動、経済取引を活性化して地域内所得を引き上げ、貨幣的活動を活発化することです。第2は、ボランティア活動、健康づくりや環境対応などのコミュニティ活動など、地域内の生活の質を引き上げることです。

　地域内の経済循環を高めることで域外への所得の流出を減らし、新たな需要創造を図ることは地域経済政策の原点です。また、豊かな地域を作るための手法として、地域のつながりを活性化し、暮らしやすい地域を作ることも同じくらい大切な地域政策の目的です。

8.2　デジタル地域通貨とは──地域通貨の定義とデジタル化の意味

　地域通貨の種類には、商品券、電子マネー、コインのように貨幣的な取引の媒

1）本章は長野県産業労働部産業政策課から株式会社地域経営プラチナ研究所が受託した「令和5年度デジタル地域通貨導入効果分析業務」報告書から、筆者が加筆・再構成したものです。

体、あるいはクーポンのように取引を優遇するための割引券などがあります。このように金額的な取引を前提とした通貨のことを**貨幣的地域通貨**といいます。

　一方で、健康、環境、ボランティアなどの地域社会での活動を促進するためのインセンティブとして、「ポイント」制度があります。こちらは金額評価が容易でないことから**非貨幣的地域通貨**といいます。

　自治体では、地域内の消費喚起のために「プレミアム商品券」や健康づくりポイントなどを発行している市町村は多くあります（プレミアム商品券の経済効果については第6章を参照）。ただ、こうした地域通貨はデジタルというより「紙ベース」の通貨が一般的です。

　デジタル地域通貨はその点が異なります。利用者が増えれば1人あたりの運営コストは逓減し、またポイント制度を導入することが可能となり、貨幣的な活動から非貨幣的な活動まで利用の幅を広げることができるようになります。

　ただ、地域通貨をIT技術で支える事業者へ支払う開発費や運営費も、扱うデータ量や機能を追加するごとにかさんできます。補助金に頼って導入したデジタル地域通貨も、補助金が切れると経費面で運営できなくなり、その持続可能性が問われる場面も考慮しておく必要があります。地域通貨の導入や運営にあたっては、その効果と税の投入である費用とをしっかりと比較した上で、長所を活かしていく必要があります。効果の「見える化」を本章で強調しているのは、そうした現状があるからです。

8.3　長野県にみるデジタル地域通貨の状況

　長野県を例にとって導入現場である市町村の状況を確認してみましょう。

　長野県内のデジタル地域通貨導入状況を示しているのが**表8.1**です。令和5（2023）年10月現在、14地域でデジタル地域通貨が導入されています。地域通貨のタイプを分類すると、貨幣的地域通貨（ポイントアプリカードを含む）が最も多く10カ所、地域のつながりを創造するタイプが4カ所（準備中を除く）となっています。前者が現金をチャージして地域内の店舗で買い物をする貨幣的デジタル地域通貨であるのに対して、後者は地域社会での活動にインセンティブを与える非貨幣的デジタル地域通貨です。

　現金チャージ型の貨幣的地域通貨が先行している背景には、運営主体が商工会

表8.1　長野県内のデジタル地域通貨導入の状況

2023.10.19時点

型	名称	導入時期	地域	運用主体	還元率（P：ポイント）	利用可能店舗
貨幣的地域通貨	Okaya Pay	2020	岡谷市	岡谷商工会議所	買い物時 1.0%	市内約80店舗
	すわともカード	2012	諏訪市	合同会社まちづくり諏訪	買い物時 1.0%	市内45店舗
	しもすわカード	2002	下諏訪町	事業協同組合下諏訪商連	買い物時 110円=1P、チャージ時1,000円で5P	町内約40店舗
	みのちゃんカード	2021	箕輪町	箕輪町商工会（みのちゃんカード事業協同組合）	買い物時 0.5%チャージ時 1.0%	町内110店舗
	い～なちゃんカード	1996	駒ヶ根市飯島町	伊那市コミュニティーカード協同組合、（事務局：伊那商工会議所）	買い物時 1.0%チャージ時 0.5%	市内約70店舗（＋つれてってカード加盟店も利用可能）
	つれてってカード	不明	中川村宮田村伊那市	つれてってカード協同組合（事務局：駒ヶ根商工会議所）	買い物時 1.0%チャージ時 0.5%（信金でチャージ時1.0%）	5市町村　約140店舗（＋い～なちゃんカード加盟店も利用可能）
	マーくんカード	1996	松川町	マーくんカード事業協同組合	買い物時 1.0%	63店舗（公共料金の支払いも可）
	ふくまるくんポイントカード	2020	飯田市阿智村高森町平谷村	ふくまるくん事務局	買い物時 1.0%チャージ時 0.5%	4市町村　76店舗
	ギフトきそふくしまハッピーカード	2024	木曽町王滝村	ギフトきそふくしま協同組合（木曽町商工会）	買い物時 1.0%	木曽町・王滝村併せて　61店舗
	こうみPポイントカード	不明	小海町	小海町	買い物時 1.0%	町内73店舗
非貨幣的地域通貨	準備中	—	須坂市	須坂市		—
	もん	2021	上田市	上田市（市内3商工団体）	—	151箇所
	ぽん	不明	佐久市	SAKU酒蔵アグリツーリズム推進協議会		13酒蔵
	どぉも	2023	小諸市	株式会社カクイチと株式会社まちづくり小諸		—
	里山券	2018	中川村	信州なかがわ木の家実行委員会	1 イーラ＝1 円	村内店舗

（出典）長野県産業労働部産業政策課調べ（2023年10月）、地域経営プラチナ研究所追加

議所や商工会、協同組合など地元商業者の団体が中心になって、商品券事業を積極的に進めてきた経験を引き継いでデジタル化を進めてきた経緯があげられます。一方で、非貨幣的地域通貨は、観光地域づくりを目的に地域内の人とのつながりを応援するタイプが中心となっています

8.4 デジタル地域通貨の「見える化」を

8.4.1 「見える化」の必要性

デジタル地域通貨の導入を図る場合には、雰囲気や感覚的な判断に頼るのでなく、「何ができるのか」「どのような効果があるのか」という客観的な評価が必要です。成果の見通しがないまま導入して事業に着手するとなれば、持続可能性を問われることになりかねません。一時的な補助金に依存することによって、将来の財政的な負担を増す可能性もあります。

デジタル地域通貨導入の政策的な目的を明確にし、その効果を「見える化」することができれば、地域住民、地域事業者の理解が進み協力が得られ、地域協働の体制を整えることができます。理解が進み浸透すればするほど利用者が増加し、効果の見える化はさらに具体的に把握しやすいものとなります。

8.4.2 「見える化」が求められる非貨幣的な活動

地域内消費を高めるような経済的な活動は貨幣的評価に馴染みやすいですが、非貨幣的な活動、例えば健康増進やコミュニティの活性化、環境問題などの活動成果を金額換算することは簡単なことではありません。1つの事業を多くの人に理解してもらうためには、できるだけ具体的な場面を想定して「通貨の発行・利用の場面」をイメージすることが必要です。健康づくりのメニューとその項目別ポイント数、ボランティアの詳細な内容とポイント数、地域コミュニティ活動の詳細な内容とポイント数など、慎重に検討することが求められます。ポイント数の決定は、発行者と利用者の合議で決定するのが基本ですが、項目によっては、民間事業者による類似のサービスを提供した場合の金額評価を用いることもできます。また、後述する**仮想市場評価法（CVM）**のように、アンケート調査を用いて市場で取引されていない財の価値を計測するなどの統計的手法もあります。非貨幣的な活動の「効果の見える化」の評価が蓄積されることによって、デジタ

ル地域通貨の導入に可能性を開くことになります。また、こうした「見える化」は、中長期的にみれば地域活動そのものを見直すきっかけとなり、住民の参加型行政を促し、ひいては地域への愛着を醸成することも可能となるように思います。

貨幣的デジタル地域通貨と非貨幣的デジタル地域通貨の効果とその「見える化」の方法について、いくつかの例をまとめたのが**表8.2**です。

8.5 持続可能な取り組みをチェックする

8.5.1 デジタル地域通貨の効果とその把握

いかなる政策であっても、ただいいことだからというだけで政策を決定し、予算を投じることは避けなければなりません。デジタル地域通貨の導入や推進についても例外ではありません。ここでは、デジタル地域通貨の効果とその把握の方法を提案し、デジタル地域通貨事業を長野県下での事例をもとに持続可能性を高めていく際に重要なことを整理してみます。導入したデジタル地域通貨事業の効果は定期的に検証し、住民への有益な情報の提供や、あるいは効果が費用に対して少なすぎる場合には、撤退の是非も含めて判断する情報として用いることが求められます。

デジタル地域通貨の効果は、**貨幣的効果**と**非貨幣的効果**に分けることができます（表8.2を参照）。

このうち貨幣的効果は、デジタル地域通貨による買い物、公共料金の支払いや税金の納付、寄附活動から観光振興まで多岐にわたります。この貨幣的効果は、産業連関分析と費用便益分析（費用対効果分析）という2つの代表的な政策評価方法を用いてとらえることができます。

産業連関分析は、本書の主題としている政策効果の代表的な分析手法であり、第Ⅰ部第2章でも取り上げているように、企業・産業への生産誘発効果（経済波及効果）、家計への雇用効果、行政への税収効果、地域社会への定住人口効果などをデータによって明らかにすることができます。

この場合、例えばデジタル地域通貨による買い物の効果は、デジタル地域通貨という支払い手段を用いることで「新たに生まれる消費喚起の額」を把握することが重要で、デジタル地域通貨による買い物の総額ではありません。普段の買い

表8.2　デジタル地域通貨の効果とその「見える化」の方法

通貨の発行・利用の場面		効果	注意点	効果のとらえ方
貨幣的効果	買い物	支払い手段としての利用にプレミアムPを付与	付与された買い物で新たに喚起された消費額	①付与されたポイントで日常の買い物をしても消費喚起にはならない。②地域内への効果をとらえるシステム上の工夫が必要	①デジタル地域通貨の利用者にアンケート調査を実施して消費喚起分を把握　②買い物後にWebアンケート画面で消費喚起の買い物かどうかを把握
	公共料金・税金の支払いなど	他活動で付与されたPでの納付も可能	窓口納税、銀行振り込みに比べた利便性向上・手数料の軽減	公共料金・税金のポイントでの納付ができるシステム開発・運用費用（税）より大きいかどうか	①利便性の把握：窓口納付に要する往復時間、交通費の削減（旅行費用法）②手数料の軽減：銀行振込費用—システム設計費
	寄附活動	市民どうしのコインの贈与の例も	福祉団体・ボランティア団体・ふるさと寄附など市や困っている人への支援	寄附額の分だけ受けた団体や市の活動の活性化につながる。個人には所得の増加となる	①団体等への寄附：民間非営利団体や行政の活動の生産額（産業連関表等）をもとに寄附額を増加した公共サービスの生産額とする。②個人への寄附：寄附額を効果とする
	観光振興	Pでしか買えない特産品やサービスを提供して誘客	新たな観光消費喚起額	通常の観光消費とは異なる新たな観光消費喚起分の把握が重要	「買い物」欄の効果のとらえ方と同じ。事業者の売上増加を把握してもよい
非貨幣的効果	健康増進	健康増進に寄与する活動への参加でP付与	健康増進の取り組みによる健康寿命の増加	健康増進活動に取り組んでいる人はそうでない人に比べて医療機関にかかる頻度や確率が低い予防医療の研究成果等を利用	医療費の削減、就業機会の損失の軽減（国土交通省「道路整備の費用便益分析マニュアル」等の交通事故減少効果などを参考に推計）
	ボランティア活動	河川や公園清掃、通学通園見守り、行政の業務への参加などでP付与	①生活環境・利便性の向上、②コミュニティの活性化、③行政経費削減	③は削減される行政経費の中からPを付与	①②はシルバーセンターや民間事業者へ委託したと想定した場合の委託料により効果を金銭評価（代替法）③は削減された行政経費額を計上
	環境問題	公共交通の利用（脱 CO_2）資源ごみ回収にPを付与	①CO_2削減②ごみ処理費削減、有料化	①のCO_2削減効果の金銭評価は難しいが、CO_2の企業間・国際間取引などでの金銭評価の実績を利用	①CO_2取引の金銭評価を利用、②はごみ処理経費削減額、回収された有価資源の額
	SDGs推進	SDGsへの貢献でP付与	SDGsの推進	SDGs推進を住民のインセンティブと結びつける	SDGsの目標ごとの評価法の確立が求められる
	運転免許証の返納	免許返納者へP付与	事故防止	高齢者による運転免許証の自主返納を促す取り組み	交通事故による損失（命の損失、傷病による医療費負担）の軽減

（出典）土居英二作成
（注）P：ポイント

物をデジタル地域通貨で支払ったからといって、経済効果が生まれるものではありません。この「新たに生まれる消費喚起の額」のとらえ方については、プレミアム商品券などの効果でも同様で、本書の第6章で詳しく説明していますので参照してください。

　観光客を呼び込むために、ポイントを付与した特定の観光地で使えるデジタル地域通貨の発行についても、その効果は、慎重に把握されなければなりません。毎年観光地を訪れている観光客がデジタル地域通貨を利用したとしても、毎年の買い物などよりも購入額が増えない限り、その利用額は効果とは言えません。なぜなら私たちが普段購入している買い物の支払いを現金ではなくデジタル地域通貨で支払ったとしても、事業者の売上の増加にはならず、消費者も満足度が増えるわけではないからです。消費喚起額とは、発行したデジタル地域通貨が、観光客の支出の増加や新たな観光客の誘客、いつも訪れている観光客の訪問頻度の増加につながってはじめて、効果となるからです。

　もう1つの政策評価手法である費用便益分析は、デジタル地域通貨の効果のもう1つのとらえ方である便益[2]を、費用（デジタル地域通貨に投じる税金）と対比し、投じている税金を上回る効果がある事業なのかどうか、事業の効率性や事業継続の妥当性などを判断するものです。この費用便益分析については、別の機会に事例を含めて入門書の形で詳しく解説したいと思っていますので、ここでの説明は省きます。

　デジタル地域通貨の効果の前者である「消費喚起額」を把握するもう1つの方法として、デジタル地域通貨に参加している事業者へのアンケート調査があります。「消費喚起額」は、モノを販売する小売店やサービスを提供している飲食店などの「売上の増加」となります。長野県岡谷市で実施された事業者へのアンケート調査を通じて貨幣的効果を検証してみます[3]。

　2）産業連関分析で得られる「事業者の利益の増加」（生産者余剰）と「消費者の満足度の向上」（消費者余剰）を合計した金額。
　3）岡谷商工会議所・（株）地域経営プラチナ研究所「Okaya Pay 取扱店向け デジタル地域通貨導入効果検証アンケート調査」（2024年5月実施）。調査の実施にあたっては、岡谷商工会議所の清水千大氏に多大なご協力をいただきました。紙面を借りてお礼を申し上げます。

8.5.2 「Okaya Pay」のもたらす貨幣的効果のとらえ方

　長野県の南信地方、諏訪湖に隣接する岡谷市は、人口4万5,606人、世帯数1万9,261世帯（2024年5月1日現在）の市です。

　岡谷市内で発行されているデジタル地域通貨 Okaya Pay の加盟店は80です。2024年5月に岡谷商工会議所と地域経営プラチナ研究所が実施した「Okaya Pay 取扱店向け デジタル地域通貨導入効果検証アンケート調査」には43の事業者からの回答が得られました（回答率53.8%）。次ページの**表8.3**がその際に用いた調査票です。

　調査票では、デジタル地域通貨の導入によって、来客数、客単価、新規顧客数の増加があったかどうかを尋ねています。この回答から売上額がどのくらい増えたかを知るには、回答した加盟店の年間売上額を把握しておく必要がありますが、それをアンケートで直接尋ねても回答してもらえず、回収率も低下する可能性が高くなります。そのため、アンケート調査では「設問2」で従業員数を尋ね、その回答と加盟店舗の業種、総務省統計局「平成28年経済センサス活動調査」表8.3のデータから、回答した店舗の年間売上額を、**回帰式**で推計する方法を用いました。

　図8.1の左の表は「経済センサス活動調査」の飲食サービス業の就業者規模別統計表の1事業所あたり就業者数と1事業所あたり売上（収入）金額の対応表です。前者を x、後者を y として、エクセルの散布図で描くと右の図のように右上がりの直線に近いドット（点）の並びになります。このどこかのドットの上でマウスの右クリックを押すと「近似曲線の追加」というメニューが表示され、ドットの並びに当てはめるいろいろな形の回帰式（線形、多項式、累乗、対数などの近似曲線）が候補として提示されます。ここではドットと回帰式の当てはまり具合を示す**決定係数**（$\widehat{R}^2$）が1に近いこと、就業者数が0なら売上額も0であること（原点を通る）を判断して、就業者数から売上額を推計する次の回帰式の形を線形近似（直線回帰式）としました。

　　y（飲食サービス業の年間売上額：万円）＝ 458.78x（1事業所あたり就業者数）

　アンケート調査で「売上が増えた」と回答した加盟店ごとに業種と従業員数を調べ、業種ごとに回帰式を作成して推計した個店の年間売上額に、増えた%を乗

表8.3　Okaya Pay 取扱店向け　デジタル地域通貨導入効果検証アンケート調査票

Okaya Pay取扱店向け デジタル地域通貨導入効果検証アンケート調査

　標記調査について、㈱地域経営プラチナ研究所及び静岡大学の協力により、このたびOkaya Pay事業を対象として実施することとなりました。デジタル地域通貨を導入したことで取扱店の皆様方にどのような効果があるのかを把握し、Okaya Payにおける今後の取り組みや他地域でのデジタル地域通貨導入に向けての参考とするために調査を実施いたします。
　ご多忙のところ誠に恐縮ですが、ご協力をよろしくお願い申し上げます。
なお、回答は統計的に集計して処理しますので、個々の回答が表に出ることはありません。

調査主体　　　岡谷商工会議所・㈱地域経営プラチナ研究所
監　　修　　　静岡大学名誉教授土居英二（地域経営プラチナ研究所研究顧問）

1．取扱店名（ご記入ください）

2．従業員数（パートタイム、アルバイトを含む。最近1年間の平均）　　（　　　　）人

3．Okaya Pay導入による効果について
（1）Okaya Payを取り扱うことで、来客数は増えましたか。
　　　　1．増えた　　　2．変わらない（増えていない）
（2）【（1）で増えたと回答された方へ】　何％くらい増えましたか。
　　　　1．1〜2％　　2．3〜4％　　3．5％　　4．6％〜9％　　5．10％　　6．15％以上
（3）Okaya Payを取り扱うことで、客単価は増えましたか。
　　　　1．増えた　　　2．変わらない（増えていない）
（4）【（3）で増えたと回答された方へ】　客単価は何％くらい増えましたか。
　　　　1．1〜2％　　2．3〜4％　　3．5％　　4．6％〜9％　　5．10％　　6．15％以上
（5）Okaya Payを取り扱うことで、新規顧客が増えましたか。
　　　　1．増えた　　　2．変わらない（増えていない）
（6）【（5）で増えたと回答された方へ】　何％くらい増えましたか。
　　　　1．1〜2％　　2．3〜4％　　3．5％　　4．6％〜9％　　5．10％　　6．15％以上

4．春のキャンペーン（2024年4月27日〜29日、10％還元）について
（7）キャンペーン期間中、来客数は増えましたか。
　　　　1．増えた　　　2．変わらない（増えていない）
（8）【（7）で増えたと回答された方へ】　何％くらい増えましたか。
　　　　1．1〜2％　　2．3〜4％　　3．5％　　4．6％〜9％　　5．10％　　6．15％以上
　　　　7．20％　　　8．25％　　　9．30％以上
（9）キャンペーン期間中、客単価は増えましたか。
　　　　1．増えた　　　2．変わらない（増えていない）
（10）【（9）で増えたと回答された方へ】　客単価は何％くらい増えましたか。
　　　　1．1〜2％　　2．3〜4％　　3．5％　　4．6％〜9％　　5．10％　　6．15％以上
　　　　7．20％　　　8．25％　　　9．30％以上
（11）キャンペーン期間中、新規顧客が増えましたか。
　　　　1．増えた　　　2．変わらない（増えていない）
（12）【（11）で増えたと回答された方へ】　何％くらい増えましたか。
　　　　1．1〜2％　　2．3〜4％　　3．5％　　4．6％〜9％　　5．10％　　6．15％以上

5．Okaya Payを広域（諏訪地域）**で利用できるよう取り組んでいることについて、ご意見があれば**
　　ご記入ください。

6．Okaya Payについて普段から感じられていることなどについて、ご記入ください。

質問は以上です。ご協力ありがとうございました。

図8.1　業種と就業者数データから年間売上額を推計する方法　（飲食サービス業）

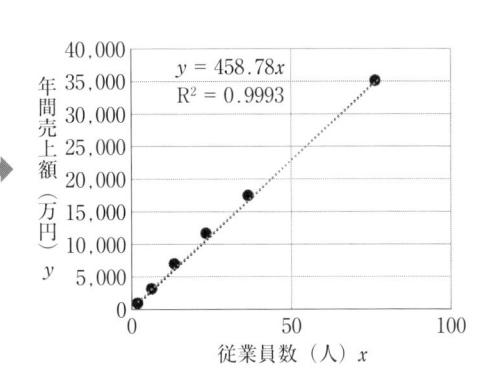

飲食サービス

就業者規模	1事業所あたり就業者数	1事業所あたり売上（収入）金額
単位	（人）	（万円）
1～4人	2.2	835
5～9人	6.5	3,007
10～19人	13.7	6,968
20～29人	23.8	11,459
30～49人	36.7	17,312
50人以上	77.2	34,907

（出典）総務省統計局「平成28年経済センサス（活動調査）」第8-1表

じた結果が**表8.4**です（A、B、などは個店を示す）。売上が増えたと回答した店舗は43の回答数のうち8店舗（18.6%）でしたので、表はこの8加盟店の効果となります。キャンペーン期間を含めた回答店舗の売上増加額の合計は241万円でした。ここでは表には掲げませんが、この241万円が誘発した間接効果も含めた生産誘発効果（経済波及効果）は322万円（誘発倍率1.34）となりました。

8.5.3　「木の駅プロジェクト」のもたらす非貨幣的効果のとらえ方

　非貨幣的評価の長野県内における事例として、中川村での取り組みを取り上げてみましょう。中川村の地域通貨は、「里山券」といい、森林を整備し森を育てる活動の一環として取り組まれている「信州なかがわ木の駅プロジェクト」が母体となって発行しています。山で残材を処理する作業量に応じて地域通貨の「里山券」が発行されますが、山から切り出した木を木の駅で地域通貨によって買い取り、1,000イーラ＝1,000円として村内にある加盟店で利用できるしくみです。この中川村の地域通貨は、信州なかがわ木の駅プロジェクトを支えるツールですが、その効果は、

　①山林の整備・美化、景観の向上効果

　②残材の利活用の効果

　③森林を育てる効果

表8.4　岡谷市のデジタル地域通貨（Okaya Pay）の売上効果

（単位：万円）

加盟店	従業員数	年間推定売上額	来客数は増えたか	増加額	客単価は増えたか	増加額	新規顧客は増えたか	増加額	合計
A	8	3,670	0	0	0	0	0	0	0
B	2	918	0	0	0	0	0	0	0
C	11	5,047	0	0	0	0	0	0	0
D	4	1,835	0	0	0	0	0	0	0
E	9	4,129	2.5%	103	0	0	1.5%	62	165
F	4	1,835	1.5%	28	0	0	1.5%	28	55
G	2	918	0	0	0	0	0	0	0
H	4	1,835	0	0	0	0	0	0	0
合計		20,186		131		0		89	220
増加率		100.0%		0.6%		0.0%		0.4%	1.1%

加盟店	キャンペーン期間								
	注	期間中推定売上額	来客数は増えたか	増加額	客単価は増えたか	増加額	新規顧客は増えたか	増加額	合計
A	0.08	292	0	0	0	0	0	0	0
B	0.08	73	0	0	0	0	0	0	0
C	0.08	401	0	0	0	0	0	0	0
D	0.08	146	0	0	0	0	0	0	0
E	0.08	328	3.5%	11	0	0	1.5%	5	16
F	0.08	146	1.5%	2	0	0	0	0	2
G	0.08	73	3.5%	3	0	0	0	0	3
H	0.08	146	0	0	0	0	0	0	0
合計		1,604		16		0		5	21
増加率				0.1%		0.0%		0.0%	0.1%

（注）キャンペーン期間日数 ÷ 年日数。新規顧客数増加％は売上増加とした。

④地球温暖化防止への効果

⑤地域住民の絆の強化と幸福度の向上効果

など、非貨幣的効果が中心となっています。発展すればバイオマス発電など新ビジネスの創出など貨幣的効果も生まれる可能性もあります。これら非貨幣的効果を金銭評価する方法としては、環境経済学などの専門分野で長年の研究が積み重ねられ、政府の費用便益分析などの政策評価にも導入されている「**仮想市場評価法**（Contingent Valuation Method：CVM）」があります。

8.5.4　仮想市場評価法（CVM）とは

　仮想市場評価法（以下、CVMと略）とは、公共サービスや自然環境など、市場で評価されない財に対する人々の効用の経済評価を行う代表的な手法です。

　この手法は、例えば、ある公共サービスや非営利的活動に対する人々の満足度（効用）の大きさを、アンケート方式で「それを享受することができるとすれば、いくらお金を負担してもよいか」という形で尋ね、人々の平均的な**支払意思額**（Willingness To Pay：WTP）」を把握して社会全体としての効果の大きさを算定する手法です。市場で評価されない財の経済評価法としては、効用に対する評価を人々に直接表明してもらう意味で「**表明選好法**」と呼ばれる考え方の一種です。

　CVMはどのような対象に対しても適用が可能だという大きな長所があります。この中川村の取り組みについても、上にあげた①〜⑤の効果をアンケートの回答者に説明し、それに対する支払意思額を表明してもらうことで、非貨幣的効果の大きさを金銭換算することができます。詳しい説明は、前述した費用便益分析をテーマにした入門書などの機会に譲りたいと思います。

8.6　まとめと今後の課題

8.6.1　デジタル地域通貨の3つの機能

（1）地域経済の活性化機能

　「地域通貨」に期待されることの1つは、取引にテコ入れして地域内の経済循環における自給率を高め、地域内所得を引き上げることです。どこでも使える「円」と違って、使用範囲の限定される地域通貨のハンデが、かえって地域の政策的なツールとしては有効に機能することになります。デジタル地域通貨を用いたプレミアム付き商品券事業はその典型といえるでしょう。地域内取引が活発化すれば、所得にも雇用にも税収にも好影響をもたらします。

（2）地域内のウェルビーイングの向上機能

　非貨幣的な活動をデジタル地域通貨に紐づけて、さまざまなポイントを付与することができます。参加者にポイントを付与することで行動変容を促し、一定の政策目標を達成するのがねらいです。イベントに参加するだけでポイントが付与

され、参加者にとっても多くのメリットがあります。

　地域内循環を高めて地域の豊かさを創り出す地域活性化策と同様に、地域との関わりを促すことで、地域への愛着や誇りなどを醸成し、ウェルビーイング（身体的・精神的・社会的に良好な状態）の向上をもたらすことになります。これはデジタル地域通貨に期待される重要な領域であり、仕組みを工夫することで住民参加型の行政を飛躍的に伸長させる可能性があるのです。

（3）地域外からの誘客

　地域通貨は、地域内の経済的活力を増すことや、そこで暮らす人々のよりよい生活を実現すること以外にも、地域外に働きかけて地域経済の活性化や地域の魅力向上に貢献することもできます。その地域でしか買えない商品、できない体験などをデジタル地域通貨で購入できるようにするのです。ふるさと納税返礼品の中にも体験型商品が目立ってきており、こうした商品を地域通貨で購入する仕組みも登場しています。希少性のある地域のモノやコトを地域通貨の形で提供することで、それを求めて地域外の人々が訪れることになり、地域の魅力を域外にアピールするツールとしてデジタル地域通貨を用いることは、今後重要性を増すものとみられます。

　上記3つの機能を相互に関連させて政策的に用いることによって、相乗効果の発揮も期待できます。地域の熱意とアイディア、行政・経済団体・金融機関などの推進体制の整備が成否のカギとみられます。

8.6.2　システム開発と運営の課題

　デジタル地域通貨を導入するにあたって、行政はアプリ、ベンダー、システム事業者との付き合い方が大きな課題となると思われます。事業者の提案書はごく一般的な導入目的と効果の記述があるのみで、その多くは地域の特性を踏まえたものではありません。

　事業者の提案書には、導入の初期費用、事務経費、キャンペーン経費などの計上とともに、特記事項に、「デジタル田園都市国家構想推進交付金により3年間は事業費の1/2の交付金対象」などの補助金活用の記載があります。地域通貨は政策目標を実現するためのツールのはずですが、システム開発費用、運営費用、

推進体制の構築、参加加盟店・住民への周知費用はどのくらいという見積金額が並び、導入そのものが目的となっている場合が多いのです。

　大掛かりなパッケージソフトを運営指導含めて購入すると数千万円、今なら補助金付きだからお買い得ですよ……という商談のように見えてしまいます。システム開発は、当初の目的を実現するシステムをいかに構築していくかが本来の目的です。システム開発事業者とはチームとして知恵を絞るような付き合い方を指向すべきです。ある市での聴き取りでは、当初の巨額の開発費に加えて機能を1つ追加するたびに大きな経費がかかるという話でした。そうした現実も見通しておかなければなりません。

8.6.3　補助金後の持続可能な体制づくり

　今後を展望する際に、最も大きな課題は、デジタル地域通貨の補助金が終了した後、持続可能な仕組みとして地域に存在しうるかどうかです。決してデジタルバブルであってはなりません。先に示した、地域経済の活性化、域内のウェルビーイングの向上、域外からの誘客の3つの機能を、地域政策の推進手段として活用し続けることができるとすれば、地域にとって大きな財産となります。それを可能とするためにも、自治体、システム事業者、利用者としての地域住民と地域事業者、さらに金融関係、経済団体によるプラットフォームの基盤は不可欠であると思われます。

第 9 章

グリーンスローモビリティの地域経済効果
静岡県焼津市における導入実験を例に

9.1 はじめに

　人口減少に伴い、鉄道や路線バスの運行縮小や廃止に加え、頼みのタクシーも業界における人手不足による「予約できないタクシー」が増えるなど、これまで人々の暮らしと街を支えてきた公共交通のしくみが崩壊してきています。身近な小売店やスーパーなどの撤退ともあいまって、「買い物難民」も全国各地で増加の一途をたどっています。

　また、二酸化炭素ガスの排出量の多い交通分野は、2015年に採択されたパリ協定（21世紀後半に温室効果ガス排出の実質ゼロを目指す国際的枠組み）の推進という大きな課題も背負っています。

　このような動きを背景に、日本政府は国土交通省、経済産業省、環境省などを中心に、新しい交通手段として「グリーンスローモビリティ」の普及に力を入れています。グリーンスローモビリティとは「時速20km未満で公道を走ることができる電動車を活用した小さな移動サービスで、その車両も含めた総称」（国土交通省 HP）です。厳しさを増す私たちの移動環境の中で、暮らしと地球環境を守る新しい交通のビジネスモデルと言えます。

　グリーンスローモビリティには、①移動困難の緩和、②地球温暖化対策への効果、③高齢化の中で閉じこもりがちになる高齢者の外出機会を増やす健康への効果、などが挙げられています。本章では、公共交通のこのグリーンスローモビリティの第4の効果としての地域経済への効果を考察します。地域経済への効果は生産誘発効果（経済波及効果）にとどまらず、雇用効果、税収効果、定住人口効

図9.1　焼津市におけるグリーンスローモビリティ（「つなモビ」）の車両

（画像：合同会社うさぎ企画 HP）

果も算定しています。グリーンスローモビリティは、定住人口の創出など地方創生への政策効果をどの程度持っているのでしょうか。

　事例として、2023年に焼津市で行われた「つなモビ」（焼津市のグリーンスローモビリティの名称）の導入実験を取り上げます[1]。「つな」はマグロ（ツナ）の全国有数の水揚げ港として知られた焼津漁港を象徴しています。

9.2　焼津市におけるグリーンスローモビリティの導入実験

　焼津市における「つなモビ」の導入実験の概要は、以下のとおりです。

- 実験期間：1月6日〜3月24日の79日間（事業名：焼津市事業「グリーンスローモビリティ等を活用した地域交流促進事業」1月6日〜1月26日、経産省事業「地域新 MaaS 創出推進事業」1月27日〜3月24日）
- 利用者数：580人
- 定員3〜5人、利用料金600円（一日乗り放題）
- 焼津市 LINE から申し込み。市内33カ所に設置した停留所の間を移動

　実験期間中には、利用者へのアンケート調査が実施され、75名から回答を得ています。本章の分析ではこのアンケート調査のデータが基礎データとなります。

1）本章の元となったのは、筆者が代表理事を務める（一社）政策科学研究所「令和5年度焼津市での交流型モビリティ『つなモビ』実験の地域経済波及効果分析結果報告書」2023年3月です。この報告書は、事業受託者である合同会社うさぎ企画（森田創共同代表）から委託者である焼津市、経済産業省、国土交通省などへ提出されたものです。

表9.1 「つなモビ」利用者へのアンケート調査項目（太字は経済効果算出用の設問）

① 郵便番号
② 同行者数
③「つなモビ」の乗車回数
④ 移動の合計時間
⑤「つなモビ」利用の目的
⑥【日常生活と回答した方】日常生活での利用目的
⑦「つなモビ」がない場合の交通手段
⑧ 焼津までの交通手段
⑨ **焼津市内で使った（使う予定の）お金**
⑩ **【市内交通費と回答した方】使用した交通手段**
⑪ **【市内交通費と回答した方】使用した交通手段のそれぞれの交通費**
⑫ **【お土産・買い物と回答した方で焼津市外から来られた方】品目、金額**
⑬ **【お土産・買い物と回答した方で焼津市内から来られた方】「つなモビ」で増えた**
 外出機会によって増えた支出品目
⑭ **【その他と回答された方】イベント・セミナー等に参加された場合、その参加費**
⑮ 焼津市外から来られた方：「つなモビ」により焼津の魅力を知ることができましたか？
⑯ 焼津市外から来られた方：その結果、焼津を再訪したいと思いますか？
⑰ 焼津市内在住の方：「つなモビ」により外出機会がどれほど増えましたか？
⑱ 焼津市内在住の方：「つなモビ」により外出時に立ち寄る場所が増えましたか？
⑲ 焼津市内在住の方：「つなモビ」が実装すれば、今後外出機会が増えそうですか？

9.3　グリーンスローモビリティ利用者のアンケート調査

（1）調査の概要

　アンケート調査の調査項目は**表9.1**に示すとおりです。焼津市内への経済効果を算出する目的で、⑨から⑭までの設問を予め設定しました。調査の実施期間は前節の導入実験期間と同じで、調査票の提示と回答は Web で実施し、回答者には多くの人が通る焼津駅前の観光案内所の協力で焼津特産の水産物の粗品を提供しました。

　グリーンスローモビリティの効果を表す特徴的な設問と回答を紹介しておきます。回答総数は75名です。経済効果に関する設問は次節に回します。

（2）利用目的

　観光27名（36.0%）、業務9名（12.0%）、視察30名（40.0%）、日常生活9名（12.0%）でした。ただし経済効果を算出する際には、実際の運行現場での聴き取りの結果から目的別利用者数の配分に変更を加えています（後述）。

（3）移動時間

　全体で平均は51.2分で、観光目的が61.7分と多く他の目的は40分台でした。

表9.2 「つなモビ」がない場合の交通手段 (n＝75)

代替交通手段	回答数					構成比				
	観光	業務	視察	日常生活	計	観光	業務	視察	日常生活	計
路線バス	5		2		7	18.5%	0.0%	6.7%	0.0%	9.3%
タクシー	4	9	3		16	14.8%	100.0%	10.0%	0.0%	21.3%
レンタサイクル	1				1	3.7%	0.0%	0.0%	0.0%	1.3%
公用車			1		1	0.0%	0.0%	3.3%	0.0%	1.3%
自家用車	12		21	9	42	44.4%	0.0%	70.0%	100.0%	56.0%
自転車	1		1		2	3.7%	0.0%	3.3%	0.0%	2.7%
徒歩	4		2		6	14.8%	0.0%	6.7%	0.0%	8.0%
計	27	9	30	9	75	100.0%	100.0%	100.0%	100.0%	100.0%

（4）日常生活での利用目的 【日常生活と回答した方】

9人の回答者のうち8人（88.9％）が「買い物」と回答しています。

（5）「つなモビ」がない場合の交通手段

全体では「自家用車」が56.0％、次いで「タクシー」が21.3％、「路線バス」が9.3％となっています。これは「つなモビ」が普及することで、例えば「自家用車」の利用が全体で56.0％減少することを意味し、CO_2削減など「クリーン」なモビリティとして貢献することを物語っています（表9.2）。

（6）「つなモビ」により焼津の魅力を知ることができましたか［焼津市外から来られた方］

設問に対して1から5までの5段階で評価をしてもらいました。全体では4.5の高い評価でした。観光目的の利用者の評価が最も高く4.8、業務が4.6、視察が4.4でした。「つなモビ」は、時速20km未満というゆっくりした速度で公道を走行すること、乗車人員が3〜5名と少ないことから、路線バスやタクシーに比べて街との距離を縮める交通手段として観光客に歓迎されていることが分かります。

（7）その結果、焼津を再訪したいと思いますか［焼津市外から来られた方］

前問での設問と回答を受けた「つなモビ」の評価を尋ねる設問です。観光目的の回答者が5段階の4.6、業務と視察が4.4、全体で4.5の高い評価でした。特に観光目的で「つなモビ」を利用した人が高評価をしたことは注目に値します。グリーンスローモビリティには、観光の満足度を高める効果もありそうです。

（8）「つなモビ」により外出機会がどれほど増えましたか［焼津市内在住の方］

グリーンスローモビリティは、家に閉じこもりがちな高齢者の外出機会を促し

表9.3 「つなモビ」による外出機会の増加 (n ＝9)

○「つなモビ」により外出機会がどれほど増えましたか（回答は焼津市内在住の人、以下同じ）

増えた回数		増えた時間	回答数	構成比
回数・時間が増えた			5	83.3%
	1週間あたり1回	3時間程度	3	50.0%
	1週間あたり	4時間程度	1	16.7%
	2週間に1回		1	16.7%
増えてない			1	16.7%
計			6	100.0%

○「つなモビ」により外出時に立ち寄る場所が増えましたか

立ち寄る場所		回答数	構成比
増えた		7	77.8%
	1回あたり7カ所	1	11.1%
	1回あたり4カ所	1	11.1%
	1回あたり3カ所	1	11.1%
	1回あたり2カ所	2	22.2%
	1回あたり1カ所	1	11.1%
	月1回2カ所	1	11.1%
増えてない		1	11.1%
変わらない		1	11.1%
計		9	100.0%

○「つなモビ」が実装すれば、今後外出機会が増えそうですか

		回答数	構成比
増えそう		7	77.8%
	1週間あたり3回	1	11.1%
	1週間あたり2回	1	11.1%
	1週間あたり1～2回、3～4時間	1	11.1%
	1週間あたり1回、2時間程度	1	11.1%
	2週間に1回ほど	1	11.1%
	2～3カ月に1回くらい	1	11.1%
	3カ月に1回、3時間程度	1	11.1%
あまり変わらない		1	11.1%
変わらない		1	11.1%
計		9	100.0%

て、人々との交流や健康への効果をもたらすと言われていますが、それを確かめるための設問です。利用目的が「日常生活」と回答した9人から回答を得ました。「外出の回数・時間が増えた」と回答した人は6人中5人（83.3%）、「立ち寄る場所が増えた」と回答した人は9人中7人（77.8%）でした。「つなモビが実装すれば外出機会が増えそうですか」という問いにも「増えそう」との回答が同じく77.8%を占めました。この調査結果をみる限り、グリーンスローモビリティが、高齢者の外出機会を促して人々との交流や健康への効果をもたらす役割を果たす可能性は高いと思われます。今後より多くの対象者に対して同様の調査を重ねて、健康への効果の確証を得ていく必要がありそうです（**表9.3**）。

図9.2　グリーンスローモビリティの経済効果の計算プロセス

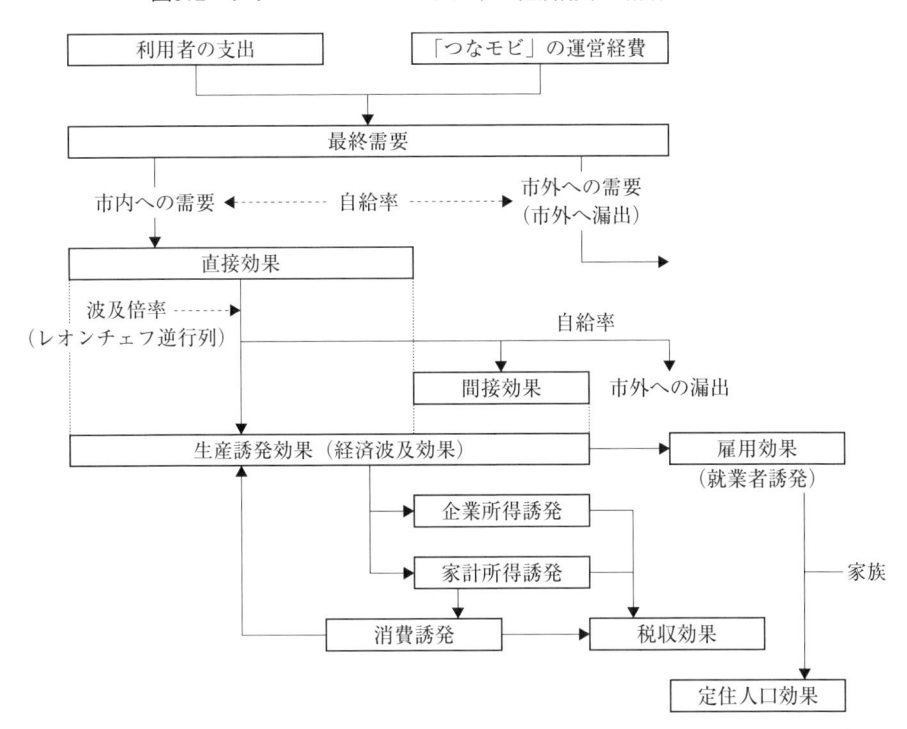

9.4　グリーンスローモビリティの地域経済効果の分析方法

　分析は、実験期間中の79日の運行による経済効果と、実装後、通年365日の運行を想定した経済効果の2つのケースで行いました。

9.4.1　分析のプロセス

　地域経済効果の計算プロセスを**図9.2**に示しました。分析に必要となる焼津市産業連関表は、国や静岡県と同じ2015年を対象に独自に作成しました。市町村産業連関表の作成方法については第Ⅰ部第1章を参照してください。

　分析の手順に従って説明していきます。

①　最終需要

　最終需要とは、生産の誘発＝経済波及効果の起点となる消費や投資、地域外への移出などの最終需要（最終財への需要）の増加や減少などの変化のことで

表9.4 「つなモビ」利用者の消費支出 （n ＝75）

	交通費		お土産・買い物		宿泊・温泉		参加費・入館料		その他
	タクシー代	駐車場代	お土産買い物	飲食	宿泊	温泉	イベント・セミナー等	施設入館料	ふるさと納税
金額記入　回答者数　A	4	4	41	11	0	1	5	2	1
金額無回答　回答者数　B	4	4	52	63	11	2	5	2	1
回答者総数　C	75	75	75	75	75	75	75	75	75
回答比率　D=B/C	5.3%	5.3%	69.3%	84.0%	14.7%	2.7%	6.7%	2.7%	1.3%
1人あたり平均支出額（円）	14,333	417	4,962	4,210	8,525	1,000	14,800	1,000	10,000

す。「つなモビ」の最終需要は「つなモビ」利用者の支出額と「つなモビ」の事業運営費の2つとなります。

　「つなモビ」利用者の支出額はアンケート調査のお金の支出に関する調査結果から得られた1人あたり平均支出額（**表9.4**）に人数をかけて求めます。

　実験期間中と実装後の想定利用者数の配分は、アンケート調査の回答数が少なかったため、実験期間中の利用者への聴き取りにより次のように設定しました。

● 実験期間中の利用者数（580人）の配分

　　観光：116人（0.2）、ビジネス：174人（0.3）、視察：58人（0.1）、日常生活：232人（0.4）、合計：580人

● 実装後の利用者数（3,650人）の配分

　　観光：913人（0.25）、ビジネス：913人（0.25）、視察：183人（0.05）、日常生活：1,643人（0.45）、合計：3,650人

なお、経済効果分析のための最終需要データの与え方には注意すべき重要な点があります。それは、最終需要の変化分による生産の変化分（生産誘発額）を分析する産業連関分析の趣旨から、最終需要データを普段の消費とは異なる追加的な消費額として与える必要があることです。後述する産業連関分析の理論モデルにおいても、増加分を表す Δ（デルタ）という記号が使われています。

　この「増加分」という定義に従って、アンケートでは利用者の支出を焼津市内居住者には「つなモビで増えた外出機会によって増えた支出品目」を尋ねています。焼津市外の居住者の支出は、市外への売り上げ（移出の増加 ΔE）にあたり、普段の焼津市内の消費支出とは異なる増加分なので支出した金額をそのまま増加分としています。

もう一つの最終需要である「つなモビ」の事業運営費は、運営事業者からデータの提供を受けました。ただし以下の調整を行っています。

- 車両製作費、運営管理システムなど初期投資：耐用年数を5年と想定し、減価償却費を計上する替わりに1年に等分した額を経常費として運営経費としました。初期投資は車両代が400万円、システム構築費が800万円でした。
- 運営事業費の中の人件費：就業者のうち焼津市内で従事する就業者の人件費を300万円とし、総務省統計局「2023年家計調査年報」より消費性向＝所得のうち消費に回る割合（0.575）を求め、焼津市内での消費支出額172万円を推計しています。焼津市外に住んでいる就業者の消費は、直接には焼津市に関係しないため、除外しています。支出内容の詳細は焼津市産業連関表の民間消費支出の構成比によっています。

② 直接効果

　最終需要のうち地域内へ落ちるお金により、最初の段階で誘発される市内の生産額を直接効果と言います。最終需要 × 地域内の自給率（107産業部門ごと）の式で算出されます。この自給率は焼津市産業連関表より移輸入額 ÷ 地域内需要額で計算された移輸入率を1から引いて産業別に求めます。

③ 間接効果

　生産誘発効果 − 直接効果で得られます。原材料ルートでの生産波及効果（**間接一次波及効果**）と、生産→雇用者所得→家計消費→生産という家計ルートでの生産波及効果（**間接二次波及効果**）があります。家計内生化モデルとは、間接二次波及効果が誘発されるサイクルを、家計を一つの産業部門としてモデルに組み込んでモデルに内生化し、サイクルが収束するまで計算する理論モデルです。

9.4.2　理論モデル

　間接効果を求めるためには産業連関分析の理論モデルによる計算が必要となります。本章では(9.1)式の家計内生化均衡産出高モデルを用いています。

$$\begin{bmatrix} \Delta X \\ \Delta V \end{bmatrix} = \begin{bmatrix} I-(I-\widehat{M})A & -(I-\widehat{M})c \\ -v & 1 \end{bmatrix}^{-1} \begin{bmatrix} (I-\widehat{M})\Delta F_d+\Delta E \\ 0 \end{bmatrix} \tag{9.1}$$

記号注　ΔX：生産誘発額　　ΔV：粗付加価値誘発額　　I：単位行列

　　　　$\widehat{M}$：移輸入係数　　$(I-\widehat{M})$：自給率係数　　A：投入係数

　　　　ΔF_d：地域内最終需要の変化　　ΔE：移輸出の変化

表9.5 グリーンスローモビリティ（つなモビ）の焼津市への生産誘発効果

実験期間（79日）「つなモビ」１台あたり　利用 580人　　（単位：万円）

| 利用者の支出など（最終需要） | | | | うち焼津市へ落ちるお金（直接効果） | | | | 間接効果 | 生産誘発効果 |
利用者の支出	つなモビ運営経費	人件費による消費	計	利用者の支出	つなモビ運営経費	人件費による消費	計		
537	1,180	908	2,626	509	622	199	1,331	451	1,781

実装後（365日）「つなモビ」１台あたり　利用 3,650人　　（単位：万円）

| 利用者の支出など（最終需要） | | | | うち焼津市へ落ちるお金（直接効果） | | | | 間接効果 | 生産誘発効果 |
利用者の支出	つなモビ運営経費	人件費による消費	計	利用者の支出	つなモビ運営経費	人件費による消費	計		
3,302	4,359	4,196	11,857	3,123	2,846	920	6,890	2,352	9,242

9.5　地域経済効果の分析結果

9.5.1　生産誘発効果（経済波及効果）

　表9.5は、焼津市で行われたグリーンスローモビリティ＝「つなモビ」の焼津市経済への生産誘発効果（経済波及効果）の分析結果です。

　2023年１月から３月の79日間の実験による生産誘発効果は、車両１台あたり1,781万円でした。内訳は、最終需要が2,626万円（利用者の支出539万円＋「つなモビ」の運営経費1,180万円＋運営企業の人件費908万円）で、焼津市内へ落ちたお金による生産誘発（直接効果）が1,331万円、間接効果が451万円でした。直接効果の金額で生産誘発額を割った波及倍率は1.34でした。

　将来、「つなモビ」が実用化され１年間稼働すると想定したケースでは、生産誘発効果は１億円近い9,242万円となります。

　実験期間中のアンケートからは１人あたり平均支出額を利用し、利用目的は観光20％、ビジネス30％、視察10％、地元40％の割合で580人を配分していますが、実装後の利用者数（10人／台日　3,650人と想定）の配分は、観光25％、ビジネス25％、視察５％、地元45％としています。

　１台あたり年間１億円近い生産誘発効果（経済波及効果）が焼津市内にもたらされるならば、10台で約10億円、100台にもなれば約100億円の効果となります。市民のニューズに応えて利便性の高いサービスを提供できれば、大きなビジネスチャンスになる可能性を秘めています。

表9.6　生産誘発効果の多い産業

（単位：万円）

経済波及効果の大きい産業	実験期間	実装後	経済波及効果の大きい産業	実験期間	実装後
期間日数（日）	79	365	期間日数（日）	79	365
経済波及効果　合計	1,781	9,242	（左欄の続き）		
1　道路輸送	597	2,782	16　その他の対個人サービス	11	55
2　飲食サービス	251	1,511	17　廃棄物処理	9	50
3　商業	249	1,278	18　飲料	9	49
4　食料品	136	829	19　運輸附帯サービス	9	46
5　広告	61	285	20　娯楽サービス	9	42
6　宿泊業	47	270	21　物品賃貸業	9	42
7　金融・保険	54	265	22　分類不明	8	37
8　自動車整備・機械修理	26	126	23　社会保険・社会福祉	7	36
9　自家輸送	24	125	24　水道	5	25
10　住宅賃貸料	25	117	25　建設補修	4	21
11　教育	17	85	26　印刷・製版・製本	4	21
12　不動産仲介及び賃貸	15	74	27　公務	4	19
13　通信	14	69	28　事務用品	4	18
14　医療	13	66	29　プラスチック製品	3	18
15　洗濯・理容・美容・浴場業	11	56	30　紙加工品	3	15

　生産誘発額の多かった産業を上位30位まで示したのが**表9.6**です。「道路輸送」は実際の運行を受託している地元のタクシー会社への委託費（生産誘発額）です。第3位の「商業」の生産額は、売上から仕入れを引いた商業マージン額（粗利）を意味しています。

9.5.2　雇用効果、税収効果、定住人口効果

　経済波及効果に伴う就業者数の増加＝雇用効果は、実験期間中5人、実装後27人（正規雇用・通年換算）でした。雇用効果は、経済主体で言えば家計への効果となります。

　また、行政（焼津市財政）への効果である税収効果は、実験中20万円、実装後は108万円となりました。運行が10台ならば、この10倍となります。

　地域社会への効果である焼津市内における定住人口効果は実験中6人、実装後35人と推計されます。運行が10台ならば、効果は上記と同じようにこの10倍となります。雇用効果、税収効果、定住人口効果の計算方法の詳細は、第Ⅰ部第2章で説明していますので、参照してください。

9.6 グリーンスローモビリティの地球温暖化対策効果

　最後に、グリーンスローモビリティの地球環境への負荷の削減効果を、二酸化炭素排出量に視点を当てて考察します。

　焼津市の実験に用いた「つなモビ」の車両は、家庭用の100ボルトで8時間充電し80キロ以上走行するとされています（車両紹介 | 株式会社モビリティワークス mobilityworks.co.jp）。一方で、環境省「家庭部門のCO_2排出実態統計調査」（2022年度）によれば、家庭の電力使用量は年間3,950kWh で、それによる二酸化炭素排出量は1.74t-CO_2です。1 kWh あたり440.5g-CO_2の計算になります。

　一般の EV 車は、通常40kWh のバッテリーを搭載していて、毎時3 kWh の充電量なので40kWh÷3kWh＝13.3時間の充電時間を要しますが、「つなモビ」の車両は8時間充電ですので、バッテリー容量は40kWh×（8h÷13.3h）で約24kWhとなる計算になります。これらのデータから「つなモビ」の車両が1 回あたりの充電による走行で排出する二酸化炭素の量は

$$440.5\text{g-}CO_2/\text{kWh}×24\text{kWh}=1057.2\text{g-}CO_2 \tag{9.2}$$

と計算することができます。この(9.2)を式の答を、1 回の充電による平均走行距離80km と導入実験時のアンケート調査から得られた平均乗車人数2.575人で割ると、「つなモビ」の場合のグリーンスローモビリティの利用者1 人を1 km 運ぶ際に排出される二酸化炭素排出量が算定できます。

$$1057.2\text{g-}CO_2÷(80\text{km}×2.575\text{人})=51\text{g-}CO_2/\text{人・km} \tag{9.3}$$

　この(9.3)式の計算結果を、国立環境研究所 地球環境研究センター 温室効果ガスインベントリオフィスが公表している「日本の温室効果ガス排出量データ」（2022年版）と比較してみると、自家用自動車の128g-CO_2/人・km に対して51g-CO_2/人・km÷128g-CO_2/人・km＝0.398…と約4割となります。「つなモビ」もエネルギー源に化石燃料を主力とする電力を利用しますが、その車両の特性から、燃料にガソリンを利用する自家用自動車に比べて、6割のCO_2削減効果を持っていることが分かります（**表9.7、図9.3**）。なお、「つなモビ」の車両の生産過程で発生する二酸化炭素排出量については、車両の詳しい原材料等の構成

表9.7　「つなモビ」の輸送量あたりの二酸化炭素排出量の推計

家庭電力使用による二酸化炭素排出量

電力使用量（年間）	A	3950	kWh
CO_2排出量	B	1.74	t-CO_2
1 kWhあたり	C=B/A	440.5	g-CO_2

（出典）A、B：環境省「家庭部門のCO_2排出実態統計調査」2022年度

つなモビの輸送量あたりの二酸化炭素排出量

バッテリー容量	D	24	kWh
1回充電あたりCO_2排出量	E=D×C	10572.2	g-CO_2
1回充電あたり走行距離	F	80	km
平均乗車人数	G	2.575	人
1 kmあたりCO_2排出量	H=E/(F×G)	51	g-CO_2/人・km

（注1）D：EV車の通常バッテリー容量40kWh（÷3Kw=13.3時間充電）を
　　　　グリーンスローモビリティの充電時間（8時間）で調整
（注2）G欄は「つなモビ利用者アンケート調査」結果より、目的別乗車人
　　　　数を実装した場合の目的別乗車人数比で加重平均している
（出典）D、F：株式会社モビリティワークス（mobilityworks.co.jp）

（参考）自家用自動車の輸送量あたりの二酸化炭素排出量

自家用乗用車	128	g-CO_2/人・km
バス	71	〃
鉄道	20	〃

（出典）国立環境研究所 地球環境研究センター 温室効果ガスインベント
　　　　リオフィス「日本の温室効果ガス排出量データ」2022年版

図9.3　グリーンスローモビリティと他の交通手段との二酸化炭素排出量の比較

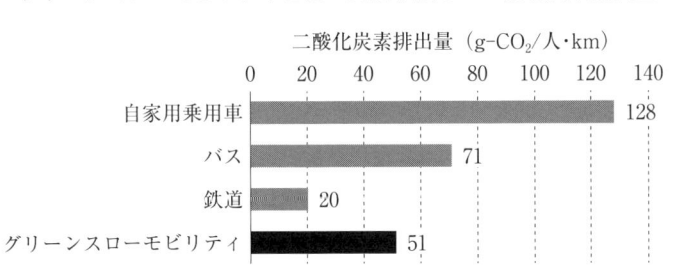

二酸化炭素排出量（g-CO_2/人・km）

比が分かれば、産業連関表と二酸化炭素の産業別排出量とを連結することで計算
できますが、本章ではデータが入手できなかったため、分析から外しています。

9.7 まとめと課題

9.7.1 まとめ

冒頭で、グリーンスローモビリティの効果について、次の3つを挙げておきました。①移動困難の緩和、②地球温暖化対策への効果、③高齢化の中で閉じこもりがちになる高齢者の外出機会を増やす健康への効果、です。

本章の考察で明らかになったのは、これに加えて、④地域経済への効果、⑤観光への効果（街を身近に感じることによる観光客の満足度の向上）でした。

地域経済への効果は、焼津市における79日間の導入実験から得られたデータから、本格的に導入が始まれば、車両1台あたり年間1億円近い9,242万円の経済波及効果が期待されること、これにより就業者を誘発する雇用効果は年間27人、地元自治体の焼津市に対する税収効果は108万円、雇用効果に伴う定住人口誘発効果は35人と推計されることが明らかになりました。グリーンスローモビリティは新しいビジネスとして、地方創生にも貢献する効果を持っています。

バスなどの従来の交通手段からグリーンスローモビリティへの交通手段の代替が起きてバス会社の売上が減少することも想定されますが、地方での主な交通手段が自家用自動車であることを考えれば、グリーンスローモビリティの普及によるマイナスの影響は大きくはないと思われます。

本章では、②の地球温暖化対策への効果についても、焼津市の「つなモビ」を事例とした二酸化炭素の排出量の推計も行いました。1人の人が1km移動することで消費される二酸化炭素の排出量は、自家用自動車に比べて約4割で、自家用自動車の二酸化炭素排出量を約6割削減する効果を持っていることが浮かび上がってきています。「グリーン」と名の付く新しい交通手段ですが、それを裏付けるデータを得られたことは、本章での分析の収穫でした。

9.7.2 今後の課題

グリーンスローモビリティの今後の展開で一番の問題点は、事業として継続できる採算性です。1回の利用客数がバスなどとは違って多くて4～5人という制約があるため運行コストも低くなければなりませんが、初期投資としての車両開発費400万円や運行システムの構築費800万円を始め、運行システム経費の高さなどが運行コストを押し上げる大きな要因になっています。グリーンスローモビリ

ティが私たちに欠かせない足となるかどうかは、運行コスト、特に運行システム構築費や運行システム経費などの圧縮が鍵になると思われます。

第IV部

地域活性化の政策効果とデータ分析

第10章

スキー場の地域経済効果
長野県木祖村「やぶはら高原スキー場」を例に

10.1　はじめに[1]

　木祖村は長野県の木曽郡にある人口2,692人（令和2（2020）年国勢調査）の小さな村です。木曽川の源流に位置しており、かつて中山道の藪原宿として繁栄した地域でもあります。恵まれた森林資源を活かした林業や木製品加工は「木曽檜」とともに名高く、江戸時代から藪原宿の特産として「お六櫛」も有名です。

　木祖村の2015年産業連関表による総生産額は165億4,500万円、産業別にみると林業、木材・木製品、家具・装備品、医薬品など製造業の他、冬のスキー場、夏のキャンプ場など観光業も盛んで、長野県内にとどまらず中京方面から多くの来訪者があります。

　昭和の初めに開業した「やぶはら高原スキー場」は長野県内でも古い歴史をもつスキー場の1つです。冬の観光を担うスキー場ですが、長野県内のスキー場は難しい時期を迎えています。長野県内のスキー場利用者数の推移をみると、平成4（1992）年度の2,119万人をピークに令和3（2021）年度には491万人に落ち込み、ピーク時の23%まで激減しています。一方、長野県内のスキー場数はピーク時の平成4年度に110カ所だったものが、令和3年度は84カ所と76%の水準にと

1）本章は、長野県木祖村からの委託で株式会社地域経営プラチナ研究所が実施した「令和5年度木祖村観光地域づくりとやぶはら高原スキー場の将来展望に関する調査報告書」に基づいて筆者が加筆再構成したものです。分析にあたって筆者が代表を務める地域経営プラチナ研究所が作成した2015年木祖村産業連関表（統合中分類）をもとにしています。

どまっており、スキー場利用者数ほどスキー場が減少していないことが分かります。

　ピーク時の1スキー場あたりの利用者数を単純計算すると19.3万人、それに対して令和3年度は5.8万人で、1スキー場の利用客数は30％の水準に落ち込んでいます。利用者の減少がスキー場経営に総じて非常に厳しい状況をもたらしていることが分かります。

　こうした現実に、リフト・人工降雪機・施設メンテナンス等の修繕費用が重くのしかかり、存続の危機に直面しているのが長野県内の多くのスキー場の実態であり、まさにスキー場淘汰の時代の渦中にあることは間違いありません。これは「やぶはら高原スキー場」であってもその例外でありません。

　経営主体が民間の場合は、環境変化に柔軟に対応していくことは比較的容易かもしれませんが、市町村がスキー場経営に深く関与している場合は住民、議会、スキー場関係者などの合意が不可欠であり、迅速な経営判断を行っていくことは簡単なことではありません。

　さらに、スキー場への貸し付けや設備投資は直接的に市町村財政を圧迫することになり、スキー場事業を維持継続するか、幕引きに向けて準備をするか、いずれにしても財政規模の小さな町村においては、先送りできない問題となっています。

　では、そもそも「スキー場」とは地域にとってどのような存在なのでしょうか。大きく分けて3つの役割を指摘することができます。第1は、産業の少ない地域にあって、サービス産業として所得と雇用を生み出し、地域経済の牽引役を期待される集客施設です。第2は、地域住民の仲間づくりや健康づくりなど政策手段を提供する施設であり、広く地域づくりを促す施設です。第3は、そこで暮らす人々の地域プライドを支え、地域のシンボルとしての役割を果たす施設です。

　その中で、コミュニティの維持や地域プライドのよりどころとしての役割はもちろん大切な政策課題ですが、スキー場という集客施設がどのくらい地域経済に貢献しているのかを明確にすることが最も優先順位の高いテーマと思われます。先にも触れたとおり、対応を間違えば地域の存立に直接影響を与えかねない問題だからです。

　にもかかわらず、スキー場を抱える市町村の現場では、何とかしなくてはと思

う一方で、「決められない」、「変えられない」という旧態依然とした空気が支配的です。こうした姿を脇からみていると、スキー場事業という視点からデータを収集して、それに基づいて議論し対話するという姿勢が著しく不足しているように見えます。スキー場が利用者の目にどのように映っているか、スキー場利用者が落としたお金がどのくらいで、それが村内の生産や雇用や税収、定住人口にどのような影響を与えているのか。つまり、スキー場のある市町村の自画像が住民や関係者に共有できていないのではないか、と危惧せざるを得ません。以下では、アンケート調査と地域産業連関表を用いて、「やぶはら高原スキー場」の実態から木祖村を例に「スキー場のある村の自画像」を描いてみたいと思います。

10.2　スキー場利用者調査にみる実態

10.2.1　アンケート調査の概要

　木祖村の経済活動に「やぶはら高原スキー場」がどのような関わりを持っているかを知るためには、まずはスキー場へ来訪する利用者の情報が必要です。そのために、筆者も協力して木祖村（産業振興課）とスキー場の運営を委託されている（株）奥木曽グリーンリゾートが、以下の要領によりアンケート調査を実施しました。

　2023シーズンのWeb調査と紙による調査を2023年1月24日〜3月26日の3カ月間実施し、2,192票の回答を得ました。2022シーズンの総利用者数は6万9,094人なので、約3％という高い回収率で、精度の高い分析が可能となりました。

　アンケートの内容は**表10.1**に掲げたように多岐にわたっています。やぶはら高原スキー場に来訪する利用者が、どこに住んでいて、年齢的にはどの層が多く、誰と来て、泊りなのか日帰りなのか、訪問頻度は、などの属性・特性について尋ねています。これらはマーケティングデータとして基本的な情報です。その上で、訪問理由、スキー場への要望事項、施設・サービスへの満足度評価、特にどんな点が気に入っていて、どんな点に不満を抱いているのかを尋ねました。こうした定性データによって、利用者目線でのスキー場の改善点を見出すことができます。

　スキー場に対する属性・特性や満足度などの定性的な評価の次に、スキー場来場者がどのくらいのお金を支出しているかについて尋ねています。表10.1が実際

表10.1　やぶはら高原スキー場アンケート調査票

表10.1　やぶはら高原スキー場アンケート調査票

やぶはら高原スキー場アンケート調査
木祖村　産業振興課/(株)奥木曽グリーンリゾート

この調査は、来訪された皆様の声をお聞きして、やぶはら高原スキー場をより快適に、より魅力的にするためのものです。是非ともご協力をお願いします。ご協力いただいた方の中から抽選で100名様に一日券等をプレゼントいたします。当選者の発表は発送をもってかえさせていただきます。

1．ご利用の券種をお聞かせ下さい
　　　①1日券　②4時間券　③シーズン券　④その他（具体的に　　　　　　　　　　　　）
2．今シーズンの訪問回数
3．当スキー場を何で知りましたか
4．滑走目的は以下のどれですか
　　　①ゲレンデを楽しむ　②より高い技術の修得　③健康の増進　④その他
5．本日滑ったのは以下のどれですか。
　　　①スキー　②スノーボード　③両方　④その他（具体的に　　　　　　　　　　　　）
6．ご利用の日程
　　　①日帰り　②宿泊
7．宿泊場所を教えて下さい
　　　①木祖村　②木曽郡内　③長野県内周辺エリア　④その他（具体的に　　　　　　　）
8．やぶはら高原スキー場について以下の項目の満足度を教えて下さい
　　　［非常に満足（1）満足（2）普通（3）不満（4）非常に不満（5）］
　　　①コース設定とゲレンデ状況　②スタッフの対応　③レンタル用品及びサービス
　　　④飲食サービス（値段、メニュー）　⑤スキー場のリフト施設　⑥スキー場周辺の駐車場
　　　⑦スキー場周辺店舗　⑧HPの出来栄え、わかりやすさ
9．スキー場利用全般の満足度をお聞かせ下さい
　　　①非常に満足　②満足　③普通　④不満　⑤非常に不満
10．④と⑤を答えた方は、不満の具体的な内容をお聞かせください
11．当スキー場のゲレンデにあったらいいと思うもの一つを上げて下さい
12．当スキー場のリフト料金についてお聞かせください
　　　①非常に高い　②高い　③普通　④安い　⑤非常に安い
13．よく行くスキー場はどこですか。以下の中から3つまでお選び下さい
　　　①木曽福島スキー場　②マイアスキー場　③御嶽スキー場　④野麦峠スキー場、
　　　⑤伊那スキーリゾート　⑥奥美濃エリア　⑦白馬エリア　⑧志賀高原エリア
　　　⑨野沢温泉エリア　⑩白樺蓼科エリア　⑪その他（具体的に　　　　　　　　　　）
14．やぶはら高原スキー場を選択された理由について、以下の中から3つまでお選び下さい
　　　①アクセスがいい　②ゲレンデ規模が満足　③上級者向けのコースがある
　　　④初心者向けのコースがある　⑤色々なレベルが楽しめるコースがある　⑤雪質がよい
　　　⑥ゲレンデコンディションがよい　⑦リフト料金が安い　⑧リフト券が無料だった
　　　⑨スタッフ対応がよい　⑩レンタルが充実している
　　　⑪スキー場の飲食施設が充実しているから　⑫毎年このスキー場と決めている
　　　⑬家族で楽しめる　⑭HPをみて行こうと思った　⑮周辺の観光地が魅力的
15．「グループの合計人数」をお聞かせ下さい
16．今回の来訪の予算をお聞かせ下さい。ご家族などのグループでまとめて支払われる予定の場合は、
　　グループ全体の費用と人数をご記入ください
　　　①片道の交通費（　　　　　円）②宿泊代（　　　　　円）③飲食代（　　　　　円）
　　　④リフト代（　　　　　円）⑤レンタル代（　　　　　円）⑥土産・その他（　　　　　円）
17．今日は誰と来訪されましたか
　　　①1人　②友人　③カップル　④家族　⑤その他（具体的に　　　　　　　　　　）
18．回答者のお住まい、年齢、職業をお聞かせ下さい
（1）お住まい　郵便番号をご記入下さい（　　　　　）　わからない場合は①～⑭までの番号を選ん
　　で下さい。
　　　①長野県内　②木曽エリア　③木祖村　④愛知県　⑤岐阜県　⑥三重県　⑦静岡県　⑧山梨県
　　　⑨東京都　⑩埼玉県　⑪神奈川　⑫大阪府　⑬京都府　⑭その他（具体的な県名　　　　）
（2）年齢　①10代　②20代　③40代　④50代　⑤60代　⑥70代　⑦80代以上
（3）ご職業　①会社員　②公務員　③自営業　④学生　⑤無職　⑥その他
（4）抽選で当選した際の一日リフト券送付先住所をご記入ください（　　　　　　　　　　）

ご回答いただき誠にありがとうございました。

表10.2　スキー場の項目別支出

| スキー場来場者の支出項目 | 1人あたり支出額（円） | 支出した人数（人） | | | 来場者支出総額（100万円） | 木祖村内の支出割合 | うち木祖村内の支出額（100万円） |
		来場者数	支出した人の割合	支出者数			
記号・算式	A	B	C	D=B×C	E=A×D	F	G=D×F
①交通費（注1）	1,975	69,094	0.900	62,185	136	0.082	11
②宿泊代	9,511	69,094	0.252	17,412	166	0.555	92
③飲食代	1,647	69,094	0.993	68,610	113	0.600	68
④リフト代	2,605	69,094	1.000	69,094	180	1.000	180
⑤レンタル代	3,119	69,094	0.121	3,851	12	1.000	12
⑥土産・その他（注2）	2,908	69,094	0.667	46,052	134	0.500	60
合計	—	—	—	—	741	—	423

（注1）村内走行交通費として自家用車の燃料代を計上。「支出した人の割合」は自家用車による来場者比率。「来場者支出総額」＝ 1台あたり燃料費（村内自家用車走行距離÷燃費×ガソリン価格180円/ℓ）÷1台あたり平均乗車人数×支出者数D
（注2）「支出者数」は、家族は1人とカウントして算出

に使用したアンケート調査票です。

10.2.2　スキー場利用者が地域に落とすお金

　調査票に書き込まれた金額を精査して総額を算出し、回答者数で割り戻すことで1人あたり単価を算出します。その単価に利用者総数を乗じて、費目別の支出金額を求め、さらにそのうち、木祖村にどのくらいの金額が落ちるのかを算出します。項目別の金額を6つの項目（片道の交通費、宿泊代、飲食代、リフト代、レンタル代、お土産・その他）について算出しました。**表10.2**で示したとおりです。

　やぶはら高原スキー場来場者の支出総額は7億4,100万円、そのうち木祖村へ落ちるお金は4億2,250万円でした。個別にみると「リフト代」が1億8,000万円と最も高く、次いで「宿泊代」が1億6,600万円、「交通費」、「土産・その他」と続きます。そのうち木祖村へ落ちるお金はやや傾向が異なり、「リフト代」は全額村内に落ちますが、「交通費」、「飲食代」、「宿泊代」、「土産・その他」は村外の比率が高く、来場者が木祖村で支出する受け皿の役割を十分に果たしていない様子がうかがえます。

10.3　木祖村経済とやぶはら高原スキー場の経済波及効果

10.3.1　分析に用いた理論モデル

　スキー場来場者の支出したお金が地域経済にどのような影響を与えるかをみてみましょう。スキー場利用者の支出総額を最終需要といいますが、そのうち木祖村村内への支出は、購入者価格表示の最終需要を生産者価格表示に変換したあと、自給率を乗じて直接効果として、村内経済の経済波及効果算出の起点とします。この直接効果は、新たに作成した「木祖村地域産業連関表」から導かれる自給率係数（1 － 移輸入額 ÷ 村内需要額）を用いて最終需要額に乗じ産業別に推計します。

　経済波及効果の分析に用いた理論は(10.1)式に示した家計内生化型の地域産業連関分析の理論モデルです。詳細は第1章を参照してください。

$$\begin{bmatrix} \Delta X \\ \Delta V \end{bmatrix} = \begin{bmatrix} I-(I-\widehat{M})A & -(I-\widehat{M})c \\ -v & 1 \end{bmatrix}^{-1} \begin{bmatrix} (I-\widehat{M})\Delta F_d + \Delta E \\ 0 \end{bmatrix} \tag{10.1}$$

記号注　ΔX：生産誘発額　　　ΔV：粗付加価値誘発額　　I：単位行列

　　　　$\widehat{M}$：移輸入係数　　$(I-\widehat{M})$：自給率係数　　A：投入係数

　　　　v：雇用者所得率　　c：消費係数　　ΔF_d：地域内最終需要の変化

　　　　ΔE：移輸出の変化

　　　　$\begin{bmatrix} I-(I-\widehat{M})A & -(I-\widehat{M})c \\ -v & 1 \end{bmatrix}^{-1}$：家計内生化型逆行列係数

10.3.2　スキー場来訪者が落とすお金と「漏れバケツ」

　やぶはら高原スキー場の来場者6万9,094人の支出額がすべて木祖村に落ちれば、最終需要は直接効果と同額となり、より大きいインパクトを木祖村経済に与えることになります。現実は総支出7億4,100万円のうち3億1,100万円が木祖村以外の地域で支出され、残りの4億2,250万円が木祖村内での支出です（**表10.3**参照）。つまり、全体の42.0％の支出額が村外へ流出しており、「木祖村経済」という大切なバケツは、大きな穴が空いている「漏れバケツ」です。そこからスキー客の消費支出という水がどんどん流れ出ていて、漏れずに残った水が全体の52.0％になります。

表10.3　産業別にみた経済波及効果

（単位：100万円）

記号・算式	最終需要		木祖村自給率	経済波及効果			雇用効果
	購入者価格	生産者価格		直接効果	間接効果	生産誘発効果	
	A	B	C	D=B×C	E=F−D	F	G
合計	741	741		422.5	108	530	115
001　耕種農業		0	0.309	0	2	2	0
004　林業		0	0.238	0	0	0	0
009　食料品	82	48	0.500	24	4	28	1
010　飲料	17	11	0.500	5	0	5	0
028　石油製品	136	92	0.000	0	0	0	0
036　その他の窯業・土石製品		0	0.000	0	0	0	0
040　その他の鉄鋼製品		0	0.000	0	0	0	0
043　建設・建築用金属製品		0	0.112	0	0	0	0
044　その他の金属製品		0	0.051	0	0	0	0
045　はん用機械		0	0.000	0	0	0	0
060　その他の輸送機械・同修理		0	0.000	0	1	1	0
061　その他の製造工業製品	35	14	0.500	7	0	7	0
064　建設補修		0	1.000	0	4	4	0
070　廃棄物処理		0	0.427	0	4	4	0
071　商業		101	0.324	33	17	50	7
（土産・その他の商業マージン）		59	0.500	29			
（交通費＝石油製品　〃）		42	0.082	3			
073　不動産仲介及び賃貸		0	0.186	0	2	2	0
074　住宅賃貸料		0	1.000	0	1	1	0
075　住宅賃貸料（帰属家賃）		0	0.000	0	20	20	0
076　鉄道輸送	180	180	1.000	180	0	180	76
077　道路輸送（自家輸送を除く）		5	0.324	2	1	2	0
078　自家輸送		0	0.000	0	9	9	0
082　倉庫		0	0.588	0	0	0	0
083　運輸附帯サービス		0	0.941	0	10	10	0
084　郵便・信書便		0	0.000	0	1	1	0
087　情報サービス		0	0.000	0	0	0	0
090　公務		0	0.586	0	1	1	0
091　教育		0	0.000	0	2	2	0
093　医療		0	0.999	0	0	0	0
094　保健衛生		0	0.644	0	0	0	0
095　社会保険・社会福祉		0	0.424	0	2	2	0
096　介護		0	0.892	0	0	0	0
097　その他の非営利団体サービス		0	0.629	0	3	3	0
098　物品賃貸サービス	12	12	1.000	12	2	14	0
100　自動車整備・機械修理		0	0.215	0	5	5	0
101　その他の対事業所サービス		0	0.447	0	3	3	0
102　宿泊業	166	166	0.555	92	1	93	12
103　飲食サービス	113	113	0.600	68	8	76	13
104　洗濯・理容・美容・浴場業		0	0.000	0	4	4	1
106　その他の対個人サービス		0	1.000	0	0	0	1
107　事務用品		0	0.000	0	1	1	0
108　分類不明		0	0.000	0	0	0	0

（注）統合中分類（107部門）のうち、来場者の支出（最終需要）、経済波及効果などがない産業
　　　部門は省略している。

バケツの中で漏れずに循環している比率を地域内循環率といいますが、この比率が高ければ高いほど、内部循環を促がして地域における波及倍率を高めることになるのです。地域内循環率は、産業連関分析の直接効果で間接効果の額を割った比率です。表10.3の分析結果をもとに計算すると108（100万円）÷422.5（100万円）＝25.6％となります。アンケート調査項目にあった宿泊代、飲食代、お土産代などは可能な限り木祖村での支出を促すように他地域に負けない魅力づくりが必要で、個々の事業者の経営改善とともに地域全体の戦略的な対応が大切です。

10.3.3　4つの経済波及効果

（1）生産の経済波及効果

　表10.2の「うち木祖村内の支出額」の項目別支出額を、最終需要として産業連関表の107の産業分類に振り分けて配分したあと、購入者価格を生産者価格に変換し、自給率を乗じて直接効果を算出したのち、この直接効果に木祖村地域産業連関表の逆行列係数を乗じて経済波及効果を算出します。産業連関分析では、生産技術を反映する投入係数の安定性を理論的基礎とすることから、流通市場で変動の大きい商業マージンを含んだ購入者価格でなく生産者価格表示での分析が行われます。

　木祖村に直接落ちる支出額4億2,250万円（木祖村村内で生産されない「石油製品」750万円は除外）は、域内の経済取引に波及し、間接効果として新たに1億800万円を生み出し、最終的に5億3,000万円の経済活動をもたらします。

　先ほどの漏れバケツの例でみたように、穴をふさぐことで、漏れていく取引を村内に戻し、村内の循環を高めることができます。例えば、「地産地消」の視点から、村内の新鮮な野菜や山菜などの農産物を宿泊施設や飲食店で積極的に活用することで、間接効果を引き上げることができます。また、木曽をイメージした木材・木製品、家具・装備品などの特産品をお土産物として提供していくことなども重要な政策的対応です。こうしたことの積み上げがトータルとしての循環率を高め、間接効果を引き上げることになります。

　表10.3の産業別の経済波及効果をみると、「鉄道輸送（スキー場のリフトを含む）」が1億8,000万円と最も大きく、次いで「宿泊業」が9,200万円となっており、「飲食サービス」6,800万円、「商業」3,300万円と続いています。直接効果が

表10.4　木祖村における定住人口効果

項目	記号・算式	基礎数（人）	比率
木祖村村人口	D	2,928	
うち就業者（夜間）	A+C	1,482	1.000
うち村内で就業する者	A	829	0.563
うち村外で就業する者	C	643	0.437
就業地不詳	X	10	
Aによって支えられている人口	Da = D×A/(A+C)	1,649	
Aに対するDaの比率（**定住人口係数**）	e = Da/A	1.989	
就業者（昼間）	A+B	1,066	1.000
うち村内居住者	B	829	0.778
うち村外居住者	A	237	0.222
居住地不詳		0	
村内雇用係数	f = A/(A+B)	0.778	
住人口効果＝雇用効果×村内雇用係数 f ×定住人口係数 e			
雇用効果　　　　　　　115人			
定住人口効果　　　　**177人**			

（出所）総務省統計局「平成27年国勢調査」従業地・通学地集計など
（注）比率は、いずれも就業地不詳、居住地不詳を除いた者を母数とする。

大きい産業で生産誘発効果が波及していることが分かります。

（2）雇用効果

　雇用効果は生産誘発効果に、長野県産業連関表の付表として公開されている雇用表の就業者数を長野県の産業連関表の産業別生産額で割った雇用係数を乗じることで算出します。産業全体で115人の新規の雇用を誘発しています。産業別では「鉄道輸送（索道＝リフト）」での雇用がやはり最も多く75人を占めています。次いで「飲食サービス」13人、「宿泊業」12人と続いています。生産誘発効果の大きい産業で雇用が創出されていることが分かります。

（3）定住人口効果

　雇用の誘発は、家族を含めた定住人口も誘発します。木祖村の人口は2,928人（平成27年国勢調査）で就業者数は1,482人です。定住人口効果は、雇用効果によって新しく村外から雇用される就業者とその家族の定住によるケースと、村内の就業者の移動による玉突きで雇用が不足することから新たに定住する人口が増える2つのルートで作用します。**表10.4**にみるように、定住人口効果は雇用効果に村内雇用係数と定住人口係数を乗じて算出しますので、177人となります。このように、雇用の場を創出することは、家族を含む定住者の人口増を促し、地域の

活力を引き出すことができます。

（4）税収効果

　生産誘発効果に伴って、市町村民税や地方交付金等も増加します。生産活動の増加による営業余剰の増加から法人市町村民税、雇用者所得の増加から個人の市町村民税の税収効果が生まれます。その他にも、固定資産税、軽自動車税が生産増加に応じて増加します。

　また、国からの交付金額も生産誘発効果の影響を受けることになります。地方譲与税、地方交付税、地方消費税交付金、その他などは域内の経済活動との関係から、生産額や民間消費額に応じて増額されることになります。

　市町村の税収増加分を算出するためには、表10.5に示すような計算を行います。平成27年産業連関表の課税標準対応項目別金額と平成28年度一般会計税収額から「税収係数」を算出します。その数値に対応する生産誘発額など増分を乗ずることによって税収増加分を算出します。

　やぶはら高原スキー場来場者の支出額がもたらす木祖村への税収効果は、表10.5で示すように2,590万円と算出されます。この税収額を大きいとみるか、小さいとみるか議論のあるところですが、木祖村内でスキー場事業が営まれて、来場者数が6〜7万人で推移している限り、約2,500万円の税収額は確保できるとみることができます。

　経営改善による来場者増が実現すれば、税収額はさらに上乗せも期待できますが、逆に、厳しい競争の中で来場者数が、5万人、4万人、3万人と低落した場合には当然税収額の減少をもたらします。同時に、スキー場事業を営む会社の経営そのものも維持継続が困難となってきます。

　ここで算出した「税収額」は行政とスキー場事業との関係を税という視点から端的に示したものといえます。ゲレンデやセンターハウスなどの設備の充実を図り広報活動を活発化して、税収額をもっと引き上げるという選択もあります。未来予測が困難であるとの認識で、税収額の範囲でスキー場への投資を行い、行政の一般会計の負担を最小限に留める、という選択もあるでしょう。外から見るスキー場来場者の示すデータを直視し、住民、議会、スキー関係者との対話を積み上げながら、最も納得がいく「木祖村のスキー場のあり方」を探っていく以外に、次の世代に誇れる選択はないように思われます。

表10.5　市町村税別の税収効果

（単位：100万円）

やぶはら高原スキー場による木祖村への税収効果		課税標準対応項目（産業連関表項目）	H27年産業連関表より	H28年度一般会計税収額等	税率係数	生産誘発額など	税収効果
記号・算式			A	B	t＝B÷A	ΔX	ΔT＝ΔX・t
市町村税	1.1 市町村民税（個人）	雇用者所得合計	4,447	117	0.0263	132	3.5
	1.2 市町村民税（法人）	営業余剰合計	1,634	14	0.0086	43	0.4
	2 固定資産税（注1）	設備投資額	1,664	0.70	0.0140	53	0.5
	3 軽自動車税	市内生産額合計	16,545	10	0.0006	530	0.3
	4 市町村たばこ税	民間消費支出合計	6,126	6	0.0009	196	0.2
市税合計				147			4.9
地方交付金等	1 地方譲与税（注2）	市内生産額合計	16,545	32	0.0019	530	1.0
	2 地方交付税（注3）	域内総生産額（GRP）	8,945	1,241	0.1388	132	18.3
	3 地方消費税交付金	民間消費支出	6,126	53	0.0086	196	1.7
	4 その他（注4）	地域内総生産額（GRP）	8,945	6	0.0007	132	0.1
地方交付金等合計				1,332			21.1
市町村税及び経済活動関連交付金増収額（合計）				1,478			25.9

（注1）税収の計算式は民間設備投資42×課税標準調整係数0.70×税率0.014。
（注2）国税として徴収しそのまま地方公共団体に対して譲与する税。地方公共団体の財源とされているものについて、課税の便宜その他の事情から徴収事務を国が代行している。現在、地方揮発油譲与税、地方道路譲与税、石油ガス譲与税、特別とん譲与税、自動車重量税の収入額の3分の1（当分の間1,000分の407）の額を市町村に対して譲与する自動車重量譲与税、地方法人特別譲与税がある。（総務省「決算カード」）地方への配分比率は地方道路延長（km）などで時々の経済活動には関係しない例が多いが、国税の課税対象自体が経済活動を反映しているため、地方譲与税も経済活動に影響を受けるとしてここに挙げている。
（注3）地方交付金の配分基準も、配分の原資となる国税（所得税・法人税など）が経済活動の影響を受けるため、ここに計上した。
（注4）利子割交付金、配当割交付金、株式等譲渡所得割交付金、ゴルフ場利用税交付金、特別地方消費税交付金、自動車取得税交付金など。

10.4　まとめと課題

10.4.1　自画像を描く

　今、求められるのは、地域全体にとって「スキー場とは何か」を明確にしておくことです。長野県内には野沢温泉スキー場や木祖村やぶはら高原スキー場のように昭和の初めに開設されて、すでに100年を迎えようとするスキー場がありま

す。ひい爺さんの時代から親しまれている地域のアイデンティティといえるような
シンボル的なスキー場です。また、村民が健康づくりやコミュニティ活動の一
環で活用しており、地域のつながりの拠点を提供するスキー場もあります。今考
えなければならないのは、どの程度地域のプライドをスキー場が支えているの
か、そしてどの程度政策的に活用できる施設かを知恵を絞って描いてみることだ
ろうと思います。

　他方、漠然と感じてはいるが、明確なデータで確認したことがないのが、スキ
ー場の村に対する経済的貢献の実態です。「スキー場」とは山間部の自然資源を
活用してお客様を呼ぶ集客施設であり、巨大な装置型産業です。同時に、索道や
センターハウスだけでなく、安全管理サービス、宿泊施設、交通サービス、飲食
サービス、食料品加工など地域の中の幅広い関連業種に支えられている産業でも
あります。訪れたスキー客は雪山とゲレンデを楽しむためにリフト代、レンタル
代、飲食、宿泊、交通費、お土産代などにお金を使います。地域内の需要が増え
れば地域内の取引を誘発し、小石を池に投げ込んだように波及の輪がどんどん広
がっていきます。それくらいスキー場はすそ野が広い産業なのです。

　地域で暮らすほとんどすべての住民はスキー場との「距離感」にかかわらず、
地域内経済循環を通じて、生産、雇用、税収、定住など経済活動のあらゆる側面
で恩恵を受けています。これがどの程度の金額評価なのかを知らずに、将来に対
する漠とした不安ばかりに目を奪われて、次の世代をにらんだ冷静な議論が欠け
ているように思います。それは、ひとえにデータに裏付けられた村の自画像がな
いことに起因しています。

10.4.2　経済的貢献の見える化

　木祖村のやぶはら高原スキー場は、長野県内だけでなく名古屋方面からのアク
セスがいい、昔ながらのアットホームなスキー場として親しまれています。なん
となく近くにあるスキー場という存在ではなく、本章で分析したスキー場が木祖
村の社会経済に与えている貢献を、木祖村の人口、産業、財政などの基礎データ
と対比した結果を、最後に**表10.6**で示しました。

　この試算結果はどのように評価できるでしょうか。木祖村の売上額（民間事業
所合計、ただし建設業、運輸業、金融・保険業などは除く）を「平成28年経済セ
ンサス（活動調査）」からみると68億7,400万円です。これは木祖村における民間

表10.6　木祖村への経済的貢献の見える化

木祖村の経済規模（上段）スキー場の貢献（下段）	単位	スキー場の貢献度		出典
		経済効果	対比	
売上額（民間事業所合計）スキー場の生産誘発効果	100万円　〃	6,874　530	—　7.7%	平成28年経済センサス（活動調査）
民営事業所従業者総数（人）スキー場の雇用効果（人）	人　〃	921　115	—　12.4%	令和3年経済センサス（活動調査）
地方税スキー場の税収効果	100万円　〃	561　26	—　4.6%	令和4年度木祖村普通会計決算額
人口総数スキー場の定住人口効果	人　〃	2,505　177	—　7.1%	令和5年度木祖村「人口と世帯数」

(注) 経済センサスの「売上額（民間事業所合計）」には、センサスの別集計表となっている建設業やセンサスの調査表にはない運輸業や金融・保険業などが含まれていない

事業者の売上総額に近い金額です。スキー場の生産誘発効果の比率を算出すると7.7％となります。つまり、木祖村の民間事業者の7.7％はスキー場のもたらした生産誘発効果（経済波及効果）に依存しているといえるでしょう。

雇用効果をみると民営事業所従業員921人に対して、115人の雇用を創出していて、その比率は12.4％を占めています。また、税収面でみると木祖村の地方税収5億6,100円のうち4.6％の2,560万円がスキー場に起因する歳入額です（一部交付金などを含む）。定住人口効果をみると木祖村の総人口2,505人（令和5年度木祖村「人口と世帯数」）のうち177人の定住人口が創出されており、この比率は総人口の7.1％を占めています。

スキー場は木祖村経済に対して、生産、雇用、定住人口に比して、税収はやや低いものの、これらの効果は全体として約1割前後の貢献をしており、働く場、生活の場は約10人に1人がスキー場の存在によって支えられていることが分かります。試算で明らかになった約2,590万円の税収増を基金に積み立てて、4年に1度1億円のスキー場リニューアル投資が可能となれば、SDGsに対応した持続可能なスキー場も現実味が出てくるかもしれません。スキー場自らが生み出した村の税収入による政策効果といえるでしょう。

農業、林業、建設業に依存している山間部の市町村にとって、「外貨を稼ぐ」産業セクターは地域全体にとってかけがえのない存在です。スキー場を廃止することで、当然外貨は消失し、スキー場の来場者の消費支出に依存してきた産業は大きな痛手を被り、地域内の経済活動水準は下落することになります。まずは、

スキー場の光の部分である地域経済への貢献を明確にしておくことから自画像を描いてみる必要があるのです。

10.4.3　影の部分をシミュレーションする

　一方で、自画像には影が伴うものです。やぶはら高原スキー場のように、比較的良好な財務状況で負債を計画的に返済しており、金融機関の信頼も厚いところばかりではありません。こうしたところはむしろ少数派で、多くは経常的に市町村からの財政支援が発生しています。市町村関連スキー場の来場者が減少して赤字経営が続く場合、直営であれば一般会計からの繰り入れ、指定管理なら指定管理料の引き上げ、貸付なら賃料の引き下げなど、経営の継続を前提とすれば運営形態に応じた処置が必要となります。

　これはスキー場経営による税収増を差し引いても、市町村にとって大きな負担と将来の不安の種となります。来場者が減少してスキー場の「外貨を稼ぐ」力が衰えた時、途端に光の部分は色あせて影に覆われた自画像となります。木祖村の試算結果は来場者6万9,094人（2022シーズン）のデータによる経済効果でした。降雪状況や周辺スキー場との競争条件が変化して、仮に来場者が5万人、3万人となった場合、どのような経済効果となるか産業連関表によるシミュレーションは教えてくれます。

　いくつかの将来シナリオを設定して、スキー場運営会社の収支見通しと同時に、地域全体のシミュレーションを行うことは、より説得力のある自画像を描くために不可欠です。「貢献と負担」を明らかにすることによって将来に向けた冷静な議論が可能となると思われるからです。

第11章

インバウンド客誘致の地域経済効果
長野県白馬村を例に

11.1　はじめに[1]

　観光以外にこれといった産業がない地方の市町村にとって、インバウンド観光客の誘致は「外貨」を稼いで働く機会と暮らしを守るための数少ない政策の1つとして注目されています。

　本章は、長野県の白馬村を事例に、インバウンド観光が地域の経済社会に及ぼしている影響を明らかにすることを目的としています。

　また本章では、インバウンド観光による地域経済への影響を分析するためには、どのような統計資料やデータを用いてどのように分析すればよいかを解説して、同じテーマの分析を試みる読者の道標にすることも目的にしています。

　分析の対象年はコロナ禍前のインバウンドのピークだった2019年としています。インバウンド観光客は2013年頃から増え始め、白馬村の延べ宿泊者数は2013年の約6万人からコロナ禍前の2019年には27万8,835人へと急増しています。外国人の訪日が厳しく制約された2021〜2022年には急減しましたが、直近の2023年は約40万人と激増して過去最高となる見通しです（**図11.1**）。

　なお、図11.1を含めて本章で用いる「延べ宿泊者数」という用語の「延べ」と

　1）本章は、北アルプス連携自立圏広域観光専門部会・（一社）長野県観光機構が2023年度に実施した「令和5年度北アルプス連携自立圏地域産業連関分析研修会」（大町市、池田町、松川村、白馬村、小谷村で月1回、計5回にわたって開催。各市町村職員が参加）において、白馬村の職員から提案された事例分析例の要望テーマを講師陣の筆者（平尾・土居）が分析して研修に用いた結果をもとにしています。

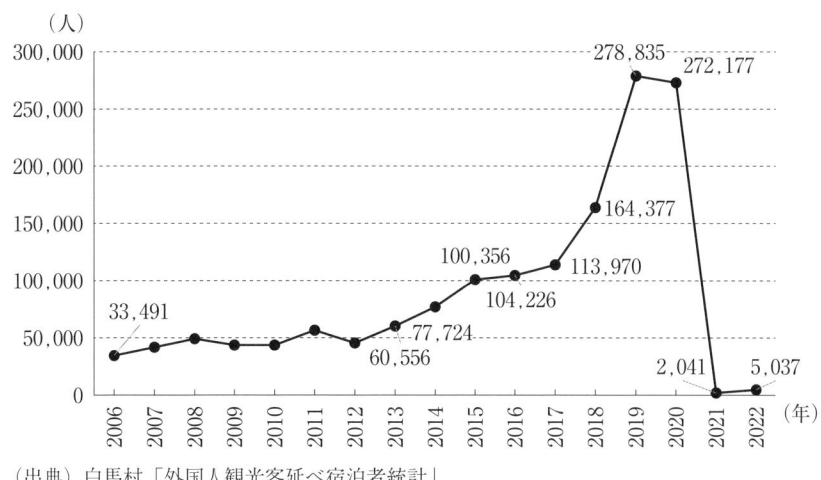

図11.1　白馬村の外国人延べ宿泊者数

（出典）白馬村「外国人観光客延べ宿泊者統計」

いう意味ですが、1人が1泊するとチェックアウトする日を含めて2人とカウントされているので注意が必要です。1人が2泊すると3人、3泊すると4人となります。国内客についても観光入込客統計で宿泊者数にはこの「延べ」でカウントする方式が採用されています。単に「宿泊者数」と表記している都道府県や市町村もありますので、観光統計の利用にあたっては要注意です。

　延べ宿泊者数を実人数に換算するためには、1人が何泊したかを別途把握して、このデータで述べ宿泊者数を割って実人数を計算する作業が必要になります。経済波及効果の算出には、延べ人数ではなくこの実人数を用いるため、この換算が必須となります。

11.2　白馬村のインバウンド実宿泊者数

　長野県北安曇郡白馬村は、北アルプス山麓に位置する人口8,739人（2024年4月1日、住民基本台帳）の村で、北アルプスの豊かな自然に恵まれ、夏の登山や冬のスキーを楽しむために国内はもとより海外から観光客が訪れています。図11.1は白馬村を訪れたインバウンド延べ宿泊者数の推移です。

　白馬村では、インバウンド客の増加を背景に、独自に「外国人観光客延べ宿泊

表11.1　白馬村の外国人実宿泊者数

国・地域名	（1）白馬村宿泊外国人客数				（2）1人あたり国内消費額	（3）白馬村宿泊外国人の国内消費額
	延べ宿泊者数	平均宿泊数（国内）	平均宿泊数（白馬村）	宿泊実人数		
単位			泊/人	人	円	100万円
データ出典	（注1）	（注2）	（注1）	計算	（注3）	計算
記号・算式	A	B	C	D＝A/C	E	F＝D×F
韓国	3,543	5.1	1.7	2,084	66,643	139
中国	11,432	7.5	1.8	6,351	185,837	1,180
香港	22,687	6.1	2.4	9,453	138,521	1,309
台湾	11,475	6.1	1.3	8,827	93,994	830
シンガポール	9,269	7.5	3.1	2,990	163,503	489
タイ	6,369	8.8	2.7	2,359	113,380	267
マレーシア	1,762	9.5	1.8	979	115,740	113
フィリピン	576	20.9	7.1	81	98,867	8
アメリカ	13,489	12.4	3.6	3,747	171,349	642
カナダ	7,955	12.0	3.6	2,210	160,883	356
イギリス	4,120	12.0	3.1	1,329	197,076	262
北欧（注4）	3,972	14.1	3.1	1,281	185,683	238
ロシア	692	16.3	3.0	231	198,563	46
スイス（注4）	363	17.1	3.1	117	211,191	25
オーストラリア	166,590	12.9	6.0	27,765	203,560	5,652
ニュージーランド（注4）	4,149	12.9	6.0	692	203,560	141
その他	10,392	16.3	2.0	5,196	198,563	1,032
合計／平均（注5）	278,835	10.40	3.68	75,691	168,159	12,728

（注1）白馬村観光課「令和元年白馬村国別外国人延べ宿泊数・平均泊数」。国籍が少人数の場合は「その他」に分類。延べ宿泊数はチェックインした日とチェックアウトした日をそれぞれ別にカウントする。

（注2）観光庁「訪日外国人の消費動向調査（2019年間値推計）」表4-3　訪問地（都道府県47区分および地方運輸局等10区分）別平均泊数

（注3）観光庁「訪日外国人の消費動向調査（2019年間値推計）」表2-1　国籍・地域（21区分）別費目別購入率および購入者単価

（注4）国・地域別の1人あたり国内消費額が表章されていない国は、次の国の値を利用した。北欧→ドイツ、スイス→フランス、ニュージーランド→オーストラリア

（注5）平均宿泊数（B欄、C欄）と1人あたり国内消費額（E欄）は、国籍別宿泊人数（D欄）で加重平均した値である。

者統計」を毎年実施して、国・地域別の平均宿泊数などを把握しています。その結果を観光庁「訪日外国人消費動向調査」とあわせて見ることで、白馬村を訪れたインバウンド客の消費行動の実態の一部が浮かび上がってきます。**表11.1**は、2019年のインバウンド客の白馬村宿泊者の実人数と、その国内での消費額を計算

したものです。

　左から引用した統計資料などを説明します。延べ宿泊者数（A欄）と平均宿泊数（C欄）は、上述した白馬村「外国人観光客延べ宿泊者統計」に拠ります。白馬村を訪れたインバウンド客の延べ宿泊者数は27万8,835人です。この延べ宿泊者数をC欄の平均宿泊数で割ると、白馬村に宿泊した実人数7万5,691人（D欄）を知ることができます。

　一方、B欄の平均宿泊数（国内）は観光庁「訪日外国人の消費動向調査（2019年間値推計）」の「表4-3 訪問地（都道府県47区分および地方運輸局等10区分）別平均泊数」から得ています。「合計／平均」欄をみると、国内の平均宿泊数（B欄）は10.40泊ですが、白馬村での平均宿泊数は3.68泊となっています。白馬村の宿泊数の比率は35.4％です。この数字はあとで白馬村での消費支出の割合を求める際に重要となります。B、C、E欄の「合計／平均」はそれぞれ国・地域別の宿泊実人数（D欄）で加重平均した値です。

11.3　インバウンド宿泊者の消費額

　E欄は、白馬村で宿泊したインバウンド客の1人あたり国内での消費額（総額は平均で16万8,159円）、F欄はこれに宿泊実人数7万5,691人を乗じた国内消費額の総額です。合計で127億2,800万円に上ります。E欄のデータは、観光庁「訪日外国人の消費動向調査（2019年間値推計）」の「表2-1 国籍・地域（21区分）別費目別購入率および購入者単価」から得ています。「合計／平均」は、国・地域別の宿泊実人数（D欄）で加重平均した値です（**表11.2**）。

　表11.2の元の観光庁「訪日外国人の消費動向調査（2019年間値推計）」には、日本を訪れた国・地域別のインバウンド客の1人あたり消費支出の詳細な品目について「購入率」「購入者単価」が掲載されています。購入者単価は、その品目を購入した人の購入額の平均値なので、これに購入率（100倍して表記されています）を乗じることで、購入しなかった人を含めた1人あたり消費額を計算します。

　表11.2には、韓国と中国のみ掲載していますが、白馬村の外国人宿泊客の国・地域は表11.1のように「その他」を含めて17に上るため、この17の国・地域のデータを用いて白馬村に宿泊した外国人客の1人あたり消費額の平均値を計算しま

表11.2　白馬村の外国人宿泊者が国内で消費した支出額

（単位：購入率：％、消費額：円）

訪日外国人の費目別支出（全国）	白馬村宿泊外国人平均消費額（円）	韓国			中国		
		購入者1人あたり購入額	購入率	1人あたり消費額	購入者1人あたり購入額	購入率	1人あたり消費額
実人数（人）(表12.1参照)	75,691	2,084			6,351		
構成比	1.000	0.028			0.084		
日本滞在中の費目別支出	168,159			66,643			185,837
宿泊費	57,985	28,247	70.8	20,001	52,849	61.7	32,581
飲食費	38,801	20,547	88.0	18,073	32,275	86.6	27,949
交通費	20,502	8,154	80.4	6,553	15,108	74.2	11,207
航空（日本国内移動のみ）	784	18,174	2.1	390	17,655	2.5	441
Japan Rail Pass	7,498	7,458	11.2	836	13,982	5.2	727
新幹線・鉄道・地下鉄・モノレール	7,697	5,635	63.8	3,597	10,409	65.2	6,786
バス	799	2,732	20.7	565	2,944	14.2	418
タクシー	1,923	4,610	18.4	847	9,160	15.1	1,381
レンタカー	1,668	12,072	7.8	940	31,871	3.8	1,197
船舶（日本国内移動のみ）	42	2,225	1.0	22	5,462	0.9	51
その他交通費	111	6,541	1.4	89	18,055	1.2	208
娯楽等サービス費	9,289	8,958	42.0	3,758	13,617	38.8	5,285
現地ツアー・観光ガイド	1,155	8,565	4.3	372	16,583	3.3	553
ゴルフ場	26	14,346	0.3	39	46,307	0.2	80
テーマパーク	1,858	9,480	14.7	1,395	11,259	18.6	2,091
舞台・音楽鑑賞	289	17,727	1.4	250	23,661	1.3	299
スポーツ観戦	1,750	7,957	1.4	113	4,685	0.2	7
美術館・博物館・動植物園水族館	1,430	2,161	22.1	477	3,270	19.3	630
スキー場リフト	1,501	2,943	1.3	39	28,329	0.8	238
温泉・温浴施設・エステ・リラクゼーション	245	2,663	4.7	125	11,891	2.7	324
マッサージ・医療費	130	22,696	0.7	160	54,837	0.4	193
展示会・コンベンション参加費	78	6,462	0.6	37	9,666	0.4	38
レンタル料（レンタカーを除く）	276	2,741	0.6	16	15,351	0.4	62
その他娯楽等サービス費	539	10,896	2.4	267	59,132	1.3	771
買物代	41,535	18,842	96.5	18,178	109,414	99.4	108,788
菓子類	4,478	5,495	69.5	3,817	9,639	76.6	7,385
酒類	3,213	4,781	19.0	908	11,777	12.8	1,512
生鮮農産物	484	6,022	7.1	426	5,381	4.2	227
その他食料品・飲料・たばこ	3,640	4,283	38.0	1,629	10,440	37.1	3,870
化粧品・香水	6,766	7,004	42.2	2,959	52,142	81.9	42,703
医薬品	2,680	6,089	34.6	2,106	21,760	50.8	11,057
健康グッズ・トイレタリー	1,341	11,116	15.5	1,727	20,203	22.2	4,484
衣類	7,519	12,538	36.6	4,592	28,512	38.5	10,975
靴・かばん・革製品	4,407	12,963	20.4	2,646	49,810	25.0	12,445
電気製品(デジタルカメラ／PC／家電等)	1,695	22,690	8.5	1,939	33,110	14.7	4,877
時計・フィルムカメラ	1,175	11,434	3.3	382	73,076	6.5	4,717
宝石・貴金属	575	7,510	1.5	110	95,328	1.9	1,845
民芸品・伝統工芸品	1,471	4,405	9.5	417	9,243	8.4	778
本・雑誌・ガイドブックなど	335	4,219	4.7	197	5,749	4.1	238
音楽・映像・ゲームなどソフトウェア	546	10,182	3.0	309	14,432	3.7	530
その他買物代	1,392	8,352	7.1	595	21,214	5.4	1,145
その他	46	22,487	0.3	79	11,982	0.2	26

す。平均値は、国・地域ごとの1人あたり消費額を表11.1に掲げた宿泊者の実人数で加重平均して求めます。表11.2の上段に「構成比」とあるのは、実人数の国・地域別の宿泊者実人数の構成比です。

　なお、表11.1の国・地域が、観光庁の統計と対応していないケースもあるため、表11.1の（注4）のように対応していない国・地域については、近隣の国の1人あたり消費額のデータを用いています。

11.4　白馬村のインバウンド宿泊者の村内での消費額

　次に、インバウンド宿泊者が白馬村内で消費した金額を求めてみましょう。**表11.3**には、この計算過程と結果を掲げています。

　A欄の1人あたり国内消費額は、表11.2で求めた白馬村で宿泊したインバウンド客の国内消費額です。B欄ではこの数字をもとに白馬村における1人あたり消費額を求める方法を示しています。

　多くの費目は、表11.1で求めた国内宿泊数10.4泊に占める白馬村での宿泊数3.7泊の比率（35.4%）をA欄の1人あたり国内消費額に乗じて白馬村内での消費額を推計しています。滞在地で過ごす時間、日数の長さが、飲食や買い物などの支出に対応していると想定しています。これと異なる推計を行っているのが、宿泊費とスキー場リフト代、スキー用具やウエアなどのレンタル料です。

11.4.1　宿泊費

　1人あたり宿泊費は、1人1泊平均宿泊料金7,044円×白馬村での宿泊数3.68泊（表11.1C欄）で計算しています。1人1泊平均宿泊料金は、白馬村「令和2年度 白馬村宿泊事業者実態調査報告書」業態別価格帯の回答の加重平均値（2018-2019年冬季）です。

　計算の結果は、白馬村での外国人宿泊客1人あたり宿泊費は2万5,947円で、国内における宿泊費（A欄）5万7,985円の44.7%となります。白馬村での外国人1人あたり宿泊費は、国内における1人あたり宿泊数10.4泊に占める白馬村での宿泊数3.7泊の比率35.4%をA欄の国内での1人あたり宿泊費に乗じることでも得ることができますが、国内の宿泊単価と白馬村の宿泊単価が同じとは考えにくいため、ここでは前者の推計値を1人あたり宿泊費としました。これに白馬村

表11.3 白馬村の外国人宿泊者が白馬村内で消費した支出額—続く (1/2)

白馬村来訪外国人の費目別平均消費支出（全国）	1人あたり国内消費額（円）	白馬村における1人あたり消費額（円）		白馬村での外国人消費総額（100万円）
		推計根拠	推計値	
記号・算式	A（表11.1）	B		C＝B×実人数
実人数（人）	75,691			
日本滞在中の費目別支出（合計）	168,159		72,020	5,451
宿泊費	57,985	1人1泊平均宿泊料金 7,044円（本文参照）×平均宿泊日数 3.7泊（表11.1）	25,947	1,964
飲食費	38,801	A×（白馬村宿泊数3.7÷日本滞在宿泊数10.4：表11.1）	13,741	1,040
交通費	20,502		2,080	157
航空（日本国内移動のみ）	784	白馬村支出なし	0	0
Japan Rail Pass	7,498	A×（白馬村内走行距離10.2 km÷東京駅-白馬駅走行距離295.1km）	259	20
新幹線・鉄道・地下鉄・モノレール	7,697		266	20
バス	799	A×（白馬村宿泊数3.7÷日本滞在宿泊数 10.4：表11.1）	283	21
タクシー	1,923		681	52
レンタカー	1,668		591	45
船舶（日本国内移動のみ）	42	白馬村支出なし	0	0
その他交通費	111	〃	0	0
娯楽等サービス費	9,289		25,090	1,899
現地ツアー・観光ガイド	1,155	A×（白馬村宿泊数3.7÷日本滞在宿泊数 10.4：表11.1）	409	31
ゴルフ場	26	白馬村支出なし	0	0
テーマパーク	1,858	〃	0	0
舞台・音楽鑑賞	289	〃	0	0
スポーツ観戦	1,750	〃	0	0
美術館・博物館・動植物園・水族館	1,430	A×（白馬村宿泊数3.7÷日本滞在宿泊数 10.4：表11.1）	506	38
スキー場リフト	1,501	1日券4,000円(2019年)×スキー場支出日数5日×スキー支出客比率73.3%(本文参照)	14,678	1,111
温泉・温浴施設・エステ・リラクゼーション	245	A×（白馬村宿泊数3.7÷日本滞在宿泊数 10.4：表11.1）	87	7
マッサージ・医療費	130		46	3
展示会・コンベンション参加費	78	白馬村支出なし	0	0
レンタル料（レンタカーを除く）	276	スキー用具等レンタル料 1日5,000円(2019年)×スキー場支出日数5日×スキー支出客比率73.3%(本文参照)×レンタル支	9,174	694

表11.3　白馬村の外国人宿泊者が白馬村内で消費した支出額－続き（2/2）

白馬村来訪外国人の費目別平均消費支出（全国）	1人あたり国内消費額（円）	白馬村における1人あたり消費額（円）		白馬村での外国人消費総額（100万円）
		推計根拠	推計値	
その他娯楽等サービス費	539	出率50% A×（白馬村宿泊数3.7÷日本滞在宿泊数10.4：表11.1）	191	14
買物代	41,535		5,162	391
菓子類	4,478	A×（白馬村宿泊数3.7÷日本滞在宿泊数10.4：表11.1）	1,586	120
酒類	3,213		1,138	86
生鮮農産物	484	白馬村支出なし	0	0
その他食料品・飲料・たばこ	3,640	A×（白馬村宿泊数3.7÷日本滞在宿泊数 10.4：表11.1）	1,289	98
化粧品・香水	6,766	白馬村支出なし	0	0
医薬品	2,680	〃	0	0
健康グッズ・トイレタリー	1,341	〃	0	0
衣類	7,519	〃	0	0
靴・かばん・革製品	4,407	白馬村支出なし	0	0
電気製品（デジタルカメラ／PC／家電等）	1,695	〃	0	0
時計・フィルムカメラ	1,175	〃	0	0
宝石・貴金属	575	〃	0	0
民芸品・伝統工芸品	1,471	A×（白馬村宿泊数3.7÷日本滞在宿泊数10.4：表11.1）	521	39
本・雑誌・ガイドブックなど	335		118	9
音楽・映像・ゲームなどソフトウェア	546	白馬村支出なし	0	0
その他買物代	1,392	A×（白馬村宿泊数3.7÷日本滞在宿泊数 10.4：表11.1）	493	37
その他	46		16	1

で宿泊した外国人の実人数を乗じると、白馬村で外国人が支出した宿泊費の総額19億6,400万円を求めることができます。

　この宿泊費に、飲食費の支出総額10億4,000万円（C欄）を加えると、合計で30億400万円となります。この金額が白馬村の宿泊業や飲食サービス業の年間売上の何％にあたるのかを、私たちは知ることができます。

　総務省統計局「平成28年経済センサス活動調査」の長野県集計の第2-1表では、白馬村の宿泊業と飲食サービス業を合わせた産業大分類の年間売上額が120億8,800万円となっています。外国人宿泊客の宿泊費と飲食費の支出が30億400万円でしたので、比率は24.9％となります。つまり、総務省統計局「平成26年経済センサス基礎調査」によれば、白馬村は、宿泊業で566の事業所と2,095人の就業

者数、飲食サービス業で110の事業所と395人の就業者を擁していますが、その約4分の1（24.9％）はインバウンド客の消費によって支えられていることになります。

11.4.2 スキー場リフト代、スキー用具やウエアなどのレンタル料

1人あたりスキー場リフト代（B欄）は、宿泊費と同様に1人1日あたり料金をもとに積み上げ方式で計算します。計算式は次のとおりです。

1日券料金4,000円×スキーを利用する日数5日×スキー客の割合73.3％

1日券料金は分析対象年の2018-2019冬シーズンの料金、スキーを利用する日数は白馬村「冬期インバウンドアンケート調査結果」の平均宿泊日数7.7日（加重平均値）をもとに設定しています。また、スキー客の割合は、長野県山岳高原観光課「令和元年外国人延宿泊者数調査結果」の北アルプス地域の2018年12月～2019年11月の外国人延べ宿泊者数に占める冬季（2018年12月～2019年3月）の外国人延べ宿泊者数の割合です。

この1人あたりリフト代の計算結果1万4,678円に外国人実宿泊人数7万5,691人を乗じると、総額は11億1,100万円となります（C欄）。

スキー用具やウエアの1人あたりレンタル料は次の計算式で求めています。

スキー用具等レンタル料1日5,000円（2019年)×スキー場支出日数5日×スキー支出客の割合73.3％×レンタル支出率50％

最後のレンタル支出率50％は、スキー用具などを母国などから持参してくる人もいるため、利用する人の割合です。根拠となるデータがないため50％と想定しています。レンタル料の消費総額は6億9,400万円となります。

11.4.3 まとめ

以上をまとめると、白馬村でのインバウンド客1人あたり消費額の合計は7万2,020円となります。これは国内における1人あたり消費額16万8,159円の42.8％で、実人数7万5,691人を乗じた白馬村での消費総額は54億5,100万円（表11.3C欄）に上ります。

11.5 白馬村におけるインバウンド観光の地域経済効果

11.5.1 生産誘発効果

前節で求めた白馬村におけるインバウンド観光客の消費総額54億5,100万円は、産業連関分析では経済波及効果の出発点の最終需要と呼ばれています。**表11.4**にこの最終需要から経済波及効果を計算するまでのデータを掲げました。

最終需要は、最初はインバウンド観光客の消費支出額で把握されているため**購入者価格**（A欄）です。産業連関分析ではこれを**生産者価格**（B欄）に変換して分析にかけます。購入者価格は、店頭で表示されている価格ですが、生産者価格はこれを分解して製造原価（工場などの蔵出価格）＋ 商業マージン ＋ 国内貨物運賃の3つに分けて関連産業に配分します。産業連関分析では、生産技術を反映する投入係数の安定性が理論を支える前提条件なので、流通市場で変動の大きい商業マージンなどを分離して、製造原価の安定性を保つ工夫がされています。表ではA欄の商業は0となっていますが、生産者価格ではB欄で数字が入ってきます。代わりに食料品などはA欄よりB欄の方が商業マージンや国内貨物運賃を差し引かれているため小さくなっています。購入者価格から生産者価格への変換の方法は第Ⅰ部第2章で説明していますので参照してください。またこの変換方法は全国共通で、いろいろな分析で使われますので、日本評論社のサイトから変換ファイルをダウンロードできるようにしています。利用してください（URL：https://www.nippyo.co.jp/shop/book/9369.html）。

最終需要を購入者価格から生産者価格に変換した次のステップは、この生産者価格に白馬村産業連関表から計算される産業ごとに**自給率**を乗じて**直接効果**を求める作業になります。

最終需要（生産者価格）に乗じる自給率は、本章の場合、表11.3でみたように既に多くの費目で白馬村内で消費される支出額として推計していますので、産業連関表から算出される自給率（C欄）を1に修正した自給率（D欄）を用います。

産業連関分析の理論モデル（均衡産出高モデル）は、一般に次の式で表されます。

$$\Delta X = \left[I - \left(I - \widehat{M} \right) A \right]^{-1} \left[\left(I - \widehat{M} \right) \Delta F_d + \Delta E \right] \tag{11.1}$$

表11.4　白馬村におけるインバウンド観光の地域経済波及効果

(単位：100万円)

項目 産業部門	2015年白馬村産業連関表				インバウンド観光による 経済波及効果			
	最終需要		自給率 (原表)	自給率 (調整)	直接 効果	間接 効果	生産誘 発効果	雇用効 果(人)
	購入者 価格	生産者 価格						
記号・算式	A	B	C	D	E=B×D	F=G−E	G	L
合計	5,451	5,451			5,397	1,262	6,660	767
011 耕種農業	0	0	0.068	0.068	0	4	4	1.6
015 林業	0	0	0.323	0.323	0	2	2	0.3
111 食料品	208	121	0.016	1.000	121	6	127	7.0
112 飲料	86	52	0.000	1.000	52	0	52	0.0
114 たばこ	10	7	0.000	1.000	7	0	7	0.0
161 木材・木製品	13	5	0.011	1.000	5	0	5	0.2
162 家具・装備品	0	0	0.171	0.171	0	2	2	0.2
191 印刷・製版・製本	9	3	0.473	0.473	2	6	8	0.6
252 セメント・セメント製品	0	0	0.606	0.606	0	1	1	0.0
253 陶磁器	13	5	0.000	1.000	5	0	5	0.0
329 その他の電子部品	0	0	0.059	0.059	0	1	1	0.0
391 その他の製造工業製品	50	20	0.036	1.000	20	1	20	1.4
412 建設補修	0	0	1.000	1.000	0	31	31	2.1
461 電力	0	0	0.495	0.495	0	102	102	1.7
471 水道	0	0	0.685	0.685	0	43	43	0.8
481 廃棄物処理	0	0	0.085	0.085	0	12	12	0.8
511 商業	0	166	0.311	0.700	116	136	252	53.3
531 金融・保険	0	0	0.402	0.402	0	88	88	3.6
551 不動産仲介及び賃貸	0	0	0.948	0.948	0	66	66	5.8
552 住宅賃料	0	0	0.538	0.538	0	11	11	1.9
553 住宅賃料（帰属家賃）	0	0	1.000	1.000	0	120	120	0.0
571 鉄道輸送	1,151	1,151	0.243	1.000	1,151	6	1,156	153.6
572 道路輸送	73	81	0.509	1.000	81	29	111	14.6
573 自家輸送	0	0	1.000	1.000	0	136	136	0.0
578 運輸附帯サービス	0	0	0.138	0.138	0	31	31	0.5
593 情報サービス	0	0	0.104	0.104	0	6	6	0.4
594 インターネット附随サービス	0	0	0.204	0.204	0	1	1	0.0
595 映像・音声・文字情報制作	0	0	0.426	0.426	0	11	11	0.4
611 公務	0	0	1.000	1.000	0	1	1	0.0
631 教育	19	19	0.344	1.000	19	9	28	4.5
641 医療	0	0	0.205	0.205	0	5	5	0.4
643 社会保険・社会福祉	0	0	0.198	0.198	0	4	4	0.8
644 介護	0	0	0.614	0.614	0	2	2	0.4
659 他に分類されない会員制団体	0	0	0.923	0.923	0	24	24	3.3
661 物品賃貸サービス	739	739	0.522	1.000	739	27	766	27.3
662 広告	0	0	0.108	0.108	0	5	5	0.0
663 自動車整備・機械修理	0	0	0.695	0.695	0	111	111	4.0
669 その他の対事業所サービス	0	0	0.266	0.266	0	54	54	7.4
671 宿泊業	1,964	1,964	0.479	1.000	1,964	5	1,969	253.6
672 飲食サービス	1,040	1,040	0.824	1.000	1,040	74	1,114	194.7
673 洗濯・理容・美容・浴場業	7	7	0.659	1.000	7	29	36	7.9
674 娯楽サービス	34	34	0.791	1.000	34	20	54	6.9
679 その他の対個人サービス	36	36	0.942	1.000	36	28	63	4.7
681 事務用品	0	0	0.999	0.999	0	10	10	0.0

(注) 産業部門は、最終需要と経済波及効果にデータがある部門のみ記載。

記号注　**A**：投入係数　　**I**：単位行列　　$\widehat{M}$：移輸入係数

$\left(I-\widehat{M}\right)$：自給率係数　　$\left[I-\left(I-\widehat{M}\right)A\right]^{-1}$：逆行列係数

ΔF_d：域内最終需要の変化　　ΔE：移輸出の変化

ΔX：生産額の変化

　(11.1)式では、自給率は2カ所、原材料の自給率に関わる逆行列係数の中の自給率と、最終需要に乗じる自給率が用いられています。(11.1)式は、産業連関表の横行のバランス式（恒等式）から導かれていますので、バランス式の段階では2つの自給率は同じ値でなければなりませんが、この恒等式を微分して右辺の最終需要の変化分（Δ：デルタ で表される）に対する左辺の生産額の変化分（こちらもΔ で表される）を表す(11.1)式は、バランス式の制約から離れた理論モデルなので、最終需要に乗じる自給率を任意に変えても差支えありません。付言すれば、地産地消などのテーマを分析する場合など、分析目的によっては、逆行列の中の自給率を変える必要もありますが、この場合も(11.1)式の理論モデルとしての役割に問題はありません。

　表11.4に戻りますが、E欄に直接効果（生産者価格の最終需要×調整自給率）を、G欄には直接効果に逆行列係数を乗じた生産誘発効果を掲げています。F欄は、生産誘発効果から直接効果を引いて求めます。

　一連の結果をまとめますと、最終需要は54億5,100万円、これによって最初に誘発される白馬村の直接効果は53億9,700万円、これに間接効果12億6,200万円が加わった生産誘発効果の総額は66億6,000万円となります。

　最終需要を白馬村のインバウンド観光客が日本国内で消費した総額127億2,800万円（表11.1F欄の合計）と設定することもできますし、その方が理に適っているとも言えますが、白馬村の産業部門別自給率の調整が難しいため、本章では白馬村に落ちるお金を求めた段階の支出額を最終需要とし、これに自給率（調整自給率）を乗じています。

11.5.2　雇用効果

　表11.4のL列は、雇用効果の計算結果です。これは、生産誘発効果（G列）に、長野県（企画振興部総合政策課統計室）「平成27年長野県産業連関表」の付表の雇用表と取引基本表から算出した雇用係数を乗じて求めます。雇用効果の求

め方は、第Ⅰ部第2章で解説していますが、雇用係数は、雇用表の産業別就業者数を取引基本表の産業別生産額で割った生産額100万円あたりの就業者数を表す係数です。これに生産誘発額を乗じると就業者の誘発人数（雇用効果）を計算することができます。

　白馬村のインバウンド観光客の雇用効果（白馬村居住者）は767人となります（表11.4 L欄の合計）。総務省統計局「令和2年国勢調査」によれば、白馬村の就業者（白馬村居住者）は4,388人であるので、インバウンド観光によって誘発されている就業者数767人の占める割合は17.5%になります。就業者の2割近くがインバウンド観光により支えられています。

11.5.3　税収効果

　経済学の教科書では、経済主体として企業、家計、政府の3つをあげて相互の経済取引を説明します。これになぞらえると、本章で明らかにした生産誘発効果は企業（産業）への効果、雇用効果は家計への効果です。インバウンド観光の経済効果は、さらに3つめの経済主体である政府（行政）にも及びます。

　表11.5は、白馬村の財政にもたらされている税収効果を計算したものです。税収と経済活動に関連した譲与金、交付金の増収効果は1億7,500万円で、これは税収と譲与金、交付金の歳入の6.6%にあたります。

11.5.4　定住人口効果

　最後に、インバウンド観光が白馬村の定住人口に及ぼしている影響について考察してみます。

　定住人口効果は、雇用が生まれる雇用効果（就業者誘発効果）にともなって単身及び家族で白馬村に居住し、人口増加につながる効果です。東京一極集中の例を持ち出すまでもなく、仕事と暮らしのお金の動きに沿って人は移動しています。白馬村にたくさんの外国人が訪れて、宿泊や飲食、スキー場などにお金が落ちることで仕事が生まれ、人が集まります。

　図11.2は、定住人口効果を算出するための考え方を示しています。雇用効果は白馬村の昼間の就業者の増加を意味していますが、その中には白馬村以外の市町村に居住する通勤者も含まれています。これを仕訳けるのが「村内雇用係数」であり、また白馬村に居住する就業者には村外で働く就業者もいますので、村内に

表11.5　白馬村におけるインバウンド観光の税収効果

（単位：100万円）

白馬村の税収効果		課税標準対応項目（産業連関表項目）	H27年産業連関表より A	H28年度一般会計税収額等 B	税率係数 t=B÷A	誘発効果 ΔX	税収効果 ΔT=ΔX·t
記号・算式			A	B	t=B÷A	ΔX	ΔT=ΔX·t
市町村税	1.1 村民税（個人）	雇用者所得合計	16,486	316	0.019	1,559	30
	1.2 村民税（法人）	営業余剰合計	4,011	94	0.023	421	10
	2 固定資産税（注1）	設備投資額		0.7	0.014	630	6
	3 軽自動車税	村内生産額合計	60,739	30	0.000	6,660	3
	4 市町村たばこ税	民間消費支出計	17,859	87	0.005	1,725	8
	5 入湯税	民間消費支出計	17,859	39	0.002	1,725	4
	6 都市計画税	村内生産額合計	60,739	—		6,660	0
市税合計				1,484			61
地方交付金等	1 地方譲与税（注2）	村内生産額合計	60,739	69	0.001	6,660	8
	2 地方交付税（注2）	村内総生産額（GRP）	32,432	1,831	0.056	1,559	88
	3 地方消費税交付金	民間消費支出	17,859	183	0.010	1,725	18
	4 その他（注3）	村内総生産額（GRP）	32,432	19	0.001	1,559	1
地方交付金等合計				2,102			114
（参考）村税及び経済活動関連交付金増収額（合計）				2,668			175
増収の寄与率							6.6%

（注1）民間総固定資本形成誘発額×課税標準調整係数0.7×税率1.4％で税額を算定
（注2）国税として徴収しそのまま地方公共団体に対して譲与する税。地方公共団体の財源とされているも、諸般の事情から、徴収事務を国が代行している。現在、地方揮発油譲与税、地方道路譲与税、石油ガス譲与税、特別とん譲与税、自動車重量税の収入額の3分の1（当分の間、1,000分の407）の額を市町村に対して譲与する自動車重量譲与税、地方法人特別譲与税がある。（総務省「決算カード」）地方交付金の配分基準も、配分の原資となる国税（所得税・法人税など）が経済活動の影響を受けるため、ここに計上した。
（注3）利子割交付金、配当割交付金、株式等譲渡所得割交付金、ゴルフ場利用税交付金、特別地方消費税交付金、自動車取得税交付金など

居住する就業者が支えている人口も「定住人口係数」を用いて計算します。

　計算の結果、白馬村のインバウンド観光によって支えられている人口は1,000人を超える1,117人で、総務省統計局「令和2年国勢調査」による白馬村人口8,575人の13.0％にあたります（**表11.6**）。

図11.2　白馬村におけるインバウンド観光の定住人口効果

居住地：市町村人口　D		居住地：市町村外	（定住人口の計算方法）
市町村の人口を支える就業者			雇用効果×昼間就業者数（A+B）のうち、Aの比率（**村内雇用係数**）を用いて居住地が市町村内の就業者数への誘発人数を算定。さらに村内居住の就業者数（A+C）により支えられている人口Dのうち、村内で働く就業者数Aで支えられている人口の比率（**定住人口係数**）を乗じて、定住人口効果を算出する。
就業地：市町村外 C	就業地：市町村内 A	市町村内へ通勤 B	
経済波及効果で生じる雇用効果の範囲			

表11.6　白馬村におけるインバウンド観光の定住人口効果

項目	記号・算式	基礎数（人）	比率
白馬村人口	D	8,929	
うち就業者（夜間）	A+C	4,885	1.000
うち村内で就業する者	A	3,985	0.816
うち村外で就業する者	C	900	0.184
Aによって支えられている人口	Da＝D×A/(A+C)	7,284	
Aに対するDaの比率（**定住人口係数**）	e＝Da/A		1.83
就業者（昼間）	A+B	5,000	1.000
うち村内居住者	A	3,985	0.797
うち村外居住者	B	1,015	0.203
村内雇用係数	f＝A/(A+B)		0.80

定住人口効果＝雇用効果×村内雇用係数 f ×定住人口係数 e	
雇用効果	767人
定住人口効果	**1,117人**
（参考）白馬村人口への寄与率	12.5%　定住人口効果÷D

（出典）総務省統計局「平成27年国勢調査」通勤通学集計など。「令和2
　　　　年国勢調査」の通勤・通学集計は未発表のため、平成27年国勢調
　　　　査のデータを用いている。

（注）C、B はそれぞれ国勢調査の A＋C、A＋B の人数から A、B を引い
　　　た人数。

11.6　まとめと課題

　長野県白馬村は、冬のスキー客を中心にインバウンド観光に早くから力を入れていて、全国でもインバウンド観光で名前の知られた村の1つです。しかし、インバウンド観光に力を注ぐ政策が村の経済に効果的であることは誰も直感的に理

解していましたが、その実態がデータとして明らかにされたことはありませんでした。

　分析では、生産誘発効果（経済波及効果）が66億6,000万円と算出されましたが、これは、2015年白馬村産業連関表の全産業の生産額607億3,900万円から「住宅賃貸料（帰属家賃）」などの非市場取引や「公務」「教育」など行政の関与の大きい部門の生産額を除いた民間事業所の売上496億7,200万円に対して13.4％のウエイトを占めています。

　村内で働く就業者もその17.5％が、税収では6.6％が、定住人口では13.0％がそれぞれインバウンド観光の恩恵によるものであることが分かりました。

　近年の円安にも誘発されてインバウンド観光は全国的に急増していて、著名な観光地ではオーバーツーリズムによる弊害も大きくなっていますが、人口減少に悩む地方の観光地ではまだまだインバウンド観光への期待もあります。インバウンド観光は、ただ効果があるという漠然とした期待から進めるのではなく、インバウンド誘客の目標をどう設定するのか、目標を達成するインバウンド客を誘客するためにどれくらいのお金をかけるのか、その場合、税収効果を含めてもたらされる経済効果はどれくらいなのか、それぞれデータに基づいて誘客政策の立案と財源の見通しを立てる必要があります。EBPM（Evidence Based Policy Making；エビデンスに基づく政策立案）が求められる分野の1つです。

　冒頭に述べたように、インバウンド観光の地域経済効果を分析する際の「道標」となるよう記述に配慮しましたが、本章の分析を支えているのは、表11.1でみたように白馬村内における「国籍別外国人延べ宿泊者数」や「外国人宿泊客の1人あたり宿泊数」など、白馬村が宿泊施設を対象に毎年独自に実施しているインバウンド観光に関する調査データです。

　観光庁の統計には、市町村単位の外国人宿泊客などのデータはありません。政府の地域経済分析（RESAS）のサイトも観光庁の統計に制約されているのか市町村単位の外国人宿泊客などのデータは掲載されていません。ただ、一部の都道府県では市町村単位の外国人宿泊客数などをＨＰで公表しているところもあります。例えば、長野県山岳高原観光課「外国人延宿泊者数調査」では、全市町村ではありませんが、地方振興局とインバウンド客の多い一部の市町村の国籍別延べ宿泊者数データを公表しています。

　インバウンド観光が地方創生の観点からも注目されているとすれば、政府や都

道府県は、市町村単位での外国人宿泊客数など、最低限のデータを調査し公表し、地方のインバウンド観光を支援するべきだと思われます。

　また、市町村も、地域の実態に即した正確な分析とそれに基づく政策立案のためには、白馬村で実施しているようなデータを調査によって収集する努力が求められます。

第12章

広域観光の地域経済効果
長野県地域間産業連関表の作成と利用

12.1　はじめに¹⁾

　産業連関表は、一定の地域の経済取引と産業構造を明らかにし、地域に新たに生じた需要が地域内の生産や雇用に与える影響を分析する仕組みです。総務省統計局が公表している全国の産業連関表や、都道府県が作成・公表している都道府県の産業連関表は1つの行政単位を扱うもので、「地域内産業連関表（以下、地域内表と略）」といいます。

　それに対して、複数の行政単位の産業構造・取引構造を明らかにし、相互のつながりや取引の状況を把握するものが「地域間産業連関表」（以下、地域間表と略）です。1つの行政単位を超えて、経済圏域を共有する市町村の相互関係について分析することが可能となり、協調的なエリア形成や政策立案の説得的な根拠となるデータを提供することができます。広域的な経済活動の重要性が増す中で、地域間表の活用範囲はさらに拡大するものとみられます。本章では令和4（2022）年度に実施した「北アルプス連携自立圏における地域間産業連関表作成業務」をもとに、北アルプス連携自立圏に属する5市町村（大町市・池田町・松川村・白馬村・小谷村）と長野県、全国の7地域間産業連関表を作成し経済波及効果を分析した経験をもとに、広域観光の意義を明らかにします。

1）本章は、令和4年度に北アルプス連携自立圏広域観光専門部会・（一社）長野県観光機構から㈱地域経営プラチナ研究所が受託して実施した「令和4年度北アルプス連携自立圏における地域間産業連関表作成業務」に基づいて、筆者が加筆再構成したものです。

12.2 地域間産業連関表のしくみと作成方法

12.2.1 地域間産業連関表のしくみとメリット

　地域間産業連関表のしくみを**図12.1**に掲げました。地域内表で一括表示している「移輸入額」「移輸出額」の相手先市町村とその額を特定して分析を可能とするのが、地域間産業連関表の特長です。

　そのためには、分析対象とする市町村ごとに産業連関表を作成し、「移輸出額・移輸入額」を確定した上で、その相手先市町村との取引額を推計することが必要です。長野県との関係、全国との関係をみる際にも、同様に長野県産業連関表、全国産業連関表が必要となります。まずは単独の産業連関表を作成し、それらを連結するという2段階の作業が必要となります。

　図12.1で大町市を例にとってみましょう。一番上の行をヨコにみていくと、大町市で生産された財貨サービスが、大町市、池田町、松川村、白馬村、小谷村、長野県、全国でどのような用途にいくら使用されたかがわかります。左側の列をタテにみると、大町市が生産や消費活動のために、自分の地域では生産されない財貨サービスをどの市町村や長野県、全国からいくら移入したかが分かります。

　地域内産業連関表の構造と基本的な考えは同じですが、地域外の相手先市町村、都道府県、全国の中間需要・中間投入、最終需要項目を特定して財貨サービスの投入と産出の取引構造を明示でき、広域的な経済圏の姿を把握できる点が大きなメリットとなっています。

　また、地域間表の第2のメリットとして、経済波及効果分析では、ある地域に誘発された生産が他の市町村や都道府県に波及する姿や、逆に都道府県で誘発された生産が、都道府県内の市町村に与える影響をとらえることもできる点があげられます。

　地域間表の第3のメリットは、ある市町村で誘発された生産が、原材料の取引を通じて他の地域の生産を誘発し、さらにこの他の地域の生産が再び元の市町村の生産を誘発する「跳ね返り効果」を把握できることです。この跳ね返り効果を含む分だけ、地域内表を用いた分析よりも経済波及効果が大きくなります。地域間表を用いた分析は、地域内表では分析から漏れていた波及過程をとらえることができるのです。

　観光は、需要サイドも供給サイドも広域化していて単独の市町村で対応する時

図12.1　北アルプス連携自立圏・7地域間産業連関表の枠組み

地域内産業連関表	中間需要		最終需要			生産額
	産業A	産業B	地域内	移輸出	移輸入	
産業A	20	30	30	40	-20	100
産業B	50	80	50	50	-30	200
付加価値	30	90				
生産額	100	200				

うち移出

移出先の配分比率が交易係数
交易係数を求めるのが重力モデル

7地域間産業連関表		中間需要							最終需要							輸出	輸入	生産額
		大町市	池田町	松川村	白馬村	小谷村	長野県	全国	大町市	池田町	松川村	白馬村	小谷村	長野県	全国			
中間投入	大町市	大町市の移出							大町市の移出									
	池田町	池田町の移出							池田町の移出									
	松川村	松川村の移出							松川村の移出									
	白馬村	白馬村の移出							白馬村の移出									
	小谷村	小谷村の移出							小谷村の移出									
	長野県	長野県から5市町村への移出							長野県から5市町村への移出									
	全国	長野県を除く全国から県内への移出							長野県を除く全国から県内への移出									
付加価値																		
生産額																		

代ではなくなってきています。本章では、北アルプスの5市町村にまたがる観光客の周遊行動と、それを支える5市町村の観光資源の姿を明らかにすることを目的にしています。次項では、少し長くなりますが、この威力のある地域間産業連関表の作成方法を説明しましょう。

12.2.2　地域間産業連関表の作成方法

（1）連結する地域の産業連関表の準備

地域間表の作成では、最初のステップとして、地域間表に組み込む各地域の産業連関表を準備する必要があります。市町村産業連関表を新たに作成する場合は第Ⅰ部第1章を参照してください。連結のパターンには、市町村－都道府県－全

国という地理的包摂関係を踏まえた「垂直型連結」と、1つの都道府県内の複数の市町村や都道府県間の「並列型連結」があります[2]。本章の場合は、長野県内の5つの市町村－長野県－全国の地域間表を利用していますので、垂直型と並列型の混合型です。

　地域間表に広域的な都道府県表や全国表を組み込む場合、例えば長野県表は分析対象の県内市町村の産業連関表のすべての値を引いた表にしておかなければなりません。全国表を連結する場合も全国表から長野県表を除いた「長野県を除く全国表」にしておきます。

（2）接着剤としての交易係数

　次のステップは、ある市町村の移出先の地域別（市町村、県、全国）の移出額の推計作業です。図12.1の下段にグレーで着色した部分の推計です。これを知るためには、ある市町村の地域別産業別移出額の構成比を知る必要があります。この構成比のことを**交易係数**と言います。

　交易係数は、ある地域の移出は別の地域の移入なので移入元の地域別、産業別構成比でもかまいません。地域区分は、分析結果を出したい市町村や都道府県を設定します。全国を加えておくと、上述したように全国から分析したい都道府県や市町村などへの波及効果の「跳ね返り効果」をとらえることができるので、あった方がいいと思います。

　都道府県と全国との移出入は、都道府県表に都道府県外への「移出」と都道府県外からの「移入」があるので、全国表の方にこれにそれぞれ対応した「移入」と「移出」欄を設けておきます。また、市町村表の場合は、移出先を県外と県内に分けておく必要があります。この推計方法については第1章を参照してください。

　実際の交易係数の作り方は、以下のとおりです。

（ステップ1）

　都道府県間のある品目の物流量（Q）を、移出元のその品目の生産額（X）、移出先の地域内需要額（D）、移出元と移出先の距離の二乗分の1（$1/d^2$）で説明する次の関数（**重力モデル**）を作成します。2地点間の経済取引量（移出額）は、移出元の生産額と移出先の地域内需要額に比例し、距離の二乗に反比例する

2）浅利一郎・土居英二『地域間産業連関分析の理論と実際』日本評論社、2016年を参照。

という物理学の2天体間に働く重力の大きさになぞらえた経済学の交易モデルです。Q は財貨サービスの移出額の大きさを、X はそれを押し出す力、D は引きつける力の大きさを意味しています。

$$Q = \frac{X \cdot D}{d^2} \qquad (12.1)$$

用いるデータは以下のとおりです。

- 物流量（Q）：国土交通省「全国貨物純流動調査」の「表Ⅳ-2 都道府県間流動量（品目別）−重量−」表の品目別の都道府県間の貨物流動量（トン）。品目を産業連関表の産業部門に対応させます。いくつかの品目をまとめる場合もあります（例：「麦」「米」「野菜・果物」他→「耕種農業」）。
- 移出元の当該品目の生産額（X）：分析する都道府県の産業連関表の生産額。
- 移出先の地域内需要額（D）：分析したい都道府県を中心とした近隣県などの都道府県産業連関表の都道府県内需要額。

    変数※が2〜3の回帰分析を使うため1変数につき最低12〜15のデータが必要ですので、都道府県の数は24〜36が必要となります。

    ※回帰式のあてはまり具合が悪い場合は生産額（X）を外したモデルとする場合があるため、変数は2つとなり都道府県の数は最低24となります。

- 移出元と移出先の距離の二乗分の1（$1/d^2$）：都道府県庁舎間の自動車走行距離（km）を「自動車ルート検索：NAVITIME」などを用いて測定します。

これらのデータを用意するには、各都道府県の産業連関表の入手という作業が必要となります。

（ステップ2）

次に、これらのデータを実数から対数（Ln）に変換して(12.1)式に代入し、(12.1)式の定数と各変数の係数（これらをパラメータと呼びます）を回帰分析により算出します。回帰分析は、エクセルのメニューの「データ」→「データ分析」→「回帰分析」で行うことができます。

回帰式の形は次の(12.2)式のようになります。距離変数（$1/d^2$）の2は δ の値の中に含まれます。

$$\ln(Q) = \alpha + \beta \ln(X) + \gamma \ln(D) - \delta \ln(d) \qquad (12.2)$$

回帰式については、（ア）自由度調整済決定係数（$\bar{R}^2$）が１に近いかどうか（決定係数は相関係数の二乗で、回帰式とデータとの適合度を判定します。$0 \leq \bar{R}^2 \leq 1$ なので、本章では0.6以上としました）、（イ）パラメータ α、β、γ、δ の t 値（t 検定の判定値）の絶対値が2.0以上かどうか、（ウ）パラメータの符号が適正であるかどうか（この場合、$\beta > 0$、$\gamma > 0$、$\delta < 0$）などが、回帰式が有効な重力モデルかどうか、採用する際の判定基準となります。

　重力モデルの回帰式は、１回で（ア）〜（ウ）の条件をクリアすることは少なく、都道府県の範囲や数を変えたり生産額（X）の変数を外して残り２変数だけの式に変形したりするなど、試行錯誤を繰り返すことが多いです。品目によっては５年ごとに実施される「物流センサス」の２カ年のデータを合算して元データを作成することもあります。

　なお、重力モデルは、移出先の地域別構成比という定義上、ある市町村の移出額のない産業部門については作成する必要がありませんが、他の市町村や都道府県から市町村への移出はあることが多いため、念のために統合中分類（107部門）のすべてについて作成しておきます。ただし、どの地域の産業連関表でも定義上、共通して自給率＝１となる産業部門（建設関係の４部門、住宅賃貸料（帰属家賃）、自家輸送、公務）については重力モデルを作成する必要はありません。

（ステップ３）

　交易係数を求める次のステップは、(12.2)式で得られたパラメータを使って分析対象の地域間の移出額の割合を求める作業となります。この作業に入る前には、都道府県内の市町村の産業別生産額や市町村内需要額のデータが必要となるため、産業連関表を作成しておかなければなりません。また、都道府県内の市町村の移出額は、県内への移出額、県外への移出額に分けて表を作成しなければなりませんが、これについては第Ⅰ部第１章を参照してください。

　大町市の「耕種農業」の移出額を、池田町、松川村、白馬村、小谷村、長野県、全国の６つの移出先に配分する場合を例に説明します。品目番号を「k」、地域番号を「i,j」とし、i を大町市１として順に５市町村以外の長野県の６まで移出先の地域 j に割り振ります。長野県外（全国）への移出額は既に表の中にあるためその必要はありません。また都道府県内の市町村や都道府県間の距離として、市町村庁舎間及び市町村庁と都道府県庁間の距離を計測しておきます。

　移出額（計算値）の記号を Q から e へ、地域内最終需要の記号を D から F_d

に替えると、大町市から隣の池田町への耕種農業部門の移出額（E_{12}）の推計式（12.2）式は次のようになります。上の添え字の前は産業部門の品目番号、下の添え字の最初は大町市の番号1、後ろは移出先の池田町の番号2です。

$$\ln(e_{12}^1) = \alpha + \beta \ln x_{12}^1 + \gamma \ln(Fd_{12}^1) - \delta \ln(d_{12}) \tag{12.3}$$

　大町市から他の県内5地域への移出額（計算値）を求めるこの計算は、それぞれ右辺のデータを入れ替えながら行います。その結果は $\ln(e_{12}^1)$ から $\ln(e_{16}^1)$ となりますが、それぞれエクセルの exp( ) 関数を用いて対数から実数へ戻します。そして、その合計値 $\sum e_{1j}^1$（$j = 2, 3, 4, 5, 6$）で $e_{12}^1, e_{13}^1, \cdots, e_{16}^1$ を割った比率が大町市から、それぞれ池田町、松川村、白馬村、小谷村、その他長野県へ耕種農業の生産物の移出額を割り振る構成比 ＝ 交易係数となります。

（ステップ4）

　交易係数の作成が終了したのち、地域間産業連関表を完成させるのが最後の段階です。その作成手順と方法を**図12.2**で示しました。

　図12.2の上段では、例として大町市の池田町への移出額が地域間産業連関表のどの位置に配置されるのかを示しています。その額の計算は産業部門ごとに次の計算式で行います。

$$\begin{aligned}\text{大町市の池田町への移出額} &= \text{大町市の県内移出額（合計）}\\ &\times \text{大町市の移出先の構成比（交易係数）の池田町の値（比率）}\end{aligned} \tag{12.4}$$

　図12.2の中段では、（12.4）式で求めた池田町への移出額を、池田町の中の107の産業部門の中間需要と最終需要に配分する方法を示しています。例えば耕種農業の中間需要と最終需要のヨコ行については、（12.4）式で求めた大町市の池田町への移出額に、次の比率を乗じて配分します。

$$\begin{aligned}&\text{池田町の産業別中間需要額} \div \text{池田町の町内需要額}\\ &\text{池田町の項目別最終需要額} \div \text{池田町の町内需要額}\end{aligned} \tag{12.5}$$

　全国の扱いですが、これは既に各地域の産業連関表で「県外への移出」という項目が立てられているため、その移出先への配分は（12.5）式で行います。

　最後は、図12.2の下段にグレーで着色した大町市 × 大町市など、地域がクロスしている部分を埋める作業です。これは記号と計算式で示したように、大町市

図12.2 地域間産業連関表の作成方法

① 大町市の耕種農業の池田町への移出額（合計）＝大町市の県内移出額×大町市の耕種農業の池田町の交易係数（移出額割合）

7地域間産業連関表		中間需要							最終需要						輸出	輸入	生産額
		大町市	池田町	松川村	白馬村	小谷村	長野県	全国	大町市	池田町	松川村	白馬村	小谷村	長野県	全国			
中間投入	大町市		←	大町市の移出						→	大町市の移出							
	池田町			池田町の移出							池田町の移出							
	松川村			松川村の移出							松川村の移出							
	白馬村	白馬村の移出							白馬村の移出									
	小谷村	小谷村の移出							小谷村の移出									
	長野県	長野県から5市町村への移出							長野県から5市町村への移出									
	全国	長野県を除く全国から県内への移出							長野県を除く全国から県内への移出									
付加価値																		
生産額																		

② 地域間産業連関表の作成　　大町市の耕種農業の池田町への移出額ΣE_{12}の配分方法

地域間産業連関表		中間需要						最終需要				
		大町市		…	池田町		…	大町市	…	池田町		…
		耕種農業	畜産	…	耕種農業	畜産	…	民間消費	…	民間消費	…	
大町市	耕種農業											
	畜産											
	…											
池田町	耕種農業											
	畜産											
	…											
粗付加価値												
生産額合計												

大町市の耕種農業の池田町の中間需要への移出額ΣE_{12}×(池田町の耕種農業の中間需要額÷池田町の耕種農業の町内需要額合計)

大町市の耕種農業の池田町の最終需要への移出額ΣE_{12}×(池田町の耕種農業の最終需要額÷池田町の耕種農業の町内需要額合計)

③ 自市町村、県のクロスした部分（地域内取引）の推計

7地域間産業連関表		中間需要							最終需要						輸出	輸入	生産額
		大町市	池田町	松川村	白馬村	小谷村	長野県	全国	大町市	池田町	松川村	白馬村	小谷村	長野県	全国			
中間投入	大町市	A							H									
	池田町	B							I									
	松川村	C							J									
	白馬村	D							K									
	小谷村	E							L									
	長野県	F							M									
	全国	G							N									
粗付加価値																		
生産額																		

粗付加価値と生産額は、それぞれの産業連関表の数値を持ってくる

耕種農業A＝原表耕種農業−(B+C+D+E+F+G)の耕種農業

家計外消費支出＝原表家計外消費支出H−(I+J+K+L+M+N)

の原表の産業別中間需要の値から県内の5地域の同じ産業部門のタテ列（B〜G）の金額を引いてAを算出します。B〜Gは大町市の各産業の中間需要に含まれている長野県内外からの移入額にあたります。

　粗付加価値と生産額は、それぞれの地域の産業連関表から持ってきます。注意しなければならないのは、長野県の場合は5市町村を除く長野県表の粗付加価値、生産額です。全国も原表ではなく、長野県を除く全国の表の値です。

　これで7地域間産業連関表は完成ですが、タテ列とヨコ行の生産額が一致するかどうかなど、検証を最後に行います。検証のために、内生部門計、地域内最終需要計、需要計などの合計欄は計算式で作成しておきます。

12.3　北アルプス連携自立圏の観光流動調査

12.3.1　アンケート調査の概要

　広域的な経済活動の中で、ある圏域内の市町村がどのような相互関係を形成しているかは、供給サイドと需要サイドから光をあてることができます。供給サイドは上述した地域間産業連関表によりとらえることができます。需要サイドについては、例えば観光の場合には、消費者である観光客が市町村をまたいで周遊している行動をとらえることで、その実態を明らかにすることができます。

　ここでは、北アルプス連携自立圏（大町市、池田町、松川村、白馬村、小谷村）エリアの観光客の周遊行動の実態を把握するために、北アルプス連携自立圏観光専門部会が2022年秋に実施した観光客へのアンケート調査を例に、消費者の広域的な周遊観光の姿をみてみます。調査の概要は**表12.1**のとおりです。

　表12.2が、実際に使用したアンケート調査票です。アンケート調査では【問8】と【問9】で周遊ルートを詳細に尋ねていますが、ここでは紹介を割愛します。

12.3.2　観光客が北アルプス地域に落とすお金

　アンケート調査結果からグリーン期（5〜11月、調査は9〜10月）に北アルプスを訪れて宿泊した観光客の1人あたり単価を算出した結果が、**表12.3**です。

　1人あたり消費支出額を市町村別にみると、白馬村宿泊者が6万円台、大町市、松川村の宿泊者が5万円台、小谷村、池田町の宿泊者が4万円台となってお

表12.1　北アルプス地域の旅に関するアンケート調査の概要

調査名	北アルプス地域の旅に関するアンケート
実施主体	北アルプス連携自立圏観光専門部会
調査対象	北アルプス連携自立圏5市町村の宿泊施設利用者
実施時期	2022年9月1日～2022年10月31日
調査手法	5市町村の宿泊施設に配布して、記入後回収
回収数	計338（大町市62、池田町28、松川村113、白馬村51、小谷村84）
補正方法	回収した調査票は、市町村間で回収数に偏りがあるため、北アルプス全体の平均値等を算出する場合、市町村の訪問観光客数（実人数）のウェイトによる加重平均による計算を行った

り、有力な観光スポットが多いところほど1人あたり旅行費用額が多い傾向がうかがえます。

　表12.3の各項目の下段に掲げている「宿泊客数」や「観光客数」は、実人数の推計結果です。データの出典は、長野県山岳高原観光課「観光地利用者統計調査」です。この統計に掲載されている年・月別、市町村別延べ宿泊者数データを、同「観光庁『観光入込客統計に関する共通基準』に基づく長野県観光入込客統計」に掲載されている延べ宿泊客数と実宿泊客数の比率を乗じて推計しています。グリーン期の北アルプス5市町村で宿泊した人数は、合計で100万2,100人となります。

　表では、以上の1人あたり消費額と実宿泊客数から観光客の消費総額を推計しています。北アルプス5市町村の総額で536億3,400万円と推計されます。

12.4　市町村別経済波及効果の分析

12.4.1　購入者価格から生産者価格への変換

　最後に、前節でみてきた観光客が北アルプス地域に落とすお金を起点とする地域経済波及効果の分析結果を紹介します。

　表12.3の最下段では総額しか掲げていませんが、表の上部に記した消費項目ごとに宿泊客の実人数205万8,800人を乗じてそれぞれの消費額を計算します。これが最終需要（購入者価格）です。これを生産者価格に変換して5市町村を含む7地域に配分します。購入者価格から生産者価格への変換については、その意味や方法について第2章で説明していますので参照してください。観光客の消費支出

表12.2　アンケート調査票

北アルプス地域の旅に関するアンケート

この調査は、北アルプス連携自立圏観光専門部会が実施し、地域内5市町村（大町市・池田町・松川村・白馬村・小谷村）を訪問されるお客様の旅行内容と周遊ルートをおたずねし、観光施策の基礎資料とするものです。ご協力いただいた方には、同封の粗品（アルクママスクケース）を進呈します。ご協力の程お願い申し上げます。

北アルプス連携自立圏広域観光専門部会

＜　回答者様について教えてください。＞
【問1】回答者様の年齢（該当する番号を○で囲んでください）
　　　　　1. 10代　　2. 20代　　3. 30代　　4. 40代　　5. 50代　　6. 60代　　7. 70才以上
【問2】お住まい
　　　　　都道府県名（　　　　　　）市町村名（　　　　　　）※長野県内は市町村名のみで結構です。

＜今回のご旅行の内容について教えてください。＞
【問3】旅の同行者数（　　　　　　）人
　　　　　グループの種類（1. 家族　2. 友人　3. カップル・恋人　4. 同僚　5. その他（　　　　　））
【問4】交通手段　　※複数選択可
　　　　　1. 自家用車　2. バイク　3. 観光バス　4. 電車　5. レンタカー　6. その他（　　　　　）
【問5】ご旅行中の宿泊した市区町村名を（　）内にご記入ください。
　　　　　　　1. 一泊目　　2. 二泊目　　3. 三泊目　　4. 四泊以上
　　　　　記入例（　松本市　）（　白馬村　）（　　　　）（　　　　）
　　　　　記入欄→（　　　　）（　　　　）（　　　　）（　　　　）
【問6】今回の旅の主な目的　　※複数回答可
　　　　　1. 自然の中でのリフレッシュ　　　2. スポーツ、アウトドアレジャーなどのアクティビティ
　　　　　3. 文化・工芸体験　　4. 温泉　　5. 宿　　6. おいしい食事　　7. その他（　　　　　　）
【問7】今回の旅の費用をご記入ください。
　　　　　※各項目でお金を使わなかった場合は0円とご記入ください。分からない場合は空欄で結構です。
　　　　　※ご家族などのグループでまとめて支払われた場合は、グループ全体の費用と人数をご記入ください。
　　　　　・交通費（片道・駐車代含む）（＿＿＿）円　・レジャー等（入館料、施設利用料など）（＿＿＿）円
　　　　　・宿泊費（宿泊施設内での飲食代含む）円（＿＿＿）円　・お土産代（＿＿＿）円
　　　　　・飲食費（＿＿＿）円

＜今回のご旅行の周遊ルートについて教えてください。＞
　　　　　※北アルプス地域の主要な観光スポットについては別表をご覧ください。
【問8】現在の宿泊施設の前に訪れた（立ち寄った）スポットを別表から番号でご記入ください。
　　　　　　　　　　自宅　　　訪れた場所　訪れた場所　訪れた場所　訪れた場所　　現在地
　　　　　記入例（　金沢市　）→（　①　）→（　④　）→（　　　　）→（　　　　）→
　　　　　記入欄→（　　　　）→（　　　　）→（　　　　）→（　　　　）→
【問9】現在の宿泊施設の後に訪れる（立ち寄る）予定のスポットを別表から番号でご記入ください。
　　　　　　　　　　現在地　　訪れる場所　訪れる場所　訪れる場所　訪れる場所　　自宅
　　　　　記入例（　金沢市　）→（　②　）→（　⑩　）→（　　　　）→（　　　　）→（　金沢市　）
　　　　　記入欄→（　　　　）→（　　　　）→（　　　　）→（　　　　）→（　　　　）

　　　　　ご記入いただき誠に有難うございました。お帰りの際にフロントへお渡しください。

表12.3　グリーン期の北アルプスを訪れた観光客の旅行消費額

費目	項目（単位）	大町市	池田町	松川村	白馬村	小谷村	5市町村 合計/ 平均	長野県 内	全国
宿泊費	1人あたり（円） 宿泊者数（千人） 総額（100万円）	15,075 448.8 6,765	11,249 1.3 14	14,240 1.8 26	16,075 506.0 8,134	12,094 44.2 534	13,747 1,002.1 15,474	— — —	— — —
飲食費	1人あたり（円） 観光客数（千人） 総額（100万円）	5,634 945.2 5,326	5,447 92.0 501	6,788 238.6 1,620	9,422 685.9 6,462	4,786 97.0 464	6,415 2,058.8 14,373	2,832 136.4 386	1,347 191.3 258
レジャー	1人あたり（円） 観光客数（千人） 総額（100万円）	3,769 945.2 3,563	2,246 92.0 207	2,482 238.6 592	5,686 685.9 3,900	2,665 97.0 259	3,370 2,058.8 8,520		
土産代等	1人あたり（円） 観光客数（千人） 総額（100万円）	3,750 945.2 3,545	3,156 92.0 290	6,038 238.6 1,441	6,533 685.9 4,481	3,802 97.0 369	4,656 2,058.8 10,126	4,351 … …	4,417 … …
交通費	1人あたり（円） 総額（100万円）	22,202 1,991	20,477 93	20,836 645	22,563 2,263	20,300 147	21,276 5,141	交通手段 別に推計	
合計 消費総額	1人あたり（円） （100万円）	50,430 21,190	42,576 1,105	50,384 4,325	60,279 25,241	43,647 1,773	49,463 53,634	6,252	12,390

（注1）長野県、全国の値は、5市町村までの往復旅程の中で、5市町村以外の県内・県外で消費した金額を表す。

（注2）交通費は、交通手段別（新幹線、JR、自家用車など）に東京都（都庁）を出発地とし、到着地（市町村庁舎）までの費用を算出した。総額は、それぞれ利用交通手段別の人数を1人あたり費用に乗じて推計した。

を、7地域間産業連関表の地域別、産業部門別に配分する方法については**表12.4**を参照してください。

12.4.2　地域間産業連関表による分析：大町市の場合

　表12.5では、大町市の観光客94.5万人（実人数）の消費支出（約212億円）が大町市や近隣町村にどのような経済効果をもたらしているのか、7地域間産業連関表による分析結果を掲げました。大町市と圏域内町村、県、全国に及ぼす影響を概観すると、大町市の直接効果約130億円は、市内の産業へ222億円の生産誘発効果を、家計には2,527人の雇用をもたらしています。また、行政に対しては11.2億円の税収増を、地域社会には3,716人の定住効果をもたらしています。

　また、大町市を訪問した観光客が北アルプス連携自立圏内町村に与えている生

表12.4　観光客の旅行消費額の地域別・産業別配分

消費費目	産業連関表に配分する産業部門名	項目別・地域別配分方法
宿泊費	671宿泊業	アンケート調査の宿泊地で配分
飲食費	672飲食サービス	〃　宿泊地、訪問地を参考に配分 宿泊地市町村0.4、他の4市町村は0.075（計0.3）、県内0.2、県外0.1
レジャー	674娯楽サービス	〃　宿泊地、訪問地を参考に配分 宿泊地市町村0.4、他の4市町村は0.075（計0.3）、県内0.2、県外0.1
土産代	111食料品 112飲料 152衣料・繊維類 161木材・木製品 253陶磁器 391その他製造工業製品	①土産代の生産地で配分 宿泊地市町村0.4、他の4市町村は0.075（計0.3）、県内0.2、県外0.1 ②土産品の品目別配分 ・食料品0.6（菓子・食品） ・飲料0.1（酒類・飲料） ・衣料・繊維類0.05 ・木材・木製品0.05 ・陶磁器0.05 ・その他の製造工業製品0.15（雑貨・手芸品等）
交通費	211石油製品 571鉄道輸送 572道路輸送 578運輸付帯サービス 551不動産仲介及び賃貸 661物品賃貸サービス	・自家用車等燃料代 ・電車代 ・観光バス・タクシー代 ・有料道路代 ・駐車場料金 ・レンタカー代
その他	679その他の対個人サービス	・パックツアー代（旅行代理店手数料）

産誘発効果は、生産面では池田町17.4億円、松川村23.4億円、白馬村15.6億円、小谷村15億円となっています。雇用面では池田町203人、松川村230人、白馬村190人、小谷村211人の新たな雇用を誘発しています。雇用増加は定住人口の増加をもたらし、池田町514人、松川村632人、白馬村483人、小谷村310人の定住人口の増加をもたらしています。こうした経済活動は税収にも波及し、池田町8,400万円、松川村1.4億円、白馬村7,400万円、小谷村1.6億円の税収効果をもたらしています。このように大町市の観光客は、北アルプス連携自立圏全体に多大な影響を与えていることが分かります。

　この近隣4町村に及ぶ経済波及効果は、言い換えれば、大町市の観光が、近隣4町村の産業に支えられていて、大町市の観光という財の供給が、大町市単独で

表12.5　地域間産業連関表の試算結果：大町市の場合

（単位：100万円）

大町市のグリーン期の観光が地域経済に与える影響試算 2022年5月〜11月			大町市のグリーン期の観光が北アルプス5市町村へ与える影響						長野県	合計（全国を含む）
			大町市	池田町	松川村	白馬村	小谷村	小計		
■企業・産業への効果										
生産	最終需要	A	21,190	—	—	—	—	21,190	21,190	21,190
	直接効果	B	13,013	944	944	944	944	16,788	19,466	21,190
	間接効果	C	9,193	796	1,397	620	556	12,562	23,580	45,724
	生産誘発効果	D	22,206	1,740	2,341	1,563	1,500	29,349	43,047	66,914
	（波及倍率）	D÷B	1.71	1.84	2.48	1.66	1.59	1.75	2.21	3.16
	生産額（2015年）	E	194,558	56,992	40,986	60,739	18,211	371,485	15,386	略
	占める割合（％）	D÷E	11.4%	3.1%	5.7%	2.6%	8.2%	7.9%	0.3%	
利益	営業余剰	F	11,058	4,722	3,450	4,011	1,286	24,526	1,329	略
	増益効果	G	2,240	208	285	169	109	3,012	6,402	
	占める割合（％）	G÷F	20.3%	4.4%	8.3%	4.2%	8.5%	12.3%	0.5%	
■家計への効果										
雇用	就業者数（人）	H	14,018	4,813	5,186	4,885	1,602	30,504	1,070	8,188
	雇用効果（人）	I	2,527	203	230	190	211	3,361	4,592	
	占める割合（％）	I÷H	18.0%	4.2%	4.4%	3.9%	13.2%	11.0%	0.4%	
■行政への効果										
税収	市町村税等（H28）	J	8,992	2,710	2,323	2,668	2,432	19,125	571,065	略
	税収効果	K	1,120	84	142	74	161	1,581	698	
	占める割合（％）	K÷J	12.4%	3.1%	6.1%	2.8%	6.6%	8.3%	0.1%	
■地域社会への効果										
人口	常住人口（2015年）	L	28,041	9,926	9,948	8,929	2,904	59,748	2,099	略
	定住人口効果	M	3,716	514	632	483	310	5,654	9,013	
	占める割合（％）	M÷L	13.3%	5.2%	6.4%	5.4%	10.7%	9.5%	0.4%	

（注）長野県の「生産額（2015年）」、「営業余剰」は10億円単位、「就業者数」、「定住人口」は1,000人単位。

　はなく市町村の広域的連携によって担われていることを意味しています。

　大町市の観光消費による生産誘発効果は、大町市内は222億600万円ですが、北アルプス5市町村全体では表12.5のように293億4,900万円となっています。大町市を除く4町村の生産誘発効果は合計71億4,400万円で、北アルプス5市町村全体の24.3%を占めています。大町市の観光を支える産業を北アルプスでみた場合、その約4分の1は近隣町村の産業が担っていることが分かります。

表12.6　グリーン期の北アルプス観光客の５市町村への経済効果（総括表）

（単位：100万円、人）

５市町村のグリーン期の観光が地域経済に与える影響試算 2022年５月～11月			５市町村のグリーン期の観光が北アルプス５市町村へ与える影響						長野県へ与える影響計	合計（全国を含む）
			大町市	池田町	松川村	白馬村	小谷村	小計		
■企業・産業への効果										
生産	最終需要	A	21,190	1,105	4,325	25,241	1,773	53,634	53,634	53,634
	直接効果	B	14,363	3,231	5,773	16,425	3,853	43,646	49,107	52,670
	間接効果	C	10,303	2,636	7,484	11,062	2,516	34,002	57,596	104,496
	生産誘発効果	D	24,666	5,868	13,257	27,487	6,369	77,647	106,703	157,165
	（波及倍率）	D÷B	1.72	1.82	2.30	1.67	1.65	1.78	2.17	2.98
	生産額（2015年）	E	194,558	56,992	40,986	60,739	18,211	371,485	15,386	略
	占める割合（％）	D÷E	12.7%	10.3%	32.3%	45.3%	35.0%	20.9%	0.69%	
利益	営業余剰	F	11,058	4,722	3,450	4,011	1,286	24,526	1,329	略
	増益効果	G	2,464	676	1,508	2,657	491	7,796	14,830	
	占める割合（％）	G÷F	22.3%	14.3%	43.7%	66.2%	38.2%	31.8%	1.1%	
■家計への効果										
雇用	就業者数（人）	H	14,018	4,813	5,186	4,885	1,602	30,504	1,070	20,737
	雇用効果（人）	I	2,803	679	1,277	3,196	900	8,855	11,786	
	占める割合（％）	I÷H	20.0%	14.1%	24.6%	65.4%	56.2%	29.0%	1.1%	
■行政への効果										
税収	市町村・県税（H28）	J	8,992	2,710	2,323	2,668	2,432	19,125	571,065	略
	税収効果	K	1,244	276	776	1,317	719	4,333	1,479	
	占める割合（％）	K÷J	13.8%	10.2%	33.4%	49.4%	29.6%	22.7%	0.3%	
■地域社会への効果										
人口	常住人口（2015年）	L	28,041	9,926	9,948	8,929	2,904	59,748	2,099	略
	定住人口効果	M	5,347	1,265	1,800	4,752	1,529	14,692	22,956	
	占める割合（％）	M÷L	19.1%	12.7%	18.1%	53.2%	52.6%	24.6%	1.1%	

（注）長野県の「生産額（2015年）」、「営業余剰」は10億円単位、「就業者数」、「定住人口」は1,000人単位。

12.4.3　北アルプス５市町村の相互経済効果

　表12.6は、大町市だけでなく、５市町村全体のグリーンシーズンの宿泊客の消費支出の５市町村の経済効果を総括的に示した表です。

　北アルプス連携自立圏を2022年のグリーン期に訪れた観光客（実人数）は205万9,000人であり、１人あたりの旅行消費額を乗じた支出総額は536億3,400万円です。生産誘発効果は776億4,700万円、雇用効果は8,855人、税収効果は43億3,300万円、定住人口効果は14,692人に上っています。

圏域の経済規模と比較すると生産額に占める割合は20.9%、就業者に占める割合は29.0%、市町村民税に占める割合は22.7%、常住人口に占める割合は24.6%となっています。どの数値をみても2割〜3割であり、北アルプス連携自立圏にとって、観光関連産業が極めて重要な位置を占めていることが分かります。北アルプスの山や高原などの景観、自然資源、スキーに代表されるウィンターリゾートや里山の生活文化など、この魅力を圏域全体の地域づくりの中で磨いていくことが、この地域の魅力をさらに高めていくでしょう。

12.5　まとめと今後の課題

　北アルプス連携自立圏の地域間産業連関分析によっていくつかの示唆が得られます。

　第1は、観光という経済活動が1つの市町村にとどまらず、周辺市町村へ波及して生産活動、雇用、定住人口や税収増など、相互に多面的な関係を持って営まれている、ということでした。広域観光にとっては、ヒト、モノの面で市町村が相互に支え合っている姿を見ることができます。特定のエリアを共有し、相互に一定の関係で結ばれているのであれば、地域ビジョンの共有化、政策協調などによって、より効率的に成果を生み出すことができます。

　第2は、本分析は、観光への取り組みの効果が、産業振興や雇用、税収、定住人口など部署を超えて多岐に及んでいることをどうとらえるかという問題を提起していることです。観光を担当する仕事は、産業振興、財政、定住人口促進など地方創生を担う部署の仕事に関連していて、庁内的な政策効果情報の共有化を図る必要があることを、本分析は教えてくれています。

　第3は、圏域内の複数の自治体の水平的なつながりを大切にすることと同時に、圏域を束ねる都道府県との関係を見直してみることも必要です。広域の経済活動が県経済にいかに大きな貢献をしているか、という事実を踏まえると、上下関係ではなく、連携をベースにした垂直的関係を形成して圏域の貢献に応じた予算措置を求めることも、喫緊の課題であると思います。

　地域間産業連関分析を活用し、市町村の広域的な相互関係を強化することで、個別市町村の抱えている課題が解消し、地域の活力と生産性向上をもたらす新しい局面も生まれてくると思われます。

第13章

観光・道の駅・展望施設の地域経済効果

静岡県南伊豆町の事例

13.1　はじめに

　全国の市町村では、観光誘客と地方創生のためにイベントの開催や観光施設の整備など、さまざまな施策が取り組まれています。こうした取り組みの成果は観光客数数のデータで目に見える形で表れますが、この観光客数の増加は、地域の経済や社会にどのような効果をもたらすのでしょうか。

　本章では、静岡県の伊豆半島の最南端に位置する南伊豆町を対象に、基幹産業である観光とそれを支える2つの観光施設（道の駅直売所「湯の花」、展望施設「石廊崎オーシャンパーク」）を取り上げて、観光と2つの観光施設が地域にもたらしている経済効果を明らかにすることを目的にしています[1]。

　南伊豆町は人口は7,472人、世帯数は3,823世帯です（2024年3月1日現在）。東西と南の3方向が太平洋に面しているため、沿岸漁業に加え、町の南端にある石廊埼灯台は大きな観光資源として、町内に出る温泉とともに町の観光関連産業を支える核となっています。南伊豆町にはユネスコの伊豆半鳥ジオパークに指定されたサイトも多く、観光や社会教育の機会を提供しています。**図13.1**は、静岡

1）本章は、南伊豆町役場職員を対象に実施されたEBPM職員研修の中で、研修職員の中心となった平山貴寿氏が行った分析と庁舎内発表会の報告をもとに、土居が加筆したものです。この研修は、約100名の町の全職員の中の20代と30代の若手職員11名が参加し、土居が講師として2019年度から2023年度まで5年間継実施されたものです。EBPM（Evidence Based Policy Making：エビデンスに基づく政策立案）は行政改革の一環として政府全体で推進されている新しい行政運営の進め方です。

図13.1　南伊豆町の位置

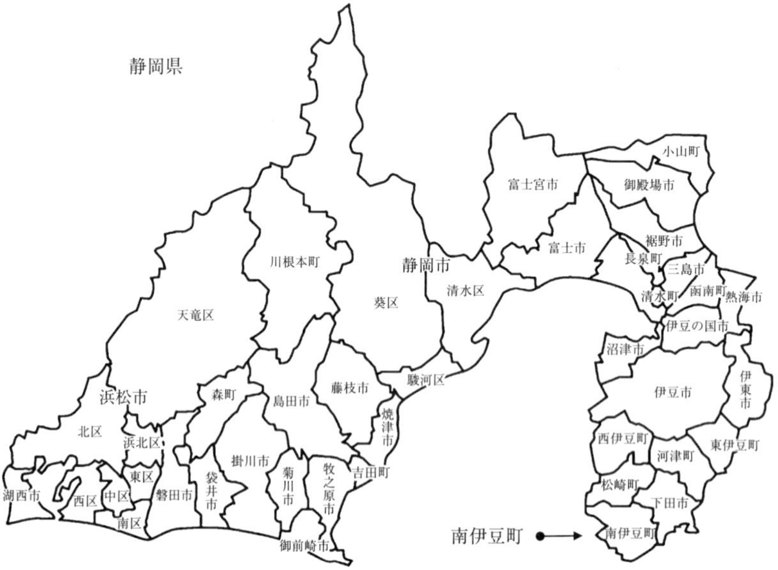

県における南伊豆町の位置です。

13.2　南伊豆町の観光

　南伊豆町の観光客数は減少傾向が続いています（**図13.2**）。1988（昭和63）年度に62.0万人だった述べ宿泊者数を100％とすると、35年後の2022（令和4）年度には13.5万人と21.8％になり、約5分の1に減少しています。観光施設を訪れた観光レクリエーション延べ客数を合わせた観光交流客数は254.4万人から86.4万人と34.0％、約3分の1になっています。

　仕事がなくなれば、若年層に限らず、仕事を求めて人は町を離れます。**図13.3**は同じ期間の南伊豆町の人口の推移をみたものです（住民基本台帳人口）。

　南伊豆町を含む伊豆半島地域の観光へのコロナ禍の影響については第3章で分析していますので、参照してください。5年ごとの人口減少数は次第に増えて減少が加速していることが分かります。

図13.2 南伊豆町の観光客の推移（1988年度〜2022年度の35年間）

（出典）静岡県観光政策課「長期時系列 静岡県観光交流の動向」

図13.3 南伊豆町の人口の推移（1988年度〜2022年度の35年間）

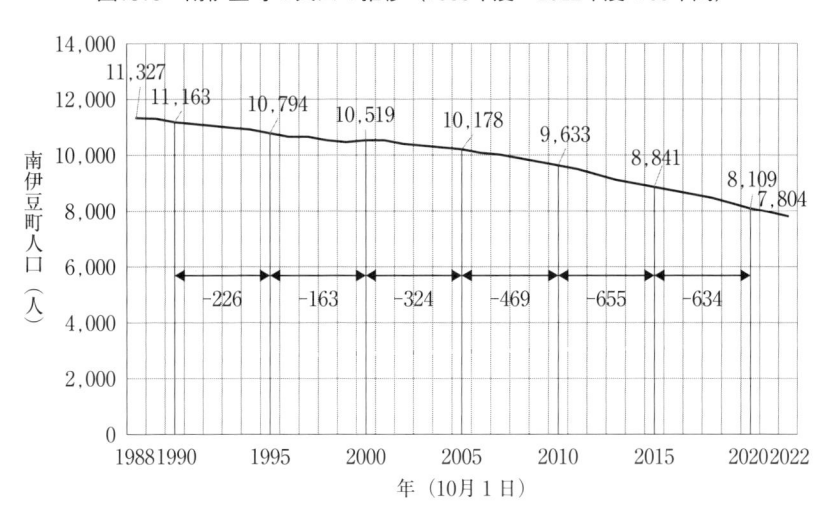

（出典）南伊豆町 町民課 住民年金係

13.3 過疎地の分析と家計内生化均衡産出高モデル

13.3.1 理論モデル

　本章では、観光とそれを支える2つの観光施設（道の駅直売所「湯の花」、展望施設「石廊崎オーシャンパーク」）の3つのテーマの地域経済効果を分析しますが、分析のための理論モデルは、いずれも第2章で解説した家計内生化均衡産出高モデルです。

　南伊豆町の分析に際して、通常の理論モデルではなく、家計内生化均衡産出高モデルを用いる特別の理由があります。製造業などものづくり産業が少ない南伊豆町では、通常のモデルがとらえようとする原材料ルートを通じた町内の波及効果はほとんどみられない反面で、宿泊業をはじめとする観光業への効果は、観光業に従事する就業者の雇用者所得を生み出し、それが家計消費と町内の消費関連産業の生産を誘発し、さらに雇用者所得の増加をもたらす地域内経済循環（間接二次効果）の役割が大きいことから、それを収束するまでとらえて計算する家計内生化モデルによる分析が欠かせないからです。

　家計内生化モデルの理論式は、以下の通りです。

$$\begin{bmatrix} \Delta X \\ \Delta V \end{bmatrix} = \begin{bmatrix} \left[I - \left(I - \widehat{M} \right) A \right] & -\left(I - \widehat{M} \right) c \\ -v & 1 \end{bmatrix}^{-1} \begin{bmatrix} \left(I - \widehat{M} \right) \Delta Fd \\ 0 \end{bmatrix} \tag{13.1}$$

　　記号注　ΔX：生産誘発額　　ΔV：粗付加価値誘発額　　v：雇用者所得率
　　　　　　$\left(I - \widehat{M} \right)$：自給率、$c$：消費係数　　ΔFd：町内最終需要

13.3.2 基礎資料

　分析に用いる産業連関表は、観光の分析とあと2つの分析では、用いた産業連関表が異なりますが、いずれも統合中分類表（静岡県表は108部門ですが107部門に統一）を用いています[2]。

　2）観光の分析は、美しい伊豆創造センターHP（資料室）に掲載されている「伊豆地域の観光関連データ」の伊豆半島版産業連関表（7市6町のそれぞれの2011年表）の南伊豆町産業連関表を用いています。道の駅直売所「湯の花」と展望施設「石廊崎オーシャンパーク」の2つの分析は、脚注1で紹介した南伊豆町役場のEBPM職員研修の中で研修に参加した11名の職員が共同で作成した2015年南伊豆町産業連関表を用いています。

また、観光客数のデータについては、静岡県観光政策課「静岡県観光交流の動向」を、観光客の延べ人数から実人数への変換は、静岡県観光政策課「令和元年度静岡県における観光の流動実態と満足度調査報告書」に拠ります。

13.3.3　分析の内容
　経済効果分析は、生産誘発効果、雇用効果、税収効果、定住人口効果を算出しています。それぞれの効果の求め方については、第2章と、土居・浅利・中野編著［2019］、土居・浅利・中野編著［2020］を参照してください。

13.4　南伊豆町の観光の地域経済効果

13.4.1　最終需要データの作成
　最終需要は、2019年度に観光客が町内で消費した消費額とし、「実観光客数」に町内での1人あたり消費支出額を乗じて算出します。実観光客数は、静岡県観光政策課「静岡県観光交流の動向」の観光交流客数（延べ）を、同課「令和元年度静岡県における観光の流動実態と満足度調査報告書」の平均宿泊数、平均訪問観光施設数で割って算出しています（**表13.1**）。
　1人あたり消費支出額は、静岡県平均1人あたり消費単価をベースに、**表13.2**のC欄の町内消費率の仮定を置いて求めています。南伊豆町の観光客の多くは夏の海水浴客の滞在型ですが、町内消費率で南伊豆町以外での消費もあることを考慮しています。最終需要の産業部門別配分は**表13.3**のとおりです。

13.4.2　分析結果
　分析結果は以下の通りです。
（1）最終需要
　宿泊客及び日帰客の消費をあわせて31.1億円でした。宿泊客の消費額（1人あたり消費支出額1万8,379円×実宿泊客数12万9,620人）23.8億円と、日帰り客の消費支出額（1人当たり消費支出額5,069円×実日帰り客数14万4,402人）7.3億円という内訳です。金額は、県内客と県外客の加重平均値です。

表13.1 延べ観光客数から実観光客数への変換方法 （2019年度・南伊豆町）

	記号算式	宿泊客	観光レクリエーション客（注1）	計
延べ人数	A	171,099	767,262	938,361
平均宿泊日数	B	1.32	—	
平均訪問個所数	C		2.80	
宿泊者の訪問個所数	D=A×C		479,077	
日帰り客の訪問個所数	E=A−D		288,185	
実人数	F	129,620	102,923	232,543
変換方法		(A÷B)	(E÷C)	
県内客と県外客の比率	G（注2）	47.3%	52.7%	
県内客	H	61,317	48,688	110,005
県外客	I	68,303	54,235	122,538
合計	P=H+I	129,620	102,923	232,543

（出典）静岡県観光政策課「令和元年度静岡県観光交流の動向」「令和元年度静岡県における観光の流動実態と満足度調査」
（注1）宿泊客 + 日帰り客。
（注2）県内客と県外客との比率 G は RESAS 令和元年版による。

表13.2 最終需要データの作成 （2019年度・南伊豆町、宿泊客）

	1人あたり静岡県内消費支出（円）		南伊豆町での消費率（注）	1人あたり南伊豆町内消費支出（円）		南伊豆町での総消費支出額(100万円)		合計（最終需要）
	県内者	県外者		県内者	県外者	県内者	県外者	(100万円)
記号・算式	A	B	C	D=A×C	E=B×C	人数は表13.1参照		
宿泊費	11,451	13,372	1.00	11,451	13,372	702	913	1,615
飲食費	3,425	4,581	0.50	1,713	2,291	188	281	469
お土産代	3,462	4,904	0.50	1,731	2,452	190	300	490
交通費	2,536	7,182	0.20	507	1,436	56	176	232
入場料	1,091	1,253	0.05	55	63	6	8	14
その他	231	228	0.50	116	114	13	14	27
合計	22,196	31,520		15,572	19,728	1,155	1,692	2,847

（出典）A と B：静岡県観光政策課「令和元年度静岡県における観光の流動実態と満足度調査」
（注）A と B（静岡県内）のうち南伊豆町で消費した割合。

（2）生産誘発効果

　最終需要（日帰り客を含む）31.1億円に対する生産誘発効果は、1.23倍の38.2億円となり、約7億円の間接効果を生み出しています。

表13.3　最終需要データの産業別配分

観光客の支出項目	産業連関表の対応部門 （最終需要の産業別配分）
宿泊費	671　宿泊業
飲食費	672　飲食サービス
お土産代	
食料品	111　食料品
飲料（お酒等）	112　飲料
衣服	152　衣服・その他繊維既製品
ガラス製品	251　ガラス・ガラス製品
陶磁器	253　陶磁器
手芸品など雑貨	391　その他の製造工業製品
交通費	
自家用車	
ガソリン代	211　石油製品
有料道路代	578　運輸附帯サービス
駐車場代	551　不動産賃貸業
バス・タクシー	572　道路輸送（自家輸送を除く）
レンタカー	661　物品賃貸サービス
入場料	
民間施設	674　娯楽サービス
公営施設	631　教育
その他	679　その他の対個人サービス

生産誘発効果38.2億円 ＝ 直接効果31.2億円 ＋ 間接効果7.0億円

　生産誘発効果が及ぶ主な産業は、以下のとおりです。

・宿泊業17.3億円　・飲食サービス業6.5億円　・食料品製造業4.0億円

・商業など3.5億円

（3）雇用効果

　雇用効果の計算結果は433人でしたが、県平均と南伊豆町の生産額に対する就業者数の格差を考慮し、雇用係数を修正した結果、雇用者数は732人となります。修正の理由は、南伊豆町は零細・小規模事業所が多いため、生産額100万円当たりの就業者数が県平均より多いからです。

　雇用係数の修正は、静岡県産業連関表の付帯表の雇用表から導かれる雇用係数ではなく、南伊豆町産業連関表の生産額に対して、総務省統計局「平成26年経済センサス基礎調査」による南伊豆町の就業者数（産業大分類）を対応させています。

総務省統計局「平成26経済センサス基礎調査」による南伊豆町の観光と密接に関連する「卸売業・小売業」と「宿泊業・飲食サービス業」の常用雇用者の合計は729人であり、本分析の雇用効果の計算結果とほぼ同数となります。

（4）税収効果

　南伊豆町にもたらす税収効果は約5,000万円で、これは令和元年度の町民税収入（268百万円）の18.3%を占める値です。税収の観光の貢献分です。

（5）定住人口効果

　観光誘客による定住人口効果は、平成27年国勢調査人口（8,524人）のうち854人を占める値（10.0%）となりました。

　雇用効果に地域格差を反映させ修正した結果、定住人口効果の修正値は1,442人となり、観光が南伊豆町の人口に対してもたらしている定住人口効果の比率は16.9%となります。

（6）まとめ

　直接効果9.6億円に対する生産誘発効果は1.23倍と低い割合になっていますが、これは、製造業などものづくり産業が南伊豆町にはほとんどなく、産業連関表における町内自給率が低いことに起因します。町内自給率を急激に上昇させるとことは困難ですが、宿泊施設や飲食店で地元で捕れた魚介類を提供するなど、自給率向上への取り組みとともに、観光客をいかに効果的に増加させるかが、観光立町である南伊豆町の今後の観光施策の力点になると思われます。減少を続ける観光客数は、観光政策の抜本的見直しと強化を迫っています。

13.5　道の駅直売所「湯の花」の地域経済効果

　道の駅直売所「湯の花」（以下「湯の花」と略）は、主に生鮮野菜の小売を行う南伊豆町内の直売所です。ここで売買される生鮮野菜などは、ほとんどが町産品であり、消費者は安価で安全安心な野菜等を購入することができます。休日には多くの観光客で賑わう観光施設でもあります。

13.5.1　最終需要データの作成

　経済波及効果の起点となる最終需要は「湯の花」の2019年度決算の販売額＝消費者需要額の2億5,800万円とします。

「湯の花」の実態は、主力の農産品などは町内で産出している物がほとんどであるため、自給率を1.0として分析します。この場合、最終需要に自給率を乗じた直接効果は、最終需要と同額となります。

　また、生鮮野菜と加工品の割合を、それぞれ8割、2割と仮定し、生鮮野菜は産業連関表の「耕種農業」部門に、加工品は「食料品製造業」部門に配分します。

　なお、聴き取りの結果、消費者への販売については町民と町外の観光客との割合は、それぞれ3.5割と6.5割でした。

　本分析では、「湯の花」を観光施設として位置づけて分析を行いますが、厳密には、最終需要をはじめとして以下の分析結果のデータも、この観光客の割合（6.5割）を乗じた値が正確な計算になります。ここでは町民の消費による効果をあわせて述べることとします。

13.5.2　分析結果

　分析に用いた理論モデルは、前述の観光の分析と同じ家計内生化均衡産出高モデルです（(13.1)式）。重複しますので説明は省きます。

（1）生産誘発効果

　最終需要（直接効果）2億5,800万円に対する生産誘発効果（経済波及効果）は3億850万円です。最終需要（＝直接効果）に対する生産誘発効果は約1.2倍となり、間接効果は5,200万円に上ります。

　生産誘発効果が及ぶ主な産業は、以下のとおりです。

- 商業（「湯の花」の売上から仕入れを引いた商業マージン）1億1,900万円
- 耕種農業（農家の売上）1億400万円
- 食料品製造業（農産物加工）3,100万円
- 道路輸送　800万円
- 自動車整備・機械修理　250万円
- その他事業所サービス　170万円
- 倉庫　100万円、他

　商業マージンには事業所の人件費や施設の維持管理費も入るため、雇用の創出や、関係する企業の生産に貢献しています。農家の売上は年間1億400万円に上り、南伊豆町の農業を支える役割を果たしていることが分かります。

（2）雇用効果

雇用効果は129人でした。「湯の花」に直接間接に係る産業を含めて一つの企業体とした場合、「湯の花」は129人が就業している企業ということになります。「湯の花」の実際の雇用者数は20人（正規職員8人、パートタイマー12人）で、この数を正規職員に換算（パートタイマーを正規職員の2/3）すると、正規職員数は16人となります。「湯の花」の施設の外部の就業者数は、雇用効果129人から正規職員数16人を差し引いた113人となります。町内で最大の企業の就業者数が44人であることを考えると、町内で最大の企業を誘致していることになり、町の雇用創出に大きな貢献をしていることが分かります。

（3）税収効果と定住人口効果

南伊豆町に直接間接にもたらしている税収効果は293万円です。

また、「湯の花」が経済活動を行っていることによる定住人口効果は、平成27年国勢調査人口（8,524人）のうち、253人（3.0％）を占めていると推計されます。図13.3にみるように、南伊豆町の人口は5年間で600人を超える人口が自然減と社会減で減少していますが、「湯の花」は町外への「人口流出を食い止めているダム」の役割を果たしています。

13.6　展望施設「石廊崎オーシャンパーク」の地域経済効果

冒頭に述べたように、南伊豆町の観光誘客の核となるのが、伊豆半島の最南端に位置し、太平洋の大海原を望む石廊埼灯台です。特に夏の海水浴シーズンに多くの観光客が訪れる名所です。「石廊崎オーシャンパーク」は石廊崎を訪れる観光客を迎えるために、2019年度に総事業費10億9,000万円で建設された観光施設で、休息スペース、売店、飲食コーナーを備え、南伊豆ジオパークビジターセンターも設置されています。

13.6.1　最終需要データの作成

石廊崎オーシャンパークの経済波及効果分析では、石廊崎オーシャンパークを訪れた観光客数×1人あたり町内での消費額を最終需要とします。

前者の観光客数は、施設が把握している2019年度の実来訪者数14万2,998人とします。後者の1人あたり町内での消費額は、2021年10月・11月（2回の土曜

日）に石廊崎オーシャンパークで職員11名がアンケート調査を実施し、202人の回答数をもとに集計を行った結果を用いています[3]。アンケート調査を実施した理由は、南伊豆町の観光客の消費支出額についてのデータが存在しないこと、脚注1に述べたように、アンケート調査の設計や実施方法を学ぶことも EBPM 研修の一環として位置付けたことによるものです。アンケート調査では、観光施策を考える研修のために、来訪者の居住地や交通手段、宿泊の有無、南伊豆町内の立ち寄り場所などの周遊行動を尋ねています。用いたアンケート調査票は、表13.4に掲げました。

アンケートの回答から得られる1人あたり消費額を、2019年度石廊崎オーシャンパークの実来訪者数に乗じて最終需要を算出した結果は次のとおりです。合計額は10.1億円でした。

・宿泊費（5.8億円）・飲食費（1.7億円）・入場料（0.5億円）
・買い物（1.1億円）・駐車場、レンタカー代、その他（1.0億円）

13.6.2 ケースに分けた分析

2021年に実施したアンケート調査は、コロナ禍の中で行われているため、静岡県民の訪問率が異常に高い点など、地域別訪問者数が RESAS の2019年のデータとは大きく異なっています。また、調査日が両日とも土曜日だったため観光客の消費が高くなっている可能性にも留意する必要があります。RESAS は、地方自治体の取り組みを情報面から支援するために、内閣官房デジタル田園都市国家構想実現会議事務局が提供する地域経済分析システムです（サイト紹介より）。

分析は、次のケースに分けて行いました。

(1) 石廊崎オーシャンパーク来訪者（2019年度14万2,998人）の分析
(2) 伊豆縦貫自動車道開通効果（68分短縮）を適用した分析

---

3) 静岡県観光政策課「静岡県観光交流の動向・静岡県における観光の流動実態と満足度調査」には、伊豆地域内で消費された金額が記載されていますが、この中から南伊豆町内で消費された金額を抽出することが難しいため、本分析では、アンケートにて算出された各項目（宿泊・食事など）の1人あたり消費単価を、産業連関分析の最終需要の基礎数値としています。

表13.4　石廊崎オーシャンパークに関するアンケート調査票

【問1】年齢
　　1. 10代　　2. 20代　　3. 30代　　4. 40代　　5. 50代　　6. 60代　　7. 70才以上
【問2】お住まい（　　　　　　　）都道府県（　　　　　　　）市町　※県内は市町名のみ
【問3】人数（　　　　　　　）人　　グループの種類（家族・友人・恋人・個人　　　　　　　　　）
【問4】交通手段
　　1. 自動車（自家用車・レンタカー）　　2. バイク　　3. 観光バス
　　4. 電車（新幹線・サフィール踊り子・踊り子・各駅停車）
　　→伊豆急下田駅から（路線バス・タクシー・レンタカー・その他　　　　　　　　　　　　）
　　5. その他（　　　　　　　　　　　　　　　　　　　　　　　　　　　　　　　　　　　）
【問5】南伊豆町までのルート　　※自動車・バイクの場合　　　　　　　　　　帰路
　　1. 天城経由　　2. 東海岸経由　　3. 西海岸経由　　　　　　　　　　　　番号
【問6】自宅からの直行した場合の所要時間　　※トイレ休憩は含み、途中の訪問時間を除く
　　（　　　　　　　）時間（　　　　　　　）分
【問7】有料道路の使用状況
　　1. 使用した（する予定）　　2. 使用しない（使用する予定はない）
　　首都高・圏央道・東名・伊豆中央・修善寺道・小田原厚木・西湘・真鶴・ビーチライン・中
　　央道・フェリー
【問8】伊豆半島内の宿泊の有無
　　1. 日帰り　　2. 宿泊（　　　　　泊）宿泊地（南伊豆町　　　　　　　　　　　　　）
【問9】南伊豆町で立ち寄った（立ち寄る予定の）場所　　開始め:今回の旅行で一番の目的は？
　　1. 石廊崎オーシャンパーク（遊覧船含む）　　2. モンキーベイ
　　3. 海（シーカヤック・釣り・ダイビング　　　　　　　　　　　　　　　　　　　　）
　　4. 温泉・宿（銀の湯会館など　　　　　　　　　　　　　　　　　　　　　　　　　）
　　5. 飲食店・買い物　　　　　　　　　　　　　　　　　　　　　　　　　　　　　　）
　　6. 催し・イベント（伊勢えびまつりなど）　　7. その他（　　　　　　　　　　　　）
【問10】南伊豆町以外に立ち寄った（立ち寄る予定の）場所
　　選択肢　お食事・スウィーツ・観光施設・景観・ジオパーク・イベント・お土産・宿泊など
　　（立ち寄った）　　　　　　　　　　　　　（立ち寄る予定）
【問11】南伊豆町内で使った（使う予定の）予算　　※交通費を除く
　　1. 宿泊費（　　　　　　　）円　　2. 食事等（　　　　　　　）円
　　3. 入場料（　　　　　　　）円　　4. 買い物（　　　　　　　）円
　　5. その他（レンタカー　　　　　　円　　駐車場　　　　　　円　　　　　　　　　）
【問12】石廊崎オーシャンパークのことを何で知りましたか？
　　1. ホームページ　　2. SNS　　3. YouTube広告　　4. まなまる（観光アンバサダー）
　　5. 広告・チラシ　　6. 雑誌・本　　7. 友人・知人などから聞いて
　　8. その他（　　　　　　　　　　　　　　　　　　　　　　　　　）

(3) 南伊豆町来訪者（2019年度27万4,022人）の分析

(4) 伊豆縦貫自動車道開通効果（68分短縮）を適用した分析

(5) 町長の掲げる日本人人口1％誘客（観光客数延べ120万人）の分析

(6) 観光誘客目標(6)から(5)の観光誘客数を控除し、120万人を達成するため
　　の追加の延べ誘客数に対応する町内消費額（生産誘発額ベース）の分析

(7) (6)を達成するための施策を講じた分析

分析のうち(2)から(7)は、本章では紙数の関係で省き、このうち基本となる(1)の結果を掲げておきます。

13.6.3　分析結果

　分析結果は、石廊崎オーシャンパークを訪れた観光客が直接間接に南伊豆町の経済に及ぼす効果を意味しています。

　最終需要（観光客が消費した金額）10.1億円から直接効果（町内事業者の売上）を求めると9.6億円でした。この直接効果を起点とする生産誘発効果は1.30倍の12.5億円となりました。生産誘発効果が及ぶ主な産業は次のとおりです。

> ・宿泊業（5.8億円）・飲食サービス（1.8億円）・商業（0.9億円）・食料品（0.4億円）・娯楽サービス（0.6億円）・物品賃貸サービス（0.7億円）

　雇用効果は118人、税収効果は1,300万円でした。税収効果は2019年度の町民税収入（2.7億円）の4.8％にあたります。また、定住人口効果は平成27年国勢調査人口（8,524人）のうち98人を占めています。雇用効果の箇所で述べたように地域格差を反映させた場合、231人という数値となります。石廊崎オーシャンパークがもたらす定住人口効果は、町人口の2.7％になります。

13.7　まとめと今後の課題

　観光客の動線を調べた結果、6割以上が「東海岸から西海岸」、「西海岸から東海岸」及び「天城から東海岸又は西海岸」の周遊ルートでした。このルートの中で、最南端である南伊豆町の石廊崎オーシャンパークを訪れた観光客のうち、町内に「宿泊」した人が26％、「飲食」した人が44％、「買い物」した人が48％という結果となっています。

　近隣市町と比べると、東隣の下田市などに比べて南伊豆町の宿泊施設が少ないため、南伊豆町での「宿泊」の26％という数値は決して低くないと考えます。また、「飲食」と「買い物」についても、概ね2人に1人が消費行動を起こしているため、この数値も低くないと考えられます。

　直接効果9.6億円に対する生産誘発効果は1.30倍と低い割合になっていますが、これは前述したように、町内自給率が低いことに起因しています。この自給率を

急激に上げることは困難であるため、観光立町である南伊豆町の今後の施策は、最終需要額を効果的に増加させることが有力な手段です。

　最終需要額は、観光客数と 1 人あたり消費支出額に依存しているため、従来の施策にとらわれない大胆な観光誘客の方法と、宿泊率を維持しながら消費行動を更に喚起させる有効な事業を実行に移す時期に来ていることを今回のアンケート調査結果や分析結果が指し示しています。

　東京から自家用車で家族 4 人が石廊崎オーシャンパークを訪れた旅行費用[4]は、往復 5 万8,673円（ 4 人分）でした。理論上、この 4 人家族は「 5 万8,673円を上回る価値（魅力）が南伊豆町にはある」という価値観のもと南伊豆町を訪問しています。伊豆縦貫道が開通すると、旅行費用が大幅に下がり東京などから来訪しやすい環境となるため、訪問率と訪問者数も大きく増加することが期待されます[5]。

---

　4 ）旅行費用は、往復交通費に往復時間コスト（国土交通省「時間価値原単位」に調査で明らかになった往復移動時間を乗じたもの）で、石廊崎オーシャンパークの費用便益分析のために計算したデータです。費用便益分析の結果については別の機会に紹介したいと考えています。

　5 ）土居英二・浅利一郎・中野親徳編著『はじめよう地域産業連関分析［改訂版］事例分析編』（日本評論社、2020年）第14章「伊豆縦貫自動車道開通の経済効果」も参照してください。

信州まつもと空港の地域経済効果
複数地域に及ぶ経済効果の計測法

14.1　はじめに

　経済効果の分析は、分析するテーマによっては1つの地域を対象にした分析だけでなく、複数の地域に及ぶ地域経済効果を同時に扱わなければならない分析もあります。

　この章では、その事例として、長野県の信州まつもと空港（以下、松本空港と略）が、長野県だけでなく、空港が立地している松本市などの近隣の地域（松本市、塩尻市、安曇野市、大町市、白馬村）に対しても、どのような経済効果をもたらしているのかを分析した経験を例に、複数の地域に及ぶ地域経済効果を同時に扱う方法である地域間産業連関分析について説明したいと思います[1]。

　この地域間産業連関分析の方法については、浅利・土居［2016］で扱われていますので、一層の研究のための参考にしてください。また、地方空港の経済効果については、静岡県の富士山静岡空港を取り上げたことがありますので、土居・浅利・中野編著［2020］も参考にしてください。他の地方空港の分析例についても参考文献にあげています。

1）もとになった分析は、長野県交通局松本空港政策課の委託調査報告書（株式会社）地域経営プラチナ研究所「令和5年度信州まつもと空港地域経済波及効果分析業務報告書（令和6年3月）」です。

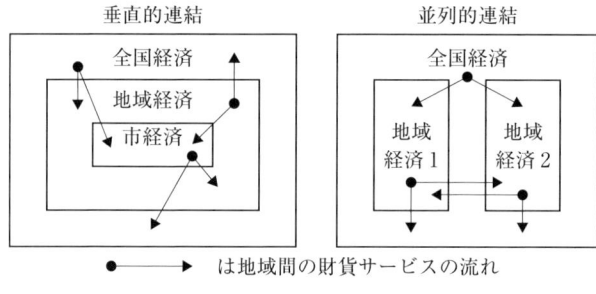

図14.1　複数の地域に及ぶ経済効果の分析パターン

（出典）浅利・土居［2016］p.20

14.2　複数の地域の経済効果の同時分析の方法──地域間産業連関分析

　複数の地域に及ぶ地域経済効果を同時に分析する場合、それぞれの地域の産業連関表を作成し、それらを連結した地域間産業連関表を作成して分析に臨みますが、浅利・土居［2016］は、各地域の地理的包摂関係から、それぞれの地域の産業連関表を完全分離した形で、**図14.1**に示す「垂直的連結」と「並列的連結」の２つの基本的パターンがあることを明示して、それぞれの理論モデルについて論じています。

　富士山静岡空港の場合は、静岡県外の就航先から到着した国内外の旅行客が、静岡県をはじめ近隣県（愛知県、山梨県、神奈川県、東京都、千葉県、その他全国）を周遊する過程で落とすお金の経済効果を重視して分析しています。この場合、図14.1でいえば、各地の産業連関表は「並列的連結」関係となります。「その他全国」の地域の産業連関表は、全国の産業連関表から上記６都県の産業連関表を分離して差し引いた表となります（完全分離法）。

14.3　松本空港の経済効果の分析対象地域と分析方法

　松本空港のケースでは、分析対象地域は上述したように、長野県全体に加えて近隣の地域の４市１村（松本市、塩尻市、安曇野市、大町市、白馬村）と設定したので、地域の包摂関係でいえば、全国－長野県－近隣地域という「垂直的連

図14.2 松本空港の分析対象地域（グレーで着色した地域）

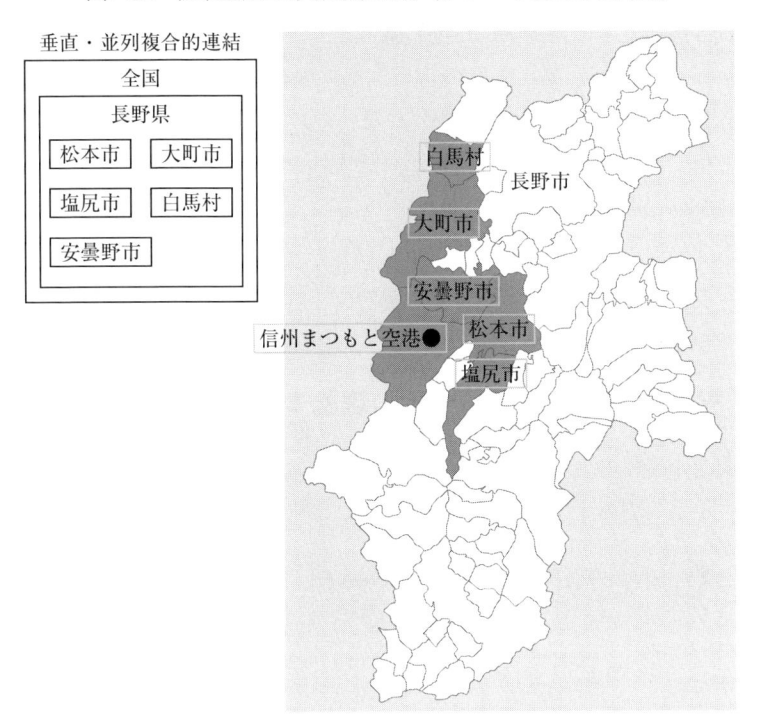

結」関係と、近隣の地域の４市１村の「並列的連結」を複合した複雑なパターンになります（**図14.2**）

　全国－長野県－県内の複数小地域といった包摂関係をもつ地域を対象にした経済効果の算出には、各地の産業連関表が必要になります。その作成方法については第Ⅰ部第１章で解説していますので、参照してください。

　この場合、長野県の産業連関表は、近隣地域（４市１村）を除く産業連関表となります。長野県全体の経済効果については、この産業連関表で経済効果を算出したあとに合計を求めます。

　図14.2では、全国を含めています。全国を含めるのは、長野県と全国との経済取引が無視できない大きさを持っているためです。それは、長野県に来た空港利用客が購入する財貨サービスには、長野県外で生産されているものが少なくないこと、その県外での財貨サービスの生産に必要な原材料の一部に、長野県産の財貨サービスが使われていることから、長野県外に流出した経済効果が、再び長野

県内に還流するいわゆる「跳ね返り効果」があるからです。

　富士山静岡空港の開港当初、空港に降り立った韓国の団体客を山梨県の観光バスが静岡県を素通りして山梨県の富士五湖畔の宿に送るケースがありました。「静岡県には経済効果がない」と言われたケースです。しかし山梨県には海がないので、宿で出される海の幸は県外から仕入れなければなりません。国土交通省「全国貨物純流動調査（物流センサス）」をみると、山梨県は、当時水産品を東京都から約3分の2、静岡県から3分の1購入しています。山梨県の宿に落とした観光客のお金の一部が静岡県に還流している「跳ね返り効果」の例です。

14.4　松本空港の経済効果分析の理論モデル

　松本空港の複数の地域へ及ぶ経済効果を同時に分析するために、本章では次の家計内生化型の均衡産出高モデルを用いています。

$$
\begin{bmatrix} \Delta X \\ \Delta V \end{bmatrix} = \begin{bmatrix} I - TA & -Tc \\ -v & 1 \end{bmatrix}^{-1} \begin{bmatrix} T\Delta Fd + \Delta E \\ 0 \end{bmatrix} \tag{14.1}
$$

記号注　ΔX：生産誘発額　　ΔV：誘発付加価値額　　I：単位行列

　　　　T：交易係数（地域別移出または移入配分率）　　A：投入係数

　　　　ΔFd：地域内最終需要の変化　　ΔE：移輸出の変化

　生産の誘発による原材料の生産誘発→そのまた原材料の生産誘発といった原材料ルートでの間接的な波及効果を、**間接一次効果**といいます。それに対して、雇用者所得と家計消費の誘発が、生産の誘発をもたらす付加価値ルートの間接的な波及効果は**間接二次効果**と呼ばれています。

　通常の分析では1回で止める生産誘発→雇用者所得の誘発→家計消費の誘発→生産誘発の間接二次効果の計算を、家計部門の行動を原材料の取引を記述する内生部門と同じ扱いでモデルに内生化し、収束するまで繰り返し計算するのが、**家計内生化モデルです**（前掲の浅利・土居［2016］を参照してください。**図14.3**、**図14.4**）。

　複数地域の分析に用いる地域間産業連関分析の理論モデルに特徴的な要素は、（14.1）式の交易係数「T」の役割です。**交易係数**は、ある地域からの移出額ま

図14.3　家計内生化モデルの図解

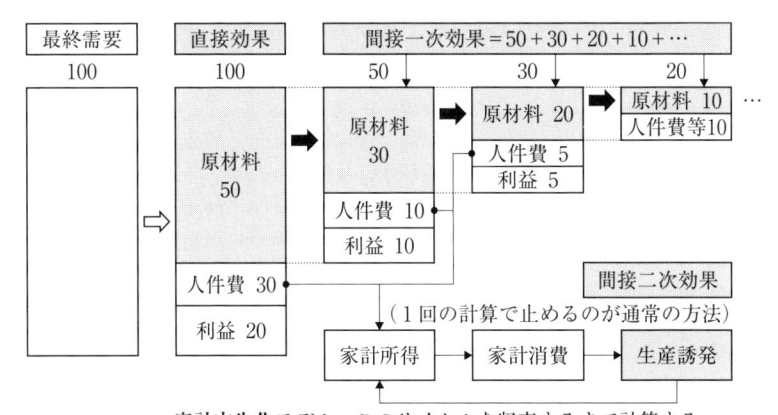

家計内生化モデル　このサイクルを収束するまで計算する

図14.4　交易係数の図解

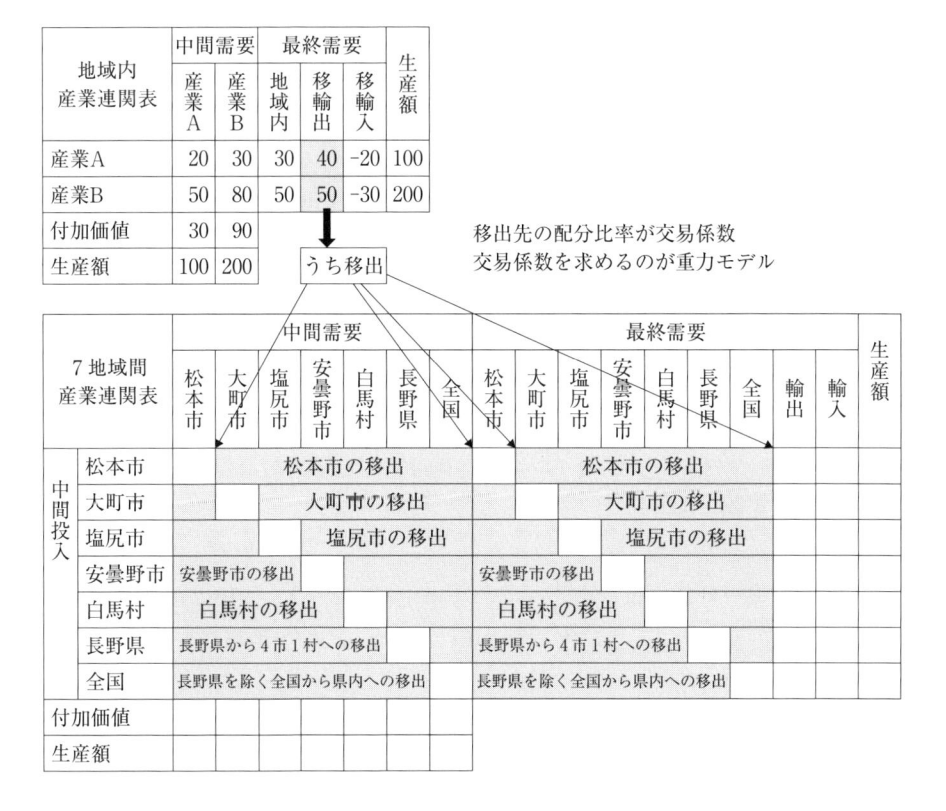

移出先の配分比率が交易係数
交易係数を求めるのが重力モデル

地域内産業連関表	中間需要 産業A	中間需要 産業B	最終需要 地域内	最終需要 移輸出	最終需要 移輸入	生産額
産業A	20	30	30	40	-20	100
産業B	50	80	50	50	-30	200
付加価値	30	90				
生産額	100	200		うち移出		

たはある地域の移入額の相手となる地域との取引額の構成比を意味します。この交易係数が、「部品」である複数の産業連関表を連結する「接着剤」の役割を果たします。1地域だけを単独で分析する場合には、この交易係数の代わりに、自給率係数 $(I-\widehat{M})$ を用います。

$$\Delta X = \left[I-\left(I-\widehat{M}\right)A\right]^{-1}\left[\left(I-\widehat{M}\right)\Delta Fd+\Delta E\right] \qquad (14.2)$$

記号注 $\left[I-\left(I-\widehat{M}\right)A\right]^{-1}$：レオンチェフ逆行列 あとは14.1式と同じ

松本空港の経済効果の計算プロセスを**図14.5**に掲げました。上段には最終需要の作成プロセスを、下段に地域間産業連関表の作成と経済効果の計算プロセスを示しています。薄い灰色で着色した箇所は、利用した基礎資料です。

14.5 分析に利用したデータ

14.5.1 最終需要

最終需要は、算出すべきアウトプットの経済効果を想定して、路線別・地域別について以下のインプットデータを作成します。

［路線別］…旅行客は旅行消費額
　①定期便で県外へ旅行するアウトバウンド客（以下、アウト客と略）の旅行消費額（定期路線一括）、②チャーター便で県外へ旅行するアウト客、③定期便（丘珠線）イン客、④定期便（新千歳線）イン客、⑤定期便（大阪線）イン客、⑥定期便（神戸線）イン客、⑦定期便（福岡線）イン客、⑧チャーター便イン客、⑨送迎者・見学者の消費額、⑩空港の管理運営費
［地域別］
　①長野県（計算では次の②〜⑥の4市1村を除く）、②松本市、③塩尻市、④安曇野市、⑤大町市、⑥白馬村、⑦全国（計算では長野県を除く）
［経済効果の内容別］
　①生産誘発効果（経済波及効果）、②雇用効果（家計への効果）、③税収効果（行政への効果）、④定住人口効果（地域社会への効果）

図14.5 松本空港の経済効果の計算プロセス

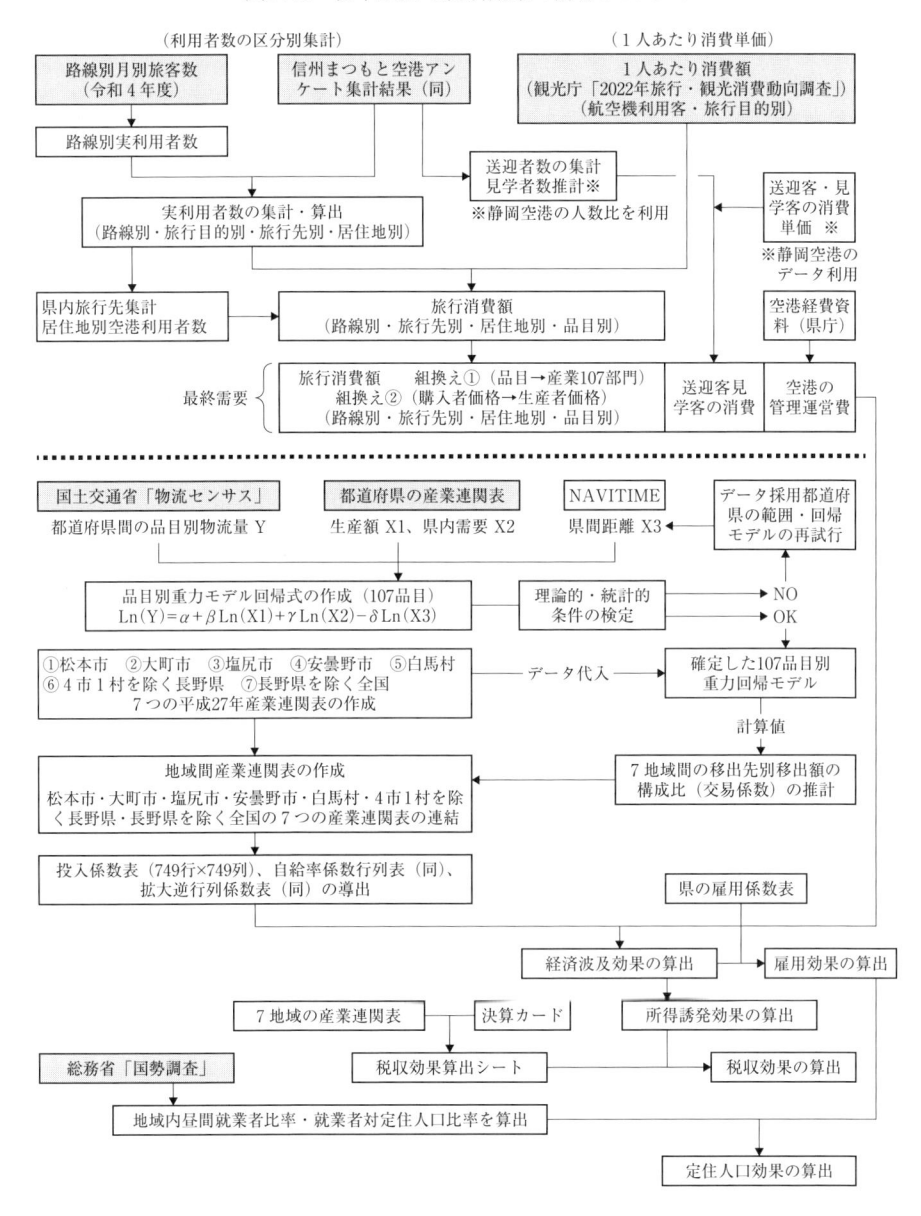

作成する最終需要データは全部で路線別10×地域別7 ＝70種類となります。最終需要データは、統合中分類107産業部門の産業連関表を使うので、いずれも縦1列の縦に長い列ベクトルの形をしています。

　最終需要の多くが、松本空港を利用した旅行客の旅行支出なので、

　　　1人あたり旅行支出（旅行単価）× 空港旅行者数

で求めます。次にその説明をします。

14.5.2　旅行単価

　1人あたり旅行支出（旅行単価）については、観光庁「旅行・観光消費動向調査」を利用しています。2022年1月〜12月の第14表の「最長交通機関」が「航空」を利用した旅行客（宿泊客）の旅行単価を用いました。ただ、この旅行単価の内訳は粗い分類のため、第15表の品目別旅行単価の構成比を用いて詳細な内訳を求めます（**表14.1**）。これくらい詳細な品目別旅行単価が分かれば、107の産業部門を持つ産業連関表（統合中分類）での計算に用いることができます。

14.5.3　空港利用者数

　「令和4年度の路線別月別旅客数」と「令和4年度信州まつもと空港アンケートの集計結果」（長野県松本空港課）が基礎データとなります。前者については1人が往復すると2人とカウントされているので、2で割って実人数を出す必要があります。往路または復路だけ利用した人は0.5人となりますが、無視します。

　後者は「利用路線」「旅行目的地」「居住地」などの設問の回答をもとに、計773人のアンケート回答者の集計値の構成比を「令和4年度の路線別月別旅客数」の路線別人数に乗じて、**表14.2**のように推計します。旅行目的別に推計しているのは、表14.1の旅行単価が、観光・レクリエーションなど3つに区分されているため、それに対応した人数を推計しなければならないからです。

14.5.4　最終需要（路線別・地域別）

　最終需要は、送迎者や見学者の消費支出、空港の管理運営経費といった最終需要も推計しますが、メインとなる空港利用客の消費支出、特に関心の高い長野県外から空港に到着して県内を旅行するイン客の最終需要をまとめたのが、**表14.3**

表14.1　1人あたり旅行消費（旅行単価）データの作成

第14表　1人あたり旅行単価（円/人回）（航空機利用者・宿泊旅行）	観光・レクリエーション	帰省・知人訪問等	出張・業務
合計	118,895	67,866	75,349
旅行前後	11,539	10,075	4,103
旅行前	10,746	9,386	3,690
旅行後	793	689	413
旅行中	107,356	57,792	71,246
参加費	21,778	2,555	2,301
交通費	28,157	30,741	38,370
宿泊費	23,050	4,187	13,634
飲食費	16,011	7,405	9,876
買物代	13,015	10,696	4,804
娯楽等サービス費・その他	5,343	2,208	2,260

1人あたり旅行単価　推計値（円/人回）（航空機利用者・品目別・宿泊旅行）	観光・レクリエーション	帰省・知人訪問等	出張・業務	観光・レクリエーション（第15表 1人あたり旅行単価（品目））	帰省・知人訪問等	出張・業務
品目（小分類）＝合計	118,895	67,866	75,349	56,240	35,762	50,839
旅行前	10,746	9,386	3,690	6,166	6,913	4,938
菓子類	1,304	1,883	404	748	1,387	541
その他の食料品・飲料・酒・たばこ	2,342	1,909	946	1,344	1,406	1,266
衣類・帽子・ハンカチなど繊維製品	2,245	1,316	215	1,288	969	288
靴・かばんなど皮革製品	711	297	194	408	219	259
化粧品・医薬品・写真フィルムなど	277	453	212	159	334	284
本・雑誌・ガイドブック	132	50	27	76	37	36
電気製品	465	475	13	267	350	18
その他買物代	1,433	1,297	401	822	955	536
旅行関連用品のレンタル料	361	92	306	207	68	409
旅行保険・クレジットカード入会金	178	18	12	102	13	16
美容室・理容室	641	949	107	368	699	143
旅行の打ち合わせ等での飲食費	338	240	631	194	177	845
その他の旅行前支出	319	406	222	183	299	297
旅行後	793	689	413	378	598	320
写真のプリント・現像	159	173	50	76	150	39
衣類のクリーニング	86	122	110	41	106	85
その他の旅行後支出	548	393	252	261	341	195
旅行中	107,356	57,792	71,246	49,696	28,251	45,581
参加費	21,778	2,555	2,301	4,344	433	1,676
交通費	28,157	30,741	38,370	10,704	13,413	19,923
（交通費の内訳省略）						
宿泊費	23,050	4,187	13,634	18,106	3,056	10,288
飲食費	16,011	7,405	9,876	6,865	4,726	8,277
買物代	13,015	10,696	4,804	6,288	5,527	4,300
菓子類	2,554	1,955	1,069	1,234	1,010	957
農産物	828	704	72	400	364	64
水産物	983	586	124	475	303	111
その他食料品・飲料・酒・たばこ	1,784	1,902	1,185	862	983	1,061
衣類・帽子・ハンカチなど繊維製品	1,130	1,120	361	546	579	323
靴・かばんなど皮革製品	356	445	86	172	230	77
化粧品・医薬品・写真フィルムなど	139	331	196	67	171	175
陶磁器・ガラス製品	168	166	84	81	86	75
その他土産代・買物代	5,077	3,485	1,628	2,453	1,801	1,457
娯楽等サービス費・その他	5,343	2,208	2,260	3,388	1,097	1,117
温泉・温浴施設・エステ・リラクゼーション	927	437	219	588	217	108
テーマパーク・遊園地	1,452	584	138	921	290	68
美術館・博物館・資料館・動植物園・水族館など	621	169	138	394	84	68
スキー場リフト	213	20	0	135	10	0
スポーツ施設利用料	347	125	233	220	62	115
スポーツ観戦	114	14	0	72	7	0
舞台・音楽鑑賞	565	129	10	358	64	5
展示会・コンベンション参加費	21	4	127	13	2	63
レンタル料	189	54	20	120	27	10
その他娯楽等サービス費	397	165	384	252	82	190
その他	498	507	991	316	253	491

表14.2　松本空港の利用者数（路線別、旅行目的別、2022年度、実人数）

路線		利用目的	実利用者数（人）	アウト客構成比
長野県内から県外へ（アウトバウンド客）	定期便　計	観光	33,823	65.7%
		帰省	8,480	16.5%
		出張	7,447	14.5%
		計	49,751	96.7%
	丘珠線	観光	2,067	4.0%
		帰省	1,134	2.2%
		出張	733	1.4%
		計	3,934	7.6%
	新千歳線	観光	13,672	26.6%
		帰省	2,339	4.5%
		出張	2,339	4.5%
		計	18,350	35.7%
	伊丹線	観光	—	—
		帰省	—	—
		出張	—	—
		計	—	—
	神戸線	観光	10,829	21.0%
		帰省	2,218	4.3%
		出張	1,957	3.8%
		計	15,003	29.2%
	福岡線	観光	7,255	14.1%
		帰省	2,790	5.4%
		出張	2,418	4.7%
		計	12,464	24.2%
	チャーター便	計	1,714	3.3%
	合計		51,465	100.0%

路線		利用目的	実利用者数（人）	イン客構成比
県外から長野県内へ（インバウンド客）	定期便　計	観光	45,961	73.1%
		帰省	7,984	12.7%
		出張	8,292	13.2%
		計	62,236	99.0%
	丘珠線	観光	3,267	5.2%
		帰省	1,734	2.8%
		出張	467	0.7%
		計	5,468	8.7%
	新千歳線	観光	2,159	3.4%
		帰省	720	1.1%
		出張	1,439	2.3%
		計	4,318	6.9%
	伊丹線	観光	1,232	2.0%
		帰省	616	1.0%
		出張	0	0.0%
		計	1,848	2.9%
	神戸線	観光	17,352	27.6%
		帰省	1,566	2.5%
		出張	2,479	3.9%
		計	21,396	34.0%
	福岡線	観光	21,951	34.9%
		帰省	3,348	5.3%
		出張	3,907	6.2%
		計	29,206	46.5%
	チャーター便	計	639	1.0%
	合計		62,875	100.0%

全利用者合計（往復＝1人とカウントした実人数）	観光	82,137	71.8%
	帰省	16,464	14.4%
	出張	15,739	13.8%
	計	114,340	100.0%

（注1）　アウトバウンドの伊丹便は、アンケート調査の回答数が0であったため、利用者数にカウントされていない。

（注2）　表中の数字はアンケートの回答数の構成比で計算され、四捨五入で端数処理されているため、内訳が合計と一致しない場合がある。

です。

　表14.3をみると、2022年度の松本空港のイン客の総数は6万2,876人（実人数）、総消費額は66億7,100万円に上っています。1人あたり10万6,098円を消費した計算になります。

　路線別の消費額では、利用客の多い福岡線と神戸線がそれぞれ48.7%、33.1%で、あわせて81.8%と8割を超えています（利用者数も80.5%）。

　地域別では、総消費額66億7,100万円のうち長野県内の消費額が48億5,300万円

表14.3　松本空港の利用客の最終需要（インバウンド客、2022年度）

（1）路線別　　　　　　　　　　　　　　　　　　　　　　（単位：100万円）

支出品目 ＼ 路線	インバウンド客の路線別消費支出						
	丘珠線	新千歳線	伊丹線	神戸線	福岡線	チャーター便	計
利用者数（実人数）	5,468	4,318	1,848	21,397	29,206	639	62,876
〃　　構成比	8.7%	6.9%	2.9%	34.0%	46.5%	1.0%	100.0%
旅行支出額　合計	541	414	198	2,206	3,251	61	6,671
〃　　構成比	8.1%	6.2%	3.0%	33.1%	48.7%	0.9%	100.0%
旅行前	53.1	35.3	19.0	210.3	281.7	6.9	606.3
旅行後	4.0	2.8	1.4	15.9	21.3	0.5	45.9
旅行中	484.2	375.9	177.1	1,980.2	2,948.2	53.6	6,019.3
参加費	76.7	52.2	28.4	387.6	495.6	6.0	1,046.4
交通費	163.2	138.1	62.9	482.1	990.7	10.9	1,847.8
宿泊費	88.9	72.4	31.0	440.3	573.3	14.7	1,220.6
飲食費	69.8	54.1	24.3	313.9	414.8	10.2	887.1
買物代	63.3	42.7	22.6	254.6	340.4	8.3	731.9
娯楽等・その他	22.3	16.4	7.9	101.8	133.5	3.4	285.4

（2）地域別　　　　　　　　　　　　　　　　　　　　　　（単位：100万円）

支出品目 ＼ 消費地	インバウンド客の地域別消費支出								
	長野県計	松本市	塩尻市	安曇野市	大町市	白馬村	その他長野県	他県	計
利用者数（人）（実人数）	55,067	22,867	2,077	1,974	987	2,677	24,486	7,809	62,876
〃　　構成比	87.6%	36.4%	3.3%	3.1%	1.6%	4.3%	38.9%	12.4%	100.0%
合計	4,853	2,317	70	213	168	175	1,909	1,819	6,671
構成比（対消費支出計）	72.7%	34.7%	1.1%	3.2%	2.5%	2.6%	28.6%	27.3%	100.0%
構成比（対長野県計）	100.0%	47.8%	1.4%	4.4%	3.5%	3.6%	39.3%		
旅行前	0	0	0	0	0	0	0	606	606
旅行後	0	0	0	0	0	0	0	46	46
旅行中	4,853	2,317	70	213	168	175	1,909	1,166	6,019
参加費	925	366	14	47	40	42	417	121	1,046
交通費	1,168	833	11	28	19	19	257	669	1,837
宿泊費	1,074	435	17	55	43	45	479	147	1,221
飲食費	780	317	13	39	30	32	348	107	887
買物代	644	261	11	31	25	27	290	87	732
娯楽等・その他	251	101	4	13	10	11	113	34	285

（72.7％）となっています。長野県外での支出18億1,900万円（27.3％）は、居住地での旅行前後消費、旅行先が長野県内だけでなく、例えば黒部アルペンルート経由で富山県へ旅行するなど、県外隣県も旅行行程に含まれているからです。また航空運賃は、産業連関表の記述ルールで発着空港の地域にそれぞれ2分の1ず

つ記録するので、航空運賃の半額も県外での支出となっています。

　長野県内では、空港の立地している松本市に23億1,700万円（全体の36.4%）のお金が落ちています。長野県全体を100%とすると47.8%と、県全体に落ちるお金の半分を占めています。松本空港の近くにある観光名所の松本城の存在や松本市の街の魅力などがイン客を引き付けていると思われます。

14.5.5　交易係数

　各地の産業連関表を連結する「接着剤」としての交易係数は、次のステップで推計します。

（Step 1）地域間の物流量を推計する重力モデルの作成

ある地域から他の地域（複数）への移出額がそれぞれいくらになるのかを推計するための最初の作業が、重力モデルの利用による地域間の取引量の推計です。推計には次の形の重力モデルによる式を用います（Ln( )は自然対数に変形）。

$$\mathrm{Ln}(取引額) = \alpha + \beta\mathrm{Ln}(移出元の生産額)$$
$$+ \gamma\mathrm{Ln}(相手先の地域内需要額) \qquad (14.3)$$
$$+ \delta\mathrm{Ln}(1/地域間の距離の二乗)$$

　地域間の取引額は、移出元の押し出す力の供給力、移出先の引き寄せる力の需要量、そして地域間の距離に左右されると考えるモデルで、物理学の万有引力の法則である2つ以上の物体に働く力の大きさを記述する法則を、国際貿易など経済学に応用した理論モデルです。

(14.3)式の形状を決定するパラメータ（α、β、γ、δ）は重回帰式によって107の産業部門の財貨サービスごとに求めます。重回帰式で用いたデータは次の通りです。

- 左辺の被説明変数

　2地点間の取引額：国土交通省「全国貨物純流動量調査（物流センサス）」の(IV)都道府県間流動表-その1（品目別流動量）に掲載されている「表IV-2都道府県間流動量（品目別）－重量－」(2015年)

- 右辺の説明変数

　移出元の生産額：移出元となる都道府県の産業連関表の生産額（部門ごと）
　移出先の需要額：移出先の都道府県産業連関表の県内需要額（部門ごと）

表14.4　重力モデルの作成結果

産業連関表 産業部門 （統合中分類 107部門）	パラメータ				精度				
	定数項	Ln(X1) 生産額	Ln(X2) 県内 需要	Ln(X3) 距離	補正決 定係数 R2	t 値			
						定数項	生産額	県内 需要	距離
011 耕種農業	-25.10	2.12	1.17	-2.10	0.62	-2.23	2.47	3.60	-6.73
012 畜産	-8.85	—	1.87	-1.59	0.62	-1.46	—	4.13	-4.82
013 農業サービス									
015 林業	-11.11	1.55	0.59	-0.82	0.50	-1.84	3.74	2.16	-6.77
017 漁業	4.59	0.47	0.37	-0.91	0.55	1.33	3.50	1.47	-7.40
061 石炭・原油・天然ガス	9.00	—	0.29	-0.66	—	—	—	—	—
062 その他の鉱業	7.85	—	0.75	-1.85	0.56	2.30	—	2.80	-6.10
111 食料品	-14.82	0.98	1.14	-1.57	0.59	-3.87	5.00	7.38	-8.56
112 飲料	-6.10	—	1.51	-1.54	0.55	-1.75	—	7.36	-5.26
113 飼料・有機質肥料	-10.86	2.52	—	-1.13	0.63	-2.68	7.24	—	-5.15
114 たばこ	3.73	—	0.79	-0.52	—	—	—	—	—
151 繊維工業製品	-16.04	1.14	1.33	-0.72	0.59	-3.47	4.52	4.34	-4.13
152 衣服・その他の繊維既製品	-46.21	2.45	2.11	-0.29	0.62	-4.25	3.24	5.22	-1.61
161 木材・木製品	-11.11	1.55	0.59	-0.82	0.50	-1.84	3.74	2.16	-6.77
162 家具・装備品	-4.53	—	1.13	-0.53	0.46	-1.08	—	3.67	-3.60

地域間の距離：都道府県庁の庁舎所在地間の自動車走行距離（NAVITIME などによる測定）

表14.4に重力モデルのパラメータの推定結果とモデルの精度に関するデータの一部を掲げました。重力モデル回帰式では、決定係数＞0.5、t値＞｜2.0｜のほか、距離変数の符号が－、その他が＋などの符号条件、説明変数間に相関関係があるとパラメータが不安定になる多重共線性の確認など、理論的統計的検証を行います。条件をクリアするまでデータの地域範囲を変えるなど試行錯誤を繰り返します。

（Step 2）作成した重力モデルを用いて交易係数を推計

次の段階は、作成した重力モデルのパラメータを持つ式の右辺の説明変数に別途推計した長野県内など地域別の産業連関表の生産額、域内需要額、地域間の距離（県や市村庁舎間の自動車走行距離）を代入して、地域間の物流量（重量単位）を求める作業です。その結果、得られた地域間の物流量の構成比を求めたのが交易係数です（**表14.5**）。

表の例は、松本市から県内各地への移出額の構成比です。具体的には、例えば

表14.5　交易係数の推計結果

松本市の財貨・サービスの県内移出先の配分割合（交易係数）	交易係数（移出先の配分割合）						
	松本市	塩尻市	安曇野市	大町市	白馬村	その他長野県	長野県内計
011　耕種農業	—	0.042	0.046	0.016	0.004	0.891	1.000
012　畜産	—	0.024	0.062	0.021	0.010	0.883	1.000
013　農業サービス	—	—	—	—	—	—	—
015　林業	—	0.016	0.017	0.045	0.001	0.920	1.000
017　漁業	—	0.018	0.063	0.016	0.000	0.903	1.000
061　石炭・原油・天然ガス	—	0.021	0.021	0.046	-0.003	0.914	1.000
062　その他の鉱業	—	0.034	0.043	0.042	-0.000	0.880	1.000
111　食料品	—	0.022	0.056	0.014	0.003	0.904	1.000
112　飲料	—	0.037	0.055	0.018	0.008	0.882	1.000
113　飼料・有機質肥料	—	0.000	0.025	0.023	0.000	0.952	1.000
114　たばこ	—	0.036	0.051	0.015	0.004	0.893	1.000
151　繊維工業製品	—	0.015	0.069	0.065	0.000	0.851	1.000
152　衣服・その他の繊維既製品	—	0.030	0.046	0.015	0.005	0.903	1.000
161　木材・木製品	—	0.041	0.021	0.013	0.002	0.922	1.000
162　家具・装備品	—	0.039	0.044	0.020	0.007	0.890	1.000

（以下の産業部門は略）

松本市の「耕種農業」部門の移出額構成比では、(14.3) 式の右辺の説明変数に松本市の耕種農業の生産額、相手先の塩尻市の市内需要額、松本市から塩尻市までの距離の各データを代入して、松本市から塩尻市へ向かう耕種農業の物流量（この段階ではまだ単位は重量のトンです）を計算します。同じように、次に松本市から安曇野市に向かう物流量、次に大町市に向かう物流量、…と計算した結果の構成比が表14.5です。

　表の中の「農業サービス」部門の交易係数はありません。自給率が１、すなわち松本市から他地域への移出はないので交易係数は計算する必要がありません。

（Step 3）地域別移出額の推計

　交易係数を各地域の移出額に乗じると、地域別移出額が算出されます。この場合、長野県内の６地域の産業連関表の移出額は「長野県内への移出」と「県外への移出」の２つに分けて産業連関表を作成しておくことが必要です。これについては、第Ⅰ部第１章を参照してください[2]。

（Step 4）地域別移出額の中間需要、最終需要の詳細な配分

　Step 3の作業で、例えば松本市から塩尻市への移出額が算出できましたが、

最後はこの移出額を、塩尻市内の中間需要の107産業部門と最終需要の各項目に割り当てて配分する作業となります。その計算式は、塩尻市の例では中間需要への配分は、塩尻市産業連関表の中間需要の各産業の数値÷塩尻市の市内需要額の比率で、また、最終需要への配分は、塩尻市産業連関表の最終需要の各項目の数値÷塩尻市の市内需要額の比率を使います。

　以上で、図14.4の交易係数の図解で、グレー色で着色した各地域の移出先の数字をすべて求めることができます。

　この作業の過程で、特に注意すべき点があります。

　1つは Step 2 において「その他の長野県」の交易係数は、全産業部門について交易係数を計算する必要がないことです。その理由は、図14.4 交易係数の図解で説明すると分かりやすいと思います。例えば松本市の中間需要の縦列は

$$松本市の移入(a) = 塩尻市の松本市への移出(b) + 安曇野市の松本市への移出$$
$$(c) + 大町市の松本市への移出(d) + 白馬村の松本市への移$$
$$出(e) + その他長野県の松本市への移出(f) + 長野県を除く$$
$$全国の松本市への移出(g) \qquad (14.4)$$

という恒等式が成り立っているため、

$$その他長野県の松本市への移出 (f) = a - (b+c+d+e+g) \qquad (14.5)$$

という計算で求めることができるからです。松本市の移入 a は、松本市産業連関表の産業別の移入額を用います。また、b、c、d、e、g はそれぞれ Step 4 までの作業で数字が計算されています。なお、長野県を除く全国の松本市への移出(g) は、松本市の産業連関表で「他県からの移入」の符号を－から＋に替えた金額を中間需要と最終需要の各部門に配分した金額を用います。

2）前著（土居・浅利・中野編著［2019］の第11章）において、この部分（前川方式）の解説で記述に欠けていた手続きがあります。市町村産業連関表の移出には、県外への移出と県内への移出がありますが、このうち県内への移出を求める際、都道府県産業連関表の中のあるセルを分割します。分割のベースとなる都道府県産業連関表の中間需要と最終需要の数値は、あらかじめ移輸入品を除いた「都道府県産品」だけの数字にしておくことが必要です。都道府県産品の取引を対象に、市町村とそれ以外の都道府県との取引を分解するからです。

表14.6　松本空港の路線別経済効果

（単位：100万円）

信州まつもと空港の路線別経済波及効果（令和4年度）	アウトバウンド客			インバウンド客								送迎客見学客の支出（注1）	計
	定期便全便計	チャーター便	アウトバウンド計	定期便					チャーター便	インバウンド計			
				丘珠線	新千歳便	伊丹便	神戸便	福岡便					
最終需要	4,198	164	4,361	541	414	198	2,206	3,251	61	6,671	491	11,524
直接効果	3,737	145	3,882	495	380	181	2,022	3,001	56	6,134	479	10,495
間接効果	4,680	181	4,861	571	438	214	2,333	3,507	69	7,133	371	12,365
生産誘発効果	8,417	326	8,744	1,066	818	396	4,354	6,508	125	13,267	850	22,860
生産誘発効果構成比	36.8%	1.4%	38.2%	4.7%	3.6%	1.7%	19.0%	28.5%	0.5%	58.0%	3.7%	100.0%
波及倍率（注2）	2.25	2.25	2.25	2.15	2.15	2.18	2.15	2.17	2.25	2.16	1.78	2.18

（注1）　送迎客・見学客の支出、空港の管理運営費
（注2）　生産誘発効果÷直接効果

14.6　分析結果

　地域間産業連関表の作成方法の説明が長くなりました。完成した地域間産業連関表から、投入係数、移輸入係数、自給率係数、逆行列係数を導出する手順は、土居・浅利・中野［2019］で解説していますので参照してください。松本空港の経済効果の分析結果は、路線別では**表14.6**、地域別では**表14.7**の通りです。

　松本空港の生産誘発効果（経済波及効果）は全体で228億6,000万円でした。波及効果のプロセスをたどると、最終需要が、空港利用客の支出、送迎客・見学客の支出や空港の管理運営経費を加えて総額で115億2,400万円となります。この最終需要のうち、輸入品に流れるお金を除く国内産業への直接効果は104億9,500万円でした。

　波及効果の起点となるこの直接効果によって誘発される間接効果は123億6,500万円に上ります。生産誘発効果を直接効果で割った波及倍率は2.18倍でした。

　長野県内への生産誘発効果は総額で93億2,000万円（全体の40.8%）でした。長野県を除く全国の生産誘発効果135億4,000万円（全体の59.2%）より少ないのは、例えば、長野県内への生産誘発効果が期待されるイン客についても、長野県を訪れたイン客の消費による波及効果のうち、原材料などの多くが長野県を除く全国で生産されているため、かなりの波及効果が県外へ及ぶためです。

　長野県内への生産誘発効果93億2,000万円のうち、50億6,300万円（54.3%）が松本市に波及しています。また、松本市に隣接する塩尻市へは1億5,500万円

表14.7　松本空港の地域別経済効果

（単位：100万円、人）

信州まつもと空港の地域別経済波及効果（令和4年度）	長野県内							長野県を除く全国	合計
	計	松本市	塩尻市	安曇野市	大町市	白馬村	その他の長野県		
生産誘発効果 A	9,320	5,063	155	358	238	207	3,300	13,540	22,860
うちアウト客 B	1,304	903	46	45	5	5	300	7,440	8,744
うちイン客 C	7,314	3,494	107	311	233	202	2,969	5,953	13,267
送迎見学客等 D	702	666	1	2	1	0	32	147	850
構成比 A（合計）	40.8%	22.1%	0.7%	1.6%	1.0%	0.9%	14.4%	59.2%	100.0%
構成比 A（対長野県）	100.0%	54.3%	1.7%	3.8%	2.6%	2.2%	35.4%		
構成比 B（アウト客）	14.9%	10.3%	0.5%	0.5%	0.1%	0.1%	3.4%	85.1%	100.0%
構成比 C（イン客）	55.1%	26.3%	0.8%	2.3%	1.8%	1.5%	22.4%	44.9%	100.0%
雇用効果（人）	819	392	15	36	25	22	330	1,689	2,508
税収効果（100万円）	295	65	2	5	3	2	219	1,513	1,808
うち国税	…	—	—	—	—	—	—	1,513	1,513
うち県税（県全体）	174	—	—	—	—	—	174		174
うち市町村税	121	65	2	5	3	2	45	—	121
定住人口効果（人）	1,596	596	18	51	36	34	860	3,818	5,414

（県内の1.7%）、安曇野市へは3億5,800万円（同3.8%）、大町市へは2億3,800万円（同2.6%）、白馬村へは2億700万円（同2.2%）が波及しています。その他の長野県内へは33億円（35.4%）でした。

　家計への雇用効果は全体で2,508人、長野県内へは819人でした。いずれも正規雇用の年間就業者数で計算した誘発者数です。

　行政への税収効果は、国税で15億1,300万円、県税で1億5,100万円、市町村税で1億2,100万円となっています。県営空港である松本空港は着陸料収入が少なく約4億円の赤字を計上していますが（2020年度）、そのうち4割近い1億5,100万円を県税として「回収」していることになります。

　雇用効果に伴う定住人口効果は、全体で5,414人でした。1つの町または村を創出する効果をもっています。うち長野県内では1,595人で、松本空港は「地方創生」にも大きく貢献していると言えます。

14.7　まとめと今後の課題

　松本空港の2023年度の延べ利用者数は25万9,436人で、本章での分析対象とし

た2022年度の22万8,537人を3万899人上回りました。伸び率は13.5%でした。

　産業連関分析の計算の特徴は、比例計算の積み重ねとして線形性を持つことから、空港利用客の旅行単価に大きな変わりがないとすれば、経済波及効果は空港利用者数に比例するため、長野県内への経済波及効果は93億2,000万円に1.135を乗じた答、すなわち100億円の大台を超えて約105億8,000万円に達していると推察できます。

　同様に、雇用効果は819人から930人へ、県税の税収効果は1億5,100万円から1億7,100万円へ、定住人口効果は1,596人から1,811人へそれぞれ増えていると思われます。雇用や定住人口、地方税収への効果の大きさを考える時、松本空港が長野県の地域経済と地方創生に果たしている役割と威力は絶大です。県内周遊パック商品の造成、着地型商品開発、地元特産品の磨き上げなどで長野県の観光の魅力が向上すれば、これら効果をさらに押し上げるでしょう。

　また、人口減少で縮小する国内市場を考えると、中長期的には海外インバウンド客が直接アクセスできる空港として展開することも課題になります。豊かな山岳や高原の自然、日本らしさの残る農山村の存在、世界に誇る冬のスノーリゾート環境などの財産は、長野県の将来を左右するとも言って過言ではないでしょう。空港のあり方についての今後の課題です。

　分析方法に関しては、基礎データの充実が求められます。本章の分析では長野県空港政策課「令和4年度信州まつもと空港アンケートの集計結果」を基礎データとして用いましたが、この調査は2022年の10月の秋シーズンに実施されているため、冬のスキーシーズンなどでは「旅行先」が変わり、旅行客が落とすお金の地域と金額がともに変わることが想定されます。

　毎年でなくても構わないと思いますが、春夏秋冬の4シーズンの空港利用客に対するアンケート調査を実施して、長野県内の旅行先や宿泊地、宿泊数、消費額などを調べることで、1年間を通じたより十全な地域別を含めた経済効果の分析ができると思います。これは分析方法に関する今後の課題です。

補論　第二次世界大戦における日本の惨敗を予測した
　　　戦時下日本の産業連関分析

1. はじめに

　日本における産業連関表は、経済審議庁（現内閣府）と通商産業省（現経済産業省）がそれぞれ独自に試算表として作成した昭和26年を対象年次とするものが最初であるとされています。本格的な作成と公表は昭和30年表から始まっています。この補論では、終戦2年前の1943（昭和18）年に、内閣府戦力計算室が日本の総力戦の結末について産業連関分析により第二次世界大戦における日本の「惨敗」を予測していた事実を紹介します。この史実は歴史に埋もれて80年経った今も日の目を見ていません。

2. 戦争末期における3つの総力戦分析機関

　第二次世界大戦の後期に、日本が経済力を含む総力戦で将来どのような道を辿るかをめぐり、少なくとも3つの戦力分析機関で分析、予測が行われていました。

　第1は、総力戦研究所です。1940年（昭和15）年の勅令により開設された内閣総理大臣直轄の研究所であり、1945（昭和20）年4月に解散するまで、各官庁、陸海軍や民間から将来、国家の指導者となりうる優秀な若手を集めて、総力戦をめぐる調査研究を行っていました。詳細は森松俊夫氏の著作に譲りますが、この総力戦研究所の存在を広く知らしめたのは、猪瀬直樹氏の著作です[1]。ただ、産業連関分析の手法が総力戦研究に用いられたという記録はありません。

　第2は、牧野邦昭氏が紹介している陸軍省戦争経済研究班（のち陸軍省主計課別班、班を指導した陸軍省の秋丸次朗大佐の名を取り「秋丸機関」と呼ばれる）

1）　森松俊夫『戦力戦研究所』白帝社、1983年。猪瀬直樹『昭和16年夏の敗戦』文春文庫、1986年。

における研究です。1939（昭和14）年に創設された秋丸機関の特色は有沢広巳氏ら当時一流の経済学者たちが結集していたことです。産業連関表については、強い関心をもって研究されたものの、日本の経済循環と国民所得の推計への参考としての位置づけにとどまり、「当時の日本における経済学研究で産業連関表が具体的な計算にまで至っていなかった」と牧野邦昭氏は指摘しています[2]。

　第三は、1943（昭和18）年に東條英機内閣参事官室に設置された「内閣戦力計算室」です。責任者は内閣参事官迫水久常、室長は技術院数理課長橋本元三郎、スタッフは北川敏男、河田龍夫、増山元三郎、坂元平八、井上正雄氏ら数理統計学者が中心を占めています。この内閣戦力計算室については木村洋氏が論文で詳しく紹介しています[3]。文中で紹介されている関係者の証言を読むかぎり、この内閣戦力計算室で橋本元三郎氏と坂元平八氏が行った分析こそが、日本最初の産業連関分析であると筆者は考えています。

3.　日本最初の産業連関分析

　内閣戦力計算室が行った作業の１つに航空機生産問題がありました。坂本自身の言葉として戦後の次の発言がヒアリングの記録に残されています。

　「技術院の橋本元三郎という方が、軍の飛行機の生産高の算出方法が、国民経済の力を無視して過大評価にすぎると疑問を持ったわけです。軍は生産台数を推定するのに第一次原単位だけを考えて国民経済のフローグラフから算出すべきことに気づかない。（中略）国民経済における生産の流れを計算しないと過大評価になるのは当然。だから第一次原単位にこれがいるんだからというので、生産係数マトリックスをかけていくわけですよ。そうすると、国民経済のバランス表としてちょうど連立一次方程式になるわけです」[4]。

　2）牧野邦昭『経済学者たちの日米開戦』新潮選書、2018年。

　3）木村洋「第二次世界大戦期に於ける日本人数学者の戦時研究（数学史の研究）」京都大学『数理解析研究所講究録』2002年、1257、pp.260-274。

　4）竹内啓編、坂元平八、広田純、吉村功、佐和隆光『統計学の未来——推計学とその後の発展』東京大学出版会、1976年、pp.60-61。この著書の元となったのは「話し手：坂本平八、聞き手：西平喜重・広田純「日本における統計学の発展」（昭和55、56、57年度文部省科学研究費総合（A）研究代表者西平重喜による速記録）」48巻、pp.1-69である。

同じ問題を、木村洋氏は分析にあたった坂元平八氏の証言を次のようにまとめています。日本で最初の産業連関分析が行われた当時の状況がよく分かりますので、少し長くなりますが引用しておきます。

　「任務の一つとして、坂元が担当した航空機生産問題がある。橋本は問題を次のように説明した。『航空機の生産計画をたてるにあたって、飛行機1台当りの原単位を出して、これをもとに生産計画をたてているが、どうもこの関係式のたて方に問題があるらしい。たとえば飛行機1台当り鉄何トン、アルミ何トン、電力何 kw、…というように原単位を出して計算しているが、どうもこのような一次的な要求量だけを考慮するだけでは問題はかたづかない。ここで一次的な要求量として出されたアルミや鉄や電力などはまた二次的な要求量としてボーキサイト何トン、鉄鉱石何トン、石炭何トン、電力何 kw というように新たな要求を生み出すであろう。このような二次的な要求量は、更に第三次的な要求量を生み出しつぎつぎに果てしなく国民経済に波及効果を及ぼし国の生産力を食ってしまうことを考えなければならない。結局、飛行機の生産が1機当り、はたしてどれだけの影響を国民経済の各生産部門に及ぼすか、計算出来るだろうか。試みに飛行機のボディに必要なアルミを増産したところが莫大な電力を食い、ほかの生産部門に電力がゆきわたらずに生産が低下し、飛行機のボディは生産されたが、それに対応したエンジンができないという状態で飛ばない飛行機が生産されるというようなことをくり返している。またここで、ボーキサイトとか、鉄鉱石など占領地から船で運んでこなければならないが、これに必要な船は輸送途中で敵の潜水艦に狙われつぎつぎに沈没消耗しつつある。この船腹を補うためにも船の生産を続けなければならない。この船の生産は航空機の生産と同時に一次的要求量、二次的要求量とつぎつぎに国民経済に循環的に波及してゆき、しかも航空機の生産と競合状態にあり生産をはばみ合う結果となる。このような複雑な国民経済の流れの中でどのような生産計画をたてるのが妥当か？軍部は一次的な要求量だけに目をつけて楽観的な計画をたて、失敗を続けているが、こういう計画はどうして立てるのか研究してほしい。』

　坂元はこの問題を、以下のアプローチで考察した。

　飛行機1台当り必要な各構成要素の生産量（第一次原単位）をベクトル a、各財についての生産係数行列を A で表現した。こうすると第一次要求量が a で表現され、それが第二次要求量として Aa となり、それが $A^2a, A^3a...$ と波及してい

き、もし A^n が $n \to \infty$ のときに 0 に収束するという仮定を認めるならば、波及効果の総和は無限回の演算操作の後に $(1-A)^{-1}a$ となる。このように『Leontief の input output analysis に似た』手法で複数の産業連関的なグラフを作成し、13の パラメータを使ってグラフと数式で表示した。この計算には原単位表が要求されるが、機密保持のために軍部が資料を提供しなかったため、橋本が独自に算出した数値を代入して、従来の生産量と計算結果を比較した。結果、従来の計算では 1 万数千機生産可能とされたものが、約1/10に低下したという（敵潜水艦による船腹の高い損失率の仮定もあったと坂元は指摘する）」[5]。

　この分析の産業部門が13であったことは、「また航空機の生産予測問題の分析では 2 次、 3 次の関連業種の生産活動も循環構造を考慮し、W.W.レオンチェフの産業連関分析に類似した手法で13の関連産業を関連づけて分析する手法が採られた」[6]という飯田耕司氏の指摘もあります。

　この時、日本最初の産業連関表が作成されていたのかという問いには、産業別の生産額と投入係数、輸入が考慮されていることから可能性は高いですが、表がなくてもあと輸入率（自給率）のデータが用意できれば分析は可能なので、確実だとは言いきれません。内閣戦力計算室の資料は終戦時に米占領軍に撤収され、メリーランド大学の公文書館分館に眠っているとの証言もありますが、椿広計統計委員会委員長の話[7]では、その資料は日本の国立公文書館に返却されているのではないかとのことです。未発表の日本最初の産業連関表の資料が国内に眠っているかどうか、さらに調べる必要があります。

4. 東條英機首相を激怒させた戦力計算室の研究結果

　戦力計算室は、東条英機首相が視察した1944（昭和19）年始めに即日閉鎖されています。東條首相ら閣僚が視察した日の計算室の場面を、木村洋氏は次のように記述しています。

---

　5 ）木村洋［2002］「第二次世界大戦期に於ける日本人数学者の戦時研究（数学史の研究）」京都大学『数理解析研究所講究録』1257、pp.260-274。

　6 ）飯田耕司『情報化時代の戦闘の科学（増補）軍事 OR 入門』三恵社、2019年。

　7 ）太平洋産業連関分析学会の第32回（2021年度）全国大会で筆者がこのテーマを報告した際、椿広計氏から貴重な助言をいただきました。記して謝意を表します。

「この内閣戦力計算室は1944年初頭に閉鎖されている。東條英機首相が視察した日の計算室には、日本大勝、やや有利で勝利、半々で引き分け、やや不利で敗北、惨敗の５つのケースを想定した Leontief の表を計算室の壁では足らず廊下まで貼られていたが、東條の『今の日本はどの表に該当するか』との質問に、橋本室長は躊躇せず惨敗想定表を指し、大声で『現在の日本はこの表の通り』と回答したという。激怒した東條は計算室を即日閉鎖し、迫水を大蔵省に配置転換し、橋本を仙台に左遷した」[8]。

　この経緯には後日談があります。徳丸壮也氏は、橋本元三郎氏についてかつて坂元平八氏に聴き取りをしていますが、そのあとに次のように記述しています。

　「戦力計算室の解散は橋本元三郎には織り込み済みのことだった。もともとこれを開設した意図を彼は『戦力計算室を開設した意図は戦争に狂った東條英機の目を覚まさせてやろうと思ったからだ』とのちに語っていたという。橋本は大向こうをうならせる大芝居の打てる豪胆な男だったのだろう」[9]。

　レオンチェフの1936（昭和11年）年の最初の論文から遅れることわずか７年、太平洋戦争末期の日本で行われた産業連関分析の研究です。

　日本最初の産業連関表は、産業が13部門の小さな表だと推察できますが、日本が内外の悲惨な戦禍の拡大と敗戦に突き進む中で、客観的なデータに基づいて戦争を終結させようとする分析者の冷徹な眼と熱い使命感、そして戦争指導者の前で「惨敗」を予告する強靭な精神のもとで命を吹き込まれ、産声をあげたのです。

　8）徳丸壮也「幻のマッカーサー暗殺計画」『文藝春秋』2001年１月号、pp.298-304。
　9）同上。

おわりに

　本書では、地方創生の政策効果について、個別の施策の効果をデータで明らかにすることに力を注いでいます。政策の基本目標である人口減少への歯止めなど、トータルにみた効果はどうかという分析には触れていません。個別の施策の効果の評価を地道に積み上げてはじめて、トータルな評価が可能となると考えているからです。

　本書をこのような形で世の中に送り出すことができたのは、たくさんの方々の編著者へのお力添えがあったからです。この場を借りて深く謝意を表したいと思います。

　長野県の分析の多くは、北アルプス連携自立圏広域観光専門部会と（一社）長野県観光機構主催の自治体職員研修で用いた事例分析を基礎としています。研修を担当された荒井律生前副部長、三井猛司マネージャーには研修の運営だけでなく、アンケート調査へのご協力や、研修において各市町村の参加者が希望するテーマに必要な情報の収集をしていただくなどお世話になりました。

　また、長野県に関する章は、次の方々から貴重な情報を提供していただいたおかげで分析することができ、本書に収録できました。太田雄介白馬村観光課・前課長（現税務課長）、矢口浩樹白馬村観光課・係長、清水千大岡谷商工会議所商業・地域振興課・課長、小岩井聡志長野県産業政策課・係長、青木英明長野県松本空港課・課長、中沢俊哉同主査。

　平尾が担当した章のいくつかは、『日経グローカル』（日本経済新聞社）に2023年4月3日号から2024年3月4日号までの12回にわたり連載した原稿をもとにしています。浅山章編集長には、執筆の貴重な機会を提供していただきました。さらに、（一社）プラチナ構想ネットワークの小宮山宏会長と平石和昭事務局長には、平尾が「地域の課題解決」に向き合う上での理念と姿勢、取り組み方を教えていただきました。この場を借りて厚くお礼を申し上げます。

　静岡県南伊豆町の分析の基礎となったのは、5年間に及んだ研修事業への岡部克仁南伊豆町長の深いご理解でした。そのもとで、平山貴寿町民課納税係長には研修の企画運営と若手職員の指導の中心的役割を果たしていただきました。

　川根本町の分析は、持続可能な寸又峡づくり実現の会の望月孝之会長、北島

享大井川鐵道全線復旧を支援する会・会員、岸本道明静岡大学客員教授からの依頼がきっかけでしたが、マイナスの波及効果を分析する貴重な機会を与えていただき勉強になりました。

　焼津市の分析については、焼津市大井川港管理事務所の鈴木展明管理振興係長、グリーンスローモビリティの運営会社である合同会社うさぎ企画の森田創代表社員から貴重な情報の提供をいただきました。

　補論は、土居が2つの学会で発表した報告をもとにしています。環太平洋産業連関分析学会の2021年度研究大会で発表した際には久保庭眞彰一橋大学名誉教授から、経済統計学会の2023年度全国研究大会の発表の際には森博美法政大学名誉教授から、それぞれ貴重なコメントをいただきました。

　また、（株）地域経営プラチナ研究所の小木曽信仁、征矢ひろみ、平尾耕太郎の研究員のみなさんには、原稿の修正すべき点の指摘など多大なご協力をいただきました。

　本書の第1章の理論の解説は、健康が優れず執筆に加わることが叶わなかった浅利一郎静岡大学名誉教授の著作（浅利一郎・土居英二『地域間産業連関分析の理論と実際』日本評論社、2016年など）を土居が読み直し、学び直して執筆したものです。若い頃から半世紀近く、理論と実証の研究のパートナーとして浅利名誉教授から受けた学恩は言葉に尽くせませんが、記述の誤りがあるとしたら、その責任がもっぱら土居にあることは言うまでもありません。

　最後になりましたが、この本を読者にお届けできるのは、日本評論社のみなさんのご理解とお力添えによるものです。編集を担当していただいた第二編集部の小西ふき子さんには、企画から完成まで長い距離を伴走してこの本の誕生に付き添っていただきました。心より感謝申し上げます。

2024年7月

　　　　　　　　編著者　土居　英二（静岡大学名誉教授）
　　　　　　　　　　　　平尾　　勇（地域経営プラチナ研究所代表）

参考文献

【第Ⅰ部】（第 1 章・第 2 章）

1. 土居英二・浅利一郎・中野親徳編著［2019］『はじめよう地域産業連関分析［改定版］基礎編——Excel で初歩から実践まで』日本評論社

2. 土居英二・浅利一郎・中野親徳編著［2020］『はじめよう地域産業連関分析［改定版］事例分析編——Excel で初歩から実践まで』日本評論社

3. 浅利一郎・土居英二［2016］『地域間産業連関分析の理論と実際』日本評論社

4. 宮沢健一編［2002］『産業連関分析入門（新版）』日経文庫

5. 小長谷一之・前川知史編［2014］『経済効果入門——地域活性化・企画立案・政策評価のツール』日本評論社

6. 新飯田宏［1978］『産業連関分析入門』東洋経済新報社

7. 土居英二編［2009］『はじめよう観光地づくりの政策評価と統計分析——熱海市と静岡県における新公共経営（NPM）の実践』日本評論社

8. 野崎道哉［2009］『地域経済と産業振興——岩手モデルの実証的研究』日本経済評論社

9. 安田秀穂［2008］『自治体の経済波及効果の算出——パソコンでできる産業連関分析』学陽書房

10. 入谷貴夫［2012］『地域と雇用をつくる産業連関分析入門』自治体研究社

【第Ⅱ部】（第 3 章・第 4 章）

11. 浅利一郎・土居英二［2016］『地域間産業連関分析の理論と実際』日本評論社

12. 高瀬浩二［2023］「伊豆半島地域産業連関表の簡易推計」『静岡大学 経済研究』28(1-2)、pp.63-87.

13. 高瀬浩二・山下隆之・塚本高士・片岡達也・上藤一郎［2024］「伊豆半島地域におけるコロナ禍の観光産業」『産業連関』31(3) pp.50-62.

【第Ⅲ・Ⅳ部】（第5章〜第14章）

（第5章）

14. ふるさと納税・地方創生研究会［2018］「ふるさと納税に係る地域経済効果分析　調査報告書」

15. ふるさと納税総合研究所［2023］「令和4年度のふるさと納税による経済波及効果は4兆1,259億円（レポート）」

（第6章）

16. 赤松礼奈・石川英樹・田尾真一・古井仁［2017］「プレミアム付商品券の経済効果に関する考察——下松市プレミアム付商品券の事例から」『徳山大学論叢』第85号, pp.1-25.

17. 秋田市［2016］「秋田市プレミアム付き商品券事業消費喚起等効果分析報告書」

18. 横浜市［2016］「プレミアム付商品券の実施結果について（概要版）」

（第7章）

19. 内閣官房まち・ひと・しごと創生本部事務局［2017］「生涯活躍のまち推進に関する調査・分析等　効果分析・自治体財政影響分析」

（第8章）

20. 兵庫県立大学地域経済指標研究会・（公財）尼崎地域産業活性化機構調査研究室［2021］「地域通貨『あま咲きコイン』実証実験の経済波及効果について」

21. 高木朗義・石川良文・安田翔［2021］「地域通貨『さるぼぼコイン』が岐阜県高山市にもたらす経済効果」『土木学会論文集D3（土木計画学）』76(5), pp.I_461-I_471.

（第10章）

22. Tee Kian Heng・北上市商工部商業観光課［2020］「北上市産業連関表の作成及び夏油高原スキー場による北上市への経済波及効果」岩手県立大学総合政策学会 WORKING PAPERS SERIES, No.144.

23. 札幌市経済観光局観光・MICE推進部観光・MICE推進課［2020］「スノーリゾート推進に係る基礎調査報告書」

（第11章）

24. 経済産業省［2023］「令和5年版通商白書」第Ⅱ部

25. 稲田義久・下田充［2017］「訪日外国人消費の経済効果——爆買いから新た

な拡張局面へ：比較2013-16年」アジア太平洋研究所（APIR）Trend Watch No.42.

（第12章）

26. 入江啓彰［2019］「経済波及効果とその漏出からみた広域関西の地域特性——関西地域間産業連関表と各府県表による計測」『近畿大学短大論集』52 (1), pp.23-32.

（第13章）

27. 観光庁［2023］「旅行・観光産業の経済効果に関する調査研究」

（第14章）※　地方空港のみ

28. 土居英二［2020］「富士山静岡空港の地域経済効果」土居英二・浅利一郎・中野親徳編著『はじめよう地域産業連関分析［改訂版］事例分析編——Excelで初歩から実践まで』日本評論社、第13章

29. 居城琢［2015］「茨城空港・国際線利用に関わる地域経済効果の試算」『流通経濟大學論集』50(2), pp.17 (135) -29 (147).

30. 百十四経済研究所［2017］「高松空港国際定期路線の週20往復体制後の経済波及効果」『調査月報』No.360.

【全　体】

31. 浅利一郎・土居英二［2016］『地域間産業連関分析の理論と実際』日本評論社

32. 土居英二・浅利一郎・中野親徳編著［2019］『はじめよう地域産業連関分析［改定版］基礎編——Excel で初歩から実践まで』日本評論社

33. 土居英二・浅利一郎・中野親徳編著［2020］『はじめよう地域産業連関分析［改定版］事例分析編——Excel で初歩から実践まで』日本評論社

34. 宍戸駿太郎監修・環太平洋産業連関分析学会編［2010］『産業連関分析ハンドブック』東洋経済新報社

35. 環太平洋産業連関分析学会［2021］『PAPAIOS 創立30周年記念出版　リーディングス産業連関分析』

36. 環太平洋産業連関分析学会『産業連関（和文誌)』https://www.gakkai.ne.jp/papaios/journal-j.html

37. 野方宏編［2012］『観光の活性化と地域振興——伊豆の観光を考える』新評

論

38. 山下隆之編著［2016］『地域経済分析ハンドブック——静岡モデルから学ぶ
地方創生』晃洋書房

39. 山下隆之編著［2019］『人口移動の経済学——人口流出の深層』晃洋書房

索　引

執筆者一覧

第1章／第2章／第4章／第7章／第9章／第14章／補論／コラム：土居英二
第8章／第10章／第11章／第12章：平尾勇・土居英二
第3章：高瀬浩二（静岡大学人文社会科学部教授）
第5章：高野彰子（南伊豆町職員）・土居英二
第6章：髙橋大輔（南伊豆町職員）・渡邉光（同）・土居英二
第13章：平山貴寿（南伊豆町職員）・肥田愛斗（同）・土居英二

※　2015年南伊豆町産業連関表の作成及び石廊崎オーシャンパークアンケート調
　　査：勝田隆浩・笠原拓也・山本広大・石井杏奈・下鶴悠貴・山本広樹（いず
　　れも南伊豆町職員）

●編著者紹介

土居英二（どい・えいじ）

1947年兵庫県生まれ。1979年大阪市立大学大学院経営学研究科博士課程退学。現在：静岡大学名誉教授。環太平洋産業連関分析学会2020年度学会賞・特別賞受賞。専攻：経済統計学、産業連関論。
メール：doieiji16@gmail.com

株式会社地域経営プラチナ研究所（かぶしきがいしゃちいきけいえいぷらちなけんきゅうじょ）

設立：2018年
所在地：長野市
代表：平尾勇（ひらお・いさむ）
　　　（1979年慶応義塾大学経済学部卒業、1982年明治大学大学院前期博士課程修了）
業務：信州まつもと空港の地域経済効果分析など地域政策・地域経済の調査分析
住所：〒381-2233 長野市川中島町上氷鉋1348　電話：090-8346-0532
メール：isamu.hirao@ace.ocn.ne.jp

地方創生の政策効果とデータ分析
Excelで初歩から学ぶ

2024年10月5日　第1版第1刷発行

編著者──土居英二・地域経営プラチナ研究所
発行所──株式会社日本評論社
　　　　　〒170-8474　東京都豊島区南大塚3-12-4
　　　　　電話　03-3987-8621（販売）　03-3987-8595（編集）
　　　　　https://www.nippyo.co.jp/　振替　00100-3-16
印刷所──精文堂印刷株式会社
製本所──井上製本所
装　幀──渡邉雄哉（LIKE A DESIGN）
検印省略 © Eiji Doi and Regional Management Platinum Institute 2024
落丁・乱丁本はお取替えいたします。
Printed in Japan
ISBN978-4-535-54088-0

はじめよう 地域産業連関分析

Excelで初歩から実践まで

［改訂版］

土居英二・浅利一郎・中野親徳［編著］

好評発売中!

基礎編

産業関連分析の一般理論を踏まえ、身近な地域経済の分析手法である地域産業関連分析を初学者にもわかるように解説。

◆定価 2,640 円（税込）／A5判　◆978-4-535-55924-0

目次
- ■第Ⅰ部　便利な道具！　産業連関表
- ■第Ⅱ部　産業連関分析の理論
- ■第Ⅲ部　Excelで実習　地域産業連関分析の手順
- ■第Ⅳ部　市町村産業連関表をつくる

事例分析編

地域経済への波及効果を計測する地域産業連関分析へのニーズは高い。実際の事例に則してデータを処理し計測結果を導く方法を学ぶ。

◆定価 2,970 円（税込）／A5判　◆978-4-535-55925-7

目次
- ■第Ⅰ部　産業連関表からみた地域経済のしくみ
- ■第Ⅱ部　産業
- ■第Ⅲ部　観光とイベント
- ■第Ⅳ部　交通・公共施設・まちづくり
- ■第Ⅴ部　地方創生・地域経済・地域環境問題

日本評論社　https://www.nippyo.co.jp/